A FAMÍLIA EM MEIO À TORMENTA

A FAMÍLIA EM MEIO À TORMENTA

Como a cruz redefine o lar

—

RUSSELL MOORE

Traduzido por Cecília Eller

Copyright © 2018 por Russell Moore
Publicado originalmente por B&H Publishing Group, Nashville, Tennessee, EUA.

Os textos das referências bíblicas foram extraídos e adaptados da *Nova Versão Transformadora* (NVT), da Editora Mundo Cristão (com permissão da Tyndale House Publishers, Inc.), salvo as seguintes indicações: *Almeida Revista e Atualizada*, 2ª ed. (RA), da Sociedade Bíblica Brasileira; e *Nova Versão Internacional* (NVI), da Bíblica, Inc.

Todos os direitos reservados e protegidos pela Lei 9.610, de 19/02/1998.

É expressamente proibida a reprodução total ou parcial deste livro, por quaisquer meios (eletrônicos, mecânicos, fotográficos, gravação e outros), sem prévia autorização, por escrito, da editora.

Edição
Daniel Faria

Revisão
Natália Custódio

Produção e diagramação
Felipe Marques

Colaboração
Ana Luiza Ferreira

CIP-Brasil. Catalogação na publicação
Sindicato Nacional dos Editores de Livros, RJ

M813f

  Moore, Russell
    A família em meio à tormenta : como a cruz redefine o lar / Russell Moore ; tradução Cecília Eller. - 1. ed. - São Paulo : Mundo Cristão, 2019.
    288 p. ; 23 cm.

    Tradução de : The storm-tossed family: how the cross reshapes the home
    ISBN 978-85-433-0474-8

    1. Famílias - Aspectos religiosos. 2. Famílias - Vida religiosa - Cristianismo. I. Eller, Cecília. II. Título.

19-59118
CDD: 248.4
CDU: 27-4

Categoria: Família
1ª edição: novembro de 2019 | 4ª reimpressão: 2025

Publicado no Brasil com todos os direitos reservados por:
Editora Mundo Cristão
Rua Antônio Carlos Tacconi, 69
São Paulo, SP, Brasil
CEP 04810-020
Telefone: (11) 2127-4147
www.mundocristao.com.br

*Para Taylor Eugene Moore, meu filho.
Você foi uma surpresa ao nascer e continua a nos
surpreender com alegria.*

Sumário

1. A família assolada pela tormenta — 9
2. A cruz como crise familiar — 15
3. A batalha espiritual dentro da família — 31
4. A família não vem em primeiro lugar — 51
5. A família da igreja — 61
6. Homens e mulheres ao pé da cruz — 73
7. O casamento e o mistério de Cristo — 97
8. Reapropriação da sexualidade — 121
9. A estrada rumo ao divórcio (e para longe dele) — 151
10. Filhos são bênçãos, não fardos — 175
11. Criação de filhos com o fim em vista — 203
12. Tensões e traumas familiares — 229
13. A família durante o processo de envelhecimento — 251
14. Liberdade para ser família — 273

Agradecimentos — 279
Notas — 281

1
A família assolada pela tormenta

O nome deste livro foi inspirado em um hino que eu odeio. E Deus sabe que eu amo hinos! Cresci em meio a letras de louvores, os mais animados deles entoados a cada domingo na igrejinha de tijolos vermelhos que eu frequentava várias vezes por semana. Pego-me entoando muitos desses hinos nos momentos mais surpreendentes. Recorro a eles sempre que passo por momentos de crise pessoal (quando preciso lembrar que Deus me ama "como estou") ou por momentos de tentação (quando procuro ter em mente que "estou seguindo a Jesus Cristo") ou por momentos de alegria (quando desejo declarar "que prazer é ser de Cristo"). Mas há um hino que nunca canto comigo mesmo, muito embora, assim como os outros, eu saiba entoá-lo de cor caso alguém me peça.

O coro desse hino diz: "Toque a mão marcada pelos pregos". Eu poderia dizer que é um hino sentimental demais, mas vários deles o são e, ainda assim, os aprecio muito. Poderia dizer também que o hino começa com uma metáfora misturada em forma de pergunta — "Você falhou nos planos de uma vida assolada pela tormenta?" —, mas também não é isso. Suponho que é porque a música não parece fazer sentido quando se compara o que é dito com a forma de cantá-la. O coro é leve e exuberante, quase que um *jingle* comercial, enquanto as palavras formam uma realidade tristemente sombria em busca do toque em uma mão perfurada por feridas ensanguentadas. Não parece combinar.

Ainda assim, esse hino continuou a me vir à lembrança enquanto eu escrevia este livro, e por um tempo não consegui entender por quê. A princípio, achei que era bem óbvio. Este é um livro sobre família, mas a família à luz da cruz. Meu subconsciente desenterrou esse velho hino porque eu estava falando sobre a cruz. Todavia, minha memória está cheia de cânticos sobre a cruz de Jesus e o sangue — fontes ensanguentadas, lavar-se no sangue, encontrar poder no sangue. Demorou um bom tempo para eu finalmente entender: aquilo que minha psique interna estava buscando não era a imagem de pregos ou cicatrizes, mas, sim, de tempestade.

Assim como acontece com o tema do sangue, a tradição reavivada de igreja da qual provenho também possui diversos hinos sobre tormentas — sobre ser salvo de águas revoltas, sobre faróis que guiam os navios na tempestade, sobre casas construídas sobre a rocha, capazes de resistir à força dos ventos e da chuva. Afinal, o mundo da Bíblia era agrário, no qual a sobrevivência de nações, tribos, vilas e famílias dependia da chuva. E o mar era a personificação do caos, da desordem e do perigo. Aqueles que navegavam sobre as águas não podiam abrigar a ilusão de deter algum controle sobre o oceano, sobretudo se fossem revirados de um lado para o outro por uma tormenta repentina.

Logo, não é de se espantar que, com grande frequência, as nações antigas vizinhas do povo de Deus transformassem as tempestades em Deus. Muitos de seus deuses eram divindades da fertilidade, que traziam chuva caso fossem devidamente apaziguadas. As tempestades no antigo Oriente Médio podiam comunicar todo tipo de coisa acerca dos ídolos. Traziam água o suficiente para impedir a fome, mas o fogo e o trovão assustavam as pessoas, lembrando-as de que também eram capazes de matar. Era possível clamar a esses deuses pedindo chuva, mas também estar disposto a sacrificar uma vida humana a fim de acalmar uma tempestade prestes a fazer um barco virar (Jn 1.11-15). Mesmo iludidas, as nações conseguiam reconhecer algo bem verdadeiro: dentro da tormenta se encontra, ao mesmo tempo, uma bênção e uma maldição. E tanto na bênção da chuva quanto nos perigos da tormenta, perdemos todas as nossas ilusões de controle.

A família é assim também: uma fonte de bênção de vida, mas também de terror excruciante, não raro ao mesmo tempo! Isso se aplica, de igual maneira, à cruz. Na cruz, vemos tanto a maldição terrível do pecado, o juízo de Deus, quanto a bênção divina ao salvar o mundo (Gl 3.13-14). Na cruz, Jesus confrontou a "alegria que o esperava" e, de igual modo, precisou não "se importar com a vergonha" (Hb 12.2). Nossa família pode ser cheia de alegria, mas sempre nos torna vulneráveis à dor. E tanto a alegria quanto a dor apontam para o mesmo lugar: a cruz. Nada é capaz de mostrar que você é amado e pertence a um lar como a família. E nada é capaz de privá-lo de suas almejadas pretensões e ilusões confortantes como a família. Conforme explicou Jesus, não importa se a casa está construída sobre a areia movediça ou sobre a rocha firme, as tempestades que acompanham ser família podem nos fazer sentir perdidos diante dos ventos uivantes ao nosso redor. E com a família, assim como acontece com a tempestade no mar, reconhecemos inevitavelmente que somos incapazes de fazer qualquer coisa em relação ao que nos assola.

No entanto, para aqueles de nós que estão em Cristo, as tormentas não devem causar surpresa. Não precisam nos fazer entrar em pânico nem nos destruir. A pior coisa que pode lhe acontecer não é o que você suportou com sua mãe ou seu pai. A pior coisa que pode lhe acontecer não é sua irmã, que não fala com você. A pior coisa que pode lhe acontecer não é o cônjuge o abandonar ou o trair, ou mesmo morrer. A pior coisa que pode lhe acontecer não é ver seu filho se rebelar contra você ou até mesmo enterrar o próprio filho, por mais terrível que tudo isso seja. A pior coisa que pode lhe acontecer é morrer sob a condenação divina, suportando todo o peso da sentença de morte e do inferno. Se você está em Cristo, isso já foi vencido. Você não é apenas um sobrevivente, mas um filho amado, um herdeiro de tudo. Ainda assim, é difícil lembrar-se de tudo isso quando sua vida parece ser sacolejada de um lado para o outro em mares tempestuosos.

Quaisquer que sejam suas tempestades, porém, você não está em águas inexploradas. O salmo 107 evoca isso muito bem:

> Viajaram pelo mundo em navios;
>   percorreram as rotas comerciais dos mares.
> Também eles viram as obras do SENHOR
>   e suas maravilhas nas águas mais profundas.
> Por sua ordem, os ventos se levantaram
>   e agitaram as ondas.
> Seus navios eram lançados aos céus,
>   depois desciam às profundezas;
>   foram tomados de pavor.
> Cambaleavam e tropeçavam, como bêbados,
>   e não sabiam mais o que fazer.
>
> Salmos 107.23-27

Mas a passagem não termina assim:

Em sua aflição, clamaram ao Senhor,
   e ele os livrou de seus sofrimentos.
Acalmou a tempestade
   e aquietou as ondas.

Salmos 107.28-29

Os discípulos de Jesus devem ter se lembrado dessa passagem enquanto balançavam de um lado para o outro na tormenta súbita nas águas da Galileia. O pânico na mente e na voz deles é palpável, sobretudo no relato feito por Marcos. Jesus, porém, dormia em um canto. Os discípulos não podem ser julgados por se ressentirem disso e indagarem: "Mestre, vamos morrer! O Senhor não se importa?" (Mc 4.38). Jesus despertou, mas não com o alarme injetado de adrenalina correndo pelas veias como a maioria de nós esperaria. Ele disse à tempestade: "Silêncio! Aquiete-se!" (Mc 4.39). E ela se foi. Em outra ocasião, o mesmo padrão se repetiria. O barco estava em meio a uma tempestade e lutava "contra as ondas, pois um vento forte havia se levantado" (Mt 14.24). Jesus, mais uma vez, agiu com calma sobrenatural, andando sobre as próprias águas assoladas pela tempestade. Quando Pedro tentou se unir a ele, foi derrubado, não tanto pela tormenta em si, mas pelo próprio pânico. "Mas, quando reparou no vento forte e nas ondas, ficou aterrorizado, começou a afundar e gritou: 'Senhor, salva-me!'" (Mt 14.30). Jesus, é claro, o tomou pela mão. Nesse gesto, fez o mesmo que faria por todos nós. Ele suportaria o sinal de Jonas: iria para dentro da tempestade do pecado, da morte e do inferno e nos carregaria pela mão, a fim de nos puxar para fora em segurança, rumo ao lar. Jesus não entrou em pânico por causa das tempestades ao seu redor porque se dirigia a outra tempestade, assustadora de verdade, na cruz. Quanto mais penso a esse respeito, menos a pergunta "Você falhou nos planos de uma vida assolada pela tormenta?" me parece carregada por uma mistura esdrúxula de metáforas. Talvez faça mais sentido do que eu já havia reconhecido até então. Deve ser por isso que não consegui escrever este livro sem sussurrar sua melodia.

* * * *

O responsável por escolher os hinos em nossa igreja devia gostar do cântico "A mão marcada por pregos", pois o cantávamos com frequência. Nunca o escuto agora, e não posso dizer que sinto saudade. O motivo para esse louvor persistir em minha memória não é o hino em si, mas os dois elementos que o acompanhavam: a mensagem da cruz e o contexto de uma família. As imagens do cântico podem ser meio batidas em algumas partes, mas a figura central é visceral: a mão que se estende para nos ajudar é marcada não por abstrações, mas por pregos. O outro motivo de continuar na lembrança diz respeito àqueles que cantavam esse hino comigo, uma família da fé composta por pessoas que consigo enxergar agora mesmo com os olhos da mente. Eu poderia lhe contar exatamente onde a maioria se sentava a cada manhã de domingo. É provável que eu murmurasse junto com o hino quando bebê, no colo de minha mãe, ou quando brincava sob a vigilância de meu pai, quando garotinho. Isso me parece muito propício, pois é disso que trata este livro. Somos moldados e formados pela família, com toda espécie de atividades rotineiras e corriqueiras, que talvez nem tenhamos noção ou das quais não consigamos nos lembrar conscientemente. Aí está a alegria, e também o perigo.

Não sei qual é sua situação. Sei, porém, que você faz parte de uma família — uma família passada, presente ou futura, mesmo que não conheça nenhum nome ou rosto dentro dessa família. Alguém moldou você. Alguém o está moldando. E alguém o moldará. Também sei disto: por vezes, qualquer lar que você criar para si parecerá assolado por uma tormenta incontrolável. A fim de atravessá-la, precisamos reconhecer por que a família é tão importante para nós e por que ela jamais pode ser o ponto final para nós. Precisamos enxergar a família com clareza, mas também é necessário que vejamos além dela. O único porto seguro para uma família assolada por tempestades é um lar marcado pela cruz.

2
A cruz como crise familiar

Se você me perguntar qual é meu feriado preferido, eu provavelmente responderia Natal ou Páscoa, mas não arriscaria dizer isso quando conectado a um detector de mentiras. O polígrafo provavelmente pularia erraticamente enquanto eu, corado, precisaria admitir a verdade: sempre foi o Halloween. Confesso isso com relutância, pois alguns de vocês pensarão mal a meu respeito. Sei que eu deveria odiar o Halloween. Por ser um cristão evangélico da linha mais conservadora, alguns esperariam que eu descartasse a véspera do Dia de Todos os Santos como uma "festa do diabo". Muitos esperariam me ver equipando uma cabine de caça à Bíblia no festival de outono da igreja ou ajudando crianças vendadas, na reunião do dia da Reforma, a brincar de "afixar as teses na porta do castelo". Alguns imaginariam que, na noite de Halloween, minha família desligaria todas as luzes para fingir não estar em casa, enquanto as crianças fantasiadas do bairro encontrariam folhetos bíblicos à nossa porta, onde esperariam achar uma abóbora esculpida. Eu deveria odiar o Halloween, mas simplesmente não consigo. Desde muito pequeno, o Halloween sempre me trouxe, bem, para falar a verdade, boas-novas de paz e alegria.

Quando criança, eu levava muito a sério o que os mais velhos diziam sobre aquela festa ser uma "noite do diabo", sobre o véu que separa o mundo espiritual do nosso estar especial e perigosamente fino nessa data. Era disso que eu gostava. Parecia-me que o Halloween levava a sério algo que eu sabia ser verdadeiro por intuição: o mundo exterior era aterrorizante.

A noite também parecia reforçar algo que eu já havia lido na Bíblia, isto é, que o universo ao meu redor estava vivo, cheio de forças invisíveis, algumas delas com o objetivo de me fazer mal. O Halloween aparentava ser a noite na qual os adultos admitiam isso, pelo menos um pouco. Quando mais novo, eu também tinha a sensação de que, se existiam realidades assustadoras, fazia sentido a ideia de separar uma noite no calendário para reconhecer sua existência.

Para mim, a melhor parte não tinha nada a ver com doces ou fantasias. O que eu mais gostava era do fim da noite, quando estava coberto na cama, sabendo que meus pais dormiam do outro lado da parede de gesso. A noite lá fora podia ser assustadora com bruxas e lobos maus, mas tudo estava seguro em casa. Isso não me parecia nada pagão. Na verdade, era algo bem alinhado com meus antepassados bíblicos no antigo Egito. Os anjos da morte podiam espreitar fora da casa quanto quisessem, mas, contanto que o sangue estivesse nos umbrais da porta, tudo estaria bem.

Mas há outro motivo que não me deixaria passar pelo polígrafo das datas comemorativas. O detector de mentiras não me permitiria escapar com a ideia de que esse é o único motivo para meu amor pelo Halloween. Parte da razão é que, ao contrário do Natal ou do Dia de Ação de Graças, nunca havia drama familiar no Halloween. Ninguém fazia as malas para viajar até a casa de alguma tia-avó ou prima distante no Halloween. Ninguém nos colocava sentados em uma mesa dobrável para comer, enquanto se estressava freneticamente para tudo sair perfeito. Ninguém comparava o Halloween em questão com os dos anos anteriores. Ninguém se magoava nem se levantava da mesa após uma discussão acalorada sobre o excesso da bebedeira do tio Beto. Ninguém precisava fingir que essa era a época mais maravilhosa do ano. Ninguém batia a porta e gritava, em meio às lágrimas: "Você arruinou nosso Halloween!".

Por mais assustadores que cavaleiros sem cabeça e criaturas do pântano possam ser, às vezes um jantar de Natal, uma caça aos ovos de Páscoa, uma recepção de casamento ou uma festa de aniversário infantil podem ser ainda mais assustadores que uma floresta assombrada. A família, porém, deve ser um refúgio de tudo isso, calorosa, tranquila e emotiva. Sem dúvida, essa é a imagem que a maioria de nós projeta nos cartões de Natal que enviamos. Para deixar bem claro, esses relatos costumam ser verdadeiros apenas em sentido limitado. A maioria das pessoas não inventa que o pequeno Benjamim ganhou a feira de ciências ou que a Lívia se tornou sócia na firma de advocacia. A maioria das pessoas não anuncia ali que os boatos sobre a ordem judicial de afastamento contra a tia Judite são falsos. Mas muito permanece na esfera do não dito e não visto, por motivos claros.

Boa parte do que acontece em nossas famílias permanece encoberto, sejam os incômodos de conflitos emocionais, seja o trauma bem real de algum segredo familiar. Isso ocorre porque, em nossa cultura e em muitas outras, a família costuma ser uma arena para vencer e exibir. Nossa família espelha, para o mundo exterior, o tipo de pessoa que queremos que os outros pensem que somos. Se algo não vai bem em nossa família, temos medo de que as pessoas concluam que há alguma coisa terrivelmente errada conosco. Assim, a despeito do fato de que a família quase nos mata de susto às vezes, sorrimos enquanto enfrentamos a situação. Um amigo meu gosta de dizer que ele já sabia que ser pai seria uma experiência de humildade, só não fazia ideia de que também seria humilhante. Mesmo quando tudo vai bem, nunca se sabe quando a criancinha dirá para os colegas da classe da escola dominical as palavras novas que aprendeu quando a mamãe gritou com o papai na noite anterior. E só piora. À medida que os filhos crescem, cada dia pode trazer a notícia da reprovação em uma matéria, ou de uma gravidez catastrófica, ou da perda de um emprego, ou do fim de um noivado ou de um acidente de carro. E parece que não podemos fazer nada a esse respeito, além de olhar os álbuns do passado e relembrar, nas fotos, o bebê fofo que aquele filho costumava ser — e também todas as nossas falhas como pai ou mãe.

A verdade é que não é apenas a criação de filhos que traz à tona a humildade. Praticamente todos os âmbitos da vida familiar se tornam humilhantes, porque acabamos revelando, dentro da família, quão dependentes podemos ser. Ser marido ou esposa, irmão ou irmã, filho ou filha também são mostras de humildade. Nos relacionamentos com as pessoas, estamos fadados a decepcionar e ser decepcionados, ferir e ser feridos. Quando fazemos parte de uma família, é quase impossível manter a imagem de nós mesmos que construímos com tanto cuidado para o mundo externo e para nosso próprio senso de significado. É possível que, assim como eu, você olhe para todos os fracassos de sua família e se pergunte: "Por que precisa ser tão difícil?".

Se você é como eu, já buscou informações a fim de aprender como transitar em meio a tudo isso de maneira não humilhante. Minha tendência é querer uma lista de princípios infalíveis que me ajudem a navegar na vida em família — e sempre fiz isso, independentemente da fase da vida em que estava e de meu papel dentro da família na época. Quando menino, queria um guia certeiro para que meus pais entendessem como matemática era difícil para mim e que "C" era uma nota suficiente, e também que me mostrasse como atender às expectativas tão elevadas de minha avó, que morava ao lado. Quando adolescente, queria uma lista de princípios que garantissem que eu seria capaz de resistir à tentação sexual, ou, melhor ainda, que me mostrasse uma falha no sistema que me permitisse ceder e, mesmo assim, continuar a ser um bom cristão. Para ser franco, eu queria princípios que me mostrassem como fazer uma moça gostar de mim o bastante para que eu de fato tivesse opções de tentação para vencer. Quando jovem, desejava um guia passo a passo para escolher a esposa certa. Após o casamento, minha esposa e eu queríamos uma lista de passos que garantissem que não acabaríamos como outros casais à nossa volta — brigando na justiça após o divórcio ou, o que nos parecia ainda pior, dormindo juntos durante a meia-idade em uma cama sem amor, sem sexo e com muito ressentimento. Queria uma lista de tudo que se espera de um marido cristão, desde as tarefas domésticas que deveria fazer até como garantir que minha esposa se sentisse amada o suficiente para jamais tentar chamar a atenção de algum pai mais envolvido nas atividades extracurriculares dos filhos, quando se cruzassem no meio do supermercado.

Mais para a frente, em nosso casamento, eu queria uma oração palavra por palavra que nos fizesse conceber filhos quando esse projeto se mostrou mais difícil do que esperávamos. Depois que os filhos vieram, queríamos saber se deveríamos alimentá-los em horários marcados ou aderir à criação com apego, se deveríamos colocá-los no violino em idade pré-escolar ou em aulas de patinação. Queria um guia abrangente de como evitar que meus filhos se embriagassem no ensino médio, se viciassem em drogas na faculdade ou se divorciassem durante a crise da meia-idade. Tenho certeza de que um dia desejarei orientações explícitas de como garantir um bom relacionamento com meus futuros netos, enquanto eles pairam acima de mim em suas naves flutuantes, comunicando-se por telepatia com seus amigos *cyborgs*, criados por inteligência artificial. Em todas as etapas, desejo uma lista detalhada de passos sobre como parar de me comparar com a vida aparentemente tão feliz e reluzente dos outros, enquanto eu pareço estar a apenas um passo de um desastre a cada segundo.

É claro que existem muitos motivos para a família ser tão difícil. A mais importante, porém, quase nunca é mencionada. Os riscos são grandes. Isso a maioria de nós sabe. Algumas pessoas se iram com os pais ao longo da vida inteira, mesmo muitos anos após estes falecerem. Outros passam anos se ressentindo dos filhos por todos os problemas que lhes causaram. Com frequência, entendemos que os riscos são altos, mas nem sempre compreendemos por quê. A família pode nos encher de vida ou nos quebrar por dentro porque ela é muito mais que o mero ciclo da vida de nosso material genético.

Família é batalha espiritual.

* * * *

A família é um dos retratos do evangelho que Deus colocou no mundo ao nosso redor. Através de um vidro bem escuro, conseguimos vislumbrar *flashes*, dentro da família, de algo que se encontra no cerne do próprio universo: a paternidade de Deus e a comunhão das pessoas umas com as outras. Nem todos gostam do que veem nisso. Muito além do Halloween, a Bíblia nos diz a verdade acerca do que existe à nossa espreita. Se as Escrituras estão corretas, então as culturas antigas acertaram sobre a existência de poderes invisíveis e hostis a vagar pelo cosmo, e esses poderes se iram contra a imagem do evangelho, onde quer que ela seja encontrada, pois o evangelho é um sinal do fim de seu reinado, do esmagamento de sua cabeça. É por isso que a queda da humanidade, apresentada nas primeiras páginas da Bíblia, não é uma mera história de culpa ou vergonha pessoal. A Queda imediatamente separou o marido de sua esposa, um irmão do outro, o pai da filha, o tio do sobrinho — tudo isso apenas nos capítulos de abertura de Gênesis. Se a família não estiver lhe causando algum sofrimento, é porque você não faz ideia do que se passa.

Em meio a tudo isso, a Bíblia não nos apresenta um manual da família. Em vez disso, ela nos dá a palavra da cruz. Ao falar em "cruz", não me refiro a um símbolo dos princípios cristãos ou "valores familiares". "A cruz", nesse caso, diz respeito ao caos emaranhado de uma cena de assassinato fora dos portões de Jerusalém.

A Bíblia tem muito a dizer sobre família, não no calor da roda em volta da lareira, mas sim no Gólgota, o Lugar da Caveira. Aliás, as verdades mais importantes sobre a vida familiar não são encontradas em passagens que costumamos interpretar como textos sobre "família" — aquelas que ouvimos nas pregações do Dia das Mães ou dos Pais, ou nas cerimônias de casamento. A passagem mais importante relacionada à família provavelmente se encontra no relato de Jesus, que, "carregando a própria cruz, [...] foi ao local chamado Lugar da Caveira" (Jo 19.17). Ali, na agonia da execução, Jesus clamou: "Meu Deus, meu Deus, por que me abandonaste?". Seria fácil concluir, como fizeram aqueles presentes ao redor, que aquela era a reclamação de alguém rejeitado e totalmente abandonado por seu Deus. Mas Jesus não estava espontaneamente extravasando uma reclamação para o céu vazio. Na verdade, ele citou a letra de uma música.

Todo o relato da crucificação nos evangelhos está repleto de referências ao salmo 22, um cântico de Davi, desde esse clamor de angústia até os soldados lançando sortes para ver quem ficaria com sua roupa, passando pela agonia da sede. O salmo 22 é um cântico composto para ser entoado pelo povo que adora o Senhor, um hino que conta uma história de aparente desolação até a plena realização do amor constante de Deus. Esse hino da cruz tem tudo a ver com família.

Uma das coisas mais difíceis para nós, filhos ou filhas, maridos ou esposas, ou até mesmo irmãos e irmãs em Cristo dentro da igreja, é entender como tudo é complicado. Não estou me referindo apenas aos mecanismos de convivência, a dar bom exemplo de casamento ou de criação de filhos, ou a honrar pai e mãe. Estou falando da mistura singular de alegria e terror, de beleza e quebrantamento que se encontra dentro da família. De vez em quando, aparece uma pesquisa para dizer que os pais são mais felizes que as pessoas que não têm filhos, ou que os casados são mais felizes que os solteiros. Então surge outro estudo para provar o contrário: que os pais são mais deprimidos que quem não tem filhos, ou que os casados sentem mais depressão e ansiedade que seus pares solteiros. Um estudo mostra que a família nos faz crescer e nos torna estáveis. Já outro revela que a família nos desestabiliza e nos leva à loucura. Suspeito que todos esses dados estejam corretos. A família é algo extraordinário — e terrível ao mesmo tempo. Nós, cristãos, já temos uma categoria para isso. A cruz nos mostra como podemos encontrar beleza e quebrantamento, justiça e misericórdia, paz e ira, tudo no mesmo lugar. O padrão da vida cristã é a glória crucificada — isso é tão verdadeiro para nossa vida em família quanto para tudo o mais.

Ao ser crucificado, Jesus estava completamente sozinho. A placa acima de sua cabeça dizia "O rei dos judeus". Era uma referência sarcástica, com uma aparente contradição por causa de onde se localizava. Os dizeres demonstravam que ele havia sido rejeitado pelo império romano e por seu próprio povo, inclusive por sua tribo e aldeia. Jesus parecia excluído e condenado por sua família, seu povo e seu Deus. Mas o cântico na mente de Jesus conta uma história diferente.

No salmo 22, Davi de fato cantou sobre sua condição de abandono por Deus, mas não parou aí. Ele recordou a história de sua família: "Nossos antepassados confiaram em ti, e tu os livraste" (Sl 22.4). E se lembrou da história de sua família imediata:

Tu, porém, me tiraste a salvo do ventre de minha mãe
   e me deste segurança quando ela ainda me amamentava.
Fui colocado em teus braços assim que nasci;
   desde o ventre de minha mãe, tens sido meu Deus.
Não permaneças distante de mim, pois o sofrimento está próximo,
   e ninguém mais pode me ajudar.

Salmos 22.9-11

Até mesmo enquanto os discípulos fugiam dele, envergonhados, Jesus pôde citar o salmo 22, enquanto olhava do alto da cruz para sua mãe. No momento da maior desolação, ele foi capaz de enxergar o delineado invisível da misericórdia e presença divina naquela com quem, em sua natureza humana, havia aprendido a confiar no Deus que cuida como Pai. Jesus aprendeu tudo isso com sua mãe. E ali estava ela. Ecoando seu ancestral Davi, ele disse: "Posso contar todos os meus ossos" (Sl 22.17; Jo 19.36). O horror da cena não era a história inteira. E Jesus conhecia o hino completo.

Enquanto via o filho ser despedaçado por pregos, lutando para conseguir respirar, Maria sem dúvida se lembrou das palavras do profeta Simeão, ditas nos primeiros dias da vida de seu bebê, quando ela o levou ao oitavo dia para ser dedicado no templo. Simeão previu que o menino estaria "destinado a provocar a queda de muitos em Israel, mas também a ascensão de tantos outros" (Lc 2.34). Olhando para Maria, o idoso profeta afirmou: "Você sentirá como se uma espada lhe atravessasse a alma" (Lc 2.35). Ela mal poderia imaginar que essa espada atravessando a alma seria uma cruz romana. No entanto, ela não estava sozinha nos riscos colaterais da crucificação. Jesus disse que todos nós devemos carregar a cruz. Só podemos encontrar a vida se a perdermos e formos crucificados com ele. Nós também seremos quebrados.

Não tenho certeza de qual é sua situação familiar enquanto você lê as palavras desta página. Talvez você estremeça ao pensar em mais um Dia de Ação de Graças em que ouvirá alguma tia perguntar: "E aí? Está namorando alguém?". Ou, pior ainda, teme o dia em que ela irá parar de perguntar, pois isso significa que desistiu de achar que você um dia encontrará alguém. Talvez você seja recém-casado e esteja assustado. Olha para os rostos sorridentes no álbum de casamento, mas não consegue deixar de se lembrar da mesma expressão de felicidade nas velhas fotografias do casamento de seus pais. E você sabe que aqueles sorrisos não duraram, degenerando-se em ódio e amargor. Vocês estão apaixonados — mas eles também estavam. Vocês fizeram votos sinceros um com o outro, até a morte — mas eles também fizeram. Ou quem sabe você se ressente de cada convite de chá de bebê recebido, pois só enxerga uma listra rosa no teste de farmácia mês após mês, em vez de duas. Ou talvez entre na igreja com a esperança de que ninguém saiba que sua filha está na cadeia ou que seu filho foi acusado de assédio sexual. Ou quem sabe está deitado em uma cama, em um quarto com cheiro de amônia, perguntando à enfermeira mais uma vez se alguém telefonou perguntando por você e percebe, pelo sorriso forçado e retraído, que a resposta é não. Você tem consciência de que ela sente pena de você e teme acabar do mesmo jeito. Tudo isso pode ser assustador e cansativo.

Em contrapartida, você pode ter a família que os outros invejam. Talvez seus pais sejam exatamente os que você escolheria. É possível que seu casamento seja cheio de carinho e que vocês estejam crescendo juntos em intimidade. Pode ser que seus filhos tenham bom comportamento, sejam bem-sucedidos e façam contato com frequência. E quem sabe, mesmo em meio a tudo isso, você se pergunte por quanto tempo vai durar. Isso também pode ser assustador e cansativo.

Família é difícil por ser imprevisível. Não dá para planejar a vida inteira. É impossível escolher os próprios pais, os genes ou a educação assim como escolhe a carreira. Não dá para saber tudo sobre o futuro cônjuge, nem encaixar os filhos em um um plano de vida predeterminado. Família é sinônimo de vulnerabilidade. Você pode se ferir. Você irá se ferir, e também acabará ferindo os outros. Você aprenderá a amar tanto os outros que sentirá o desejo de os proteger dos perigos lá de fora: ser vítima de *bullying* no ponto de ônibus, sofrer o rompimento de um noivado, precisar de um transplante de medula óssea na seção de oncologia do hospital. E a família também expõe quem realmente somos, destituindo-nos de nossas pretensões e máscaras. Mais cedo ou mais tarde, a família revela que não somos a pessoa que nossos amados necessitam que sejamos. Ficamos despidos diante de nossas ilusões, e os mais próximos acabam descobrindo que não somos assim tão bem resolvidos. Na plenitude do tempo, sentimos não só a cruz nas costas, mas também a espada atravessando a alma.

Ainda assim, ali, no Gólgota, Jesus uniu seu cântico ao de Davi. Ele conhecia não só os trechos sombrios desse hino, mas a letra inteira. Enquanto cantava o que havia aprendido com a mãe, ele podia vê-la, mas não apenas ela. O salmo termina com Davi anunciando: "Proclamarei teu nome a meus irmãos; no meio de teu povo reunido te louvarei" (Sl 22.22). Ali Jesus pôde ver, da cruz, o discípulo a quem amava, João. Mesmo na cruz, Jesus se preocupou com as questões familiares, ao organizar uma adoção e entregar a João a responsabilidade por cuidar de Maria. Disse ele à sua mãe: "Mulher, este é seu filho". E, ao discípulo, instruiu: "Esta é sua mãe" (Jo 19.26-27). João relata que, a partir de então, recebeu Maria em seu lar. Em algo aparentemente tão comum quanto organizar os cuidados da mãe, Jesus demonstrou que os pequenos fardos da família fazem parte do fardo maior da cruz. Além disso, ele nos mostrou que precisamos uns dos outros. Não dá para ser família se não formos, antes de mais nada, discípulos. Precisamos reconhecer as alegrias e responsabilidades decorrentes de fazer parte de uma família formada não por laços biológicos, mas pelo sangue da crucificação.

A igreja tem falhado nesse ponto. Em muitos casos, transformamos as congregações em refúgios separados, repletos de *minivans*, cada uma delas lotada de unidades familiares. Todas chegam para receber instrução e retornam para o próprio núcleo isolado. A consequência, sobretudo em meio à nossa cultura extremamente móvel e desprovida de raízes, é a realidade de mães que se sentem solitárias e com medo de estarem falhando, mas não querem dizer nada, por medo de ser julgadas ou de começar um conflito com outras mães; ou ainda, de pais que estão sozinhos, mas não devem sinalizar que não fazem ideia de como resolver o vício do filho em pornografia ou a anorexia da filha. Nossas igrejas estão cheias de homens e mulheres solteiros, divorciados ou viúvos que acreditam não ter família porque não há ninguém ao lado deles na fotografia oficial da lista de membros. A cruz, no entanto, revela que necessitamos uns dos outros. Só seremos famílias piedosas quando formos irmãos e irmãs uns para os outros.

Anos atrás, eu era pastor de uma igreja e conduzia o momento de pedidos de oração do culto de quarta-feira à noite. Certa mulher me procurou após o fim e disse: "Eu não queria falar na frente de todos, mas o senhor pode orar por minha filha?". Ela olhou furtivamente pelos ombros, como se estivesse patrulhando a chegada de *drones* espiões inimigos, e sussurrou: "Ela foi para a faculdade e se tornou ateia". Prometi orar, mas perguntei por que ela estava sussurrando. "Ah, não quero que todos fiquem imaginando o que fizemos para nossa filha não acreditar em Deus. Não quero envergonhar meu marido assim". Há algo de muito errado quando o cristão sente que precisa se proteger da igreja, temendo que a crise espiritual de sua filha será escrutinada como parte de um debate para saber se ela deveria ter amamentado por mais tempo ou se deveria ter feito *homeschooling*, em vez de mandar para a escola pública. Isso é verdade sobretudo quando reconhecemos que todas as famílias citadas nas Escrituras, sem exceção, têm pródigos, inclusive a de Deus Pai.

* * * *

Sim, família pode ser algo humilhante, e foi por isso que hesitei em escrever este livro. A família revela, mais cedo ou mais tarde, que não somos especialistas em tudo que achamos. Quando meus filhos mais velhos estavam aprendendo a ler, eles pronunciavam as palavras dos *outdoors* pelos quais passávamos de carro. Na época, morávamos em Louisville, no Kentucky. Certo dia, passamos por um anúncio da cerveja Budweiser, que trazia apenas as palavras abreviadas "Bud Light". Meu filho Ben perguntou:

— O que é Bud Light?

Sem querer entrar no assunto das bebidas alcoólicas e de todos os males que elas trazem, eu disse apenas:

— É algo que algumas pessoas gostam de beber.

Algumas semanas depois, vi um alvoroço de adultos experientes da igreja na qual estava pregando reunidos em volta de meu filhinho. Descobri que ele havia acabado de lhes anunciar:

— Sabe qual é a bebida favorita do meu pai? Bud Light!

Veja bem, eu não tomo nem um golinho de cerveja ou de qualquer outra bebida alcoólica e ministro na comunidade que talvez possa receber o título de mais contrária ao álcool do mundo inteiro. Senti-me tentado a ir em frente e criar uma comissão para investigar a mim mesmo. Ser pai só se tornou mais e mais humilhante a partir de então, com muitos momentos em que me perguntei, assim como no caso do casamento, se sou competente para fazer isso. Mas, se não fosse o caso, nós não necessitaríamos buscar o poder uns dos outros nem o Senhor em oração. Deus disse a seus filhos, em meio à peregrinação no deserto, que ele os havia humilhado, lhes causado fome e os disciplinado como um pai disciplina o filho a fim de que soubessem "que as pessoas não vivem só de pão, mas de toda palavra que vem da boca do Senhor" (Dt 8.3).

Se fosse fácil ser família, poderíamos fazê-lo impulsionados pela nossa força de vontade. Se conseguíssemos vencer sozinhos, não carregaríamos uma cruz. E se não estamos carregando uma cruz, então o que fazemos não importa no amplo escopo da eternidade. A família é importante. Por isso é tão difícil! Como diz o compositor Rich Mullins: "Não consigo ver para onde está me conduzindo, a menos que me conduza até aqui, onde perdi o suficiente para me permitir ser conduzido". A família faz isso, mas não com nosso orgulho e autossuficiência intactos. Graças a Deus!

A vivência familiar pode até ser humilhante, porém muito mais humilhante que isso é estar nu, coberto de sangue, amarrado a um madeiro enquanto as pessoas lançam sortes sobre suas roupas. Em Cristo, porém, todos já estivemos ali. Depois de ser crucificados e sobreviver para contar a história, seria de se pensar que conseguiríamos admitir uns aos outros a necessidade de ajuda no conflito espiritual que advém de nossa vida em conjunto dentro da família. Seria de se pensar que conseguiríamos nos humilhar e confessar uns aos outros, e pedir perdão quando magoamos ou falhamos. Seria de se pensar que conseguiríamos confrontar com honestidade as dores da própria infância sem temer estar fadados a repetir os erros de nossos pais ou viver o tempo inteiro buscando a aprovação deles.

Jesus conseguia contar seus ossos. Tudo o mais estava despedaçado, mas nenhum osso se quebrou. À primeira vista, isso não parece um bom consolo. Afinal, que diferença faz estar com o esqueleto intacto enquanto se é executado pelo método mais torturante possível? Os ossos de Jesus não eram feitos de titânio. Ele não estava rodeado por um campo de força. Seus ossos teriam se partido com a mesma facilidade da perna dos assassinos e terroristas crucificados a seu lado. Por que, então, isso era importante?

A falta de ossos quebrados ali na cruz foi um sinal para Jesus, junto com o rosto de sua mãe, de que nada do que estava acontecendo fugiria dos propósitos divinos, e estes eram bons. Não importava o que os soldados estivessem fazendo, seus atos não eram aleatórios e caóticos. O véu do templo se rasgou de alto a baixo, mas a veste de Jesus não, nem os ossos de suas pernas. Podia até parecer que Deus estava ausente na cruz, mas não estava. Ele se encontrava ali, governando providencialmente, mesmo em meio às ações mais ímpias que se possa imaginar. Seu sistema ósseo é o último pedaço identificável de quem você é, ou foi, o último a se decompor até virar pó. É por isso que choca tanto ver uma caveira. Jesus foi capaz de contar todos os seus ossos por causa do mistério da providência divina, que trabalha por trás e por meio até mesmo das coisas mais terríveis que nos acontecem. Deus o entregou para a maldição, o juízo e a morte. Ainda assim, o Senhor não o quebrou por completo. O esqueleto intacto de Jesus foi um sinal de que não importava quanto ele parecesse abandonado, o amor constante de Deus não o deixaria. Ele ainda estava ali.

Pertencer a uma família — em qualquer função e em qualquer família — é essencial para nosso desenvolvimento pessoal. E pertencer a uma família — em qualquer função e em qualquer família — é difícil. Isso não deveria causar espanto nem desânimo para o povo da cruz. Todos nós falhamos na família. Isso acontece porque todos nós fazemos parte de uma família e somos caídos. A cruz nos mostra que a família pode ser uma arena para a misericórdia e a glória de Deus. Ser filho pode nos dirigir para a dependência do Senhor, uma dependência vista com a maior perfeição por meio da imagem desfigurada do Cristo crucificado, que entregou seu espírito ao Pai. O relacionamento com nossos irmãos pode nos mostrar as alegrias — e as dificuldades — de integrar um grupo vibrante de irmãos e irmãs dentro da igreja. O casamento aponta para a união entre Cristo e sua igreja, a qual foi selada na cruz. Ter filhos aponta para a paternidade de Deus, vista nos momentos mais escuros da cruz, bem como nos instantes mais vibrantes da ressurreição e exaltação. Todos esses relacionamentos aparentemente triviais não dizem respeito apenas ao sentido da felicidade. Eles fazem parte, de uma maneira ou de outra, do campo de treinamento para nosso destino final de co-herdeiros com Cristo, herdeiros do universo.

Precisamos de sabedoria prática acerca das questões familiares, e a Bíblia nos dá. Precisamos saber como honrar os pais, sem perder neles nossa individualidade. Precisamos saber como honrar o casamento, sem o idolatrar. Precisamos saber como discipular a próxima geração sem severidade e sem negligência. Antes de tudo isso, porém, precisamos enxergar a vulnerabilidade da família dentro do prisma de carregar a cruz.

Não sei quanto a você, mas eu não quero isso. Prefiro me proteger da possibilidade de mágoa com uma casca exterior dura, deixando de lado a vulnerabilidade de ossos que podem se quebrar. Nada se abre mais para o potencial de mágoa e vulnerabilidade que fazer parte de uma família. Os pais podem cuidar, mas também rejeitar. O cônjuge pode amar, mas também abandonar. Os filhos podem trazer alegria, mas um dia simplesmente pedir a herança antes da hora e cair num chiqueiro de rebeldia em um país distante. Não me importo de trabalhar duro para minha família, mas estremeço diante do pensamento de um dia precisar que algum familiar esvazie meu penico e limpe a baba de minha boca. Todavia, é essa vulnerabilidade que Deus usa para nos conformar à imagem de Cristo. Ele não nos torna santos por meio de exercícios faraônicos de poder, mas sim mediante o dinamismo oculto da cruz. Essa espécie de vulnerabilidade significa, é claro, que coisas ruins são possíveis. Seus pais podem deserdá-lo. Seu cônjuge pode achar outra pessoa. Seu filho pode ser destruído pela leucemia. O evangelho não esconde nenhuma dessas possibilidades. Não promete uma vida próspera e tranquila. Entretanto, garante que você nunca se encontra fora do alcance da providência paterna de Deus, uma providência que lhe dá uma cruz não a fim de destruí-lo, mas para lhe dar um futuro. Seu esqueleto está seguro, mesmo no Lugar da Caveira.

* * * *

A cruz leva liberdade para a família. E é exatamente de liberdade que necessitamos. Uma vez que a família é um aspecto da batalha espiritual, pode parecer esmagadora. Uma vez que é um aspecto de carregar a cruz, pode parecer excruciante. Com frequência, buscamos uma saída. Alguns a encontram ao se esquivar por completo das responsabilidades familiares. Pense no filho de pais separados que fica com medo eterno de se comprometer com alguém, para evitar se magoar como seus pais ou como ele mesmo foi magoado nesse processo. Alguns encontram a saída por meio de uma resignação estoica que conclui que tudo que for para acontecer com a família acontecerá de qualquer maneira. Outros acham a saída por meio de automedicação, com alguma espécie de vício, ou se autossabotando com um caso extraconjugal, ou mesmo abandonando a família de vez. Outros ainda acham a saída fundindo sua identidade na da família e sua vida se torna uma confusão de jogos de futebol e competições de oratória, com uma atividade extracurricular após a outra a fim de garantir que a próxima geração tenha oportunidades melhores e os pais possam olhar para si mesmos e achar que foram "bons o suficiente". Nada disso é liberdade. Pelo contrário, ensurdece a alma e derrota o coração. Os que negligenciam as responsabilidades familiares e os que as divinizam acabam no mesmo lugar de desistência. Isso não é liberdade, de maneira nenhuma.

Temos um tipo diferente de liberdade: a liberdade crucificada. Nossa família é importante, mas não é um fim em si mesma. O diabo não liga para especialistas em casamento ou em criação de filhos. Ele não se importa com o orador da turma nem com uma estante cheia de troféus. Mas ele treme, sim, diante da cruz. O resultado final de nossa missão como família não é impressionar nossos colegas, mostrando que nossos filhos são bem-comportados o suficiente para não nos acordar durante a noite, mas sim que, assim como nós, eles foram crucificados com Cristo. Voltando ao salmo 22, o hino da cruz entoado por Jesus, o resultado final é: "As gerações futuras ouvirão sobre o Senhor. Proclamarão sua justiça aos que ainda não nasceram e falarão a respeito de tudo que ele fez" (Sl 22.30-31). Foi ele quem o fez, não nós. A família é uma experiência de humildade. E de humilhação. Família é crucificação. É por isso que a família é uma das maneiras de Deus nos deixar pequenos o bastante para travar a batalha que não pode ser vencida por cavalos ou cavaleiros, mas pelo Espírito do Senhor.

Nossa família nos molda. Nós moldamos nossa família. A cruz deve moldar ambos.

* * * *

A glória se revela em lugares partidos. O salmista nos conta que "os céus proclamam a glória de Deus" (Sl 19.1; 8.3-4). Observar o céu à noite pode nos encher da percepção do poder criador e da sabedoria de Deus, bem como de nossa pequenez diante de seu alcance cósmico. Todavia, a maioria das estrelas visíveis no céu acima de nós — ou acima de Davi quando ele escreveu o salmo — estão mortas, e a luz nos alcança muito tempo depois que elas já terminaram de queimar. Ainda assim, elas declaram glória. Isso não deveria nos surpreender quando olhamos para nossa vida. Nosso eu exterior está se desgastando, conforme a Bíblia nos conta. Contudo, em meio a tamanha fraqueza e morte, há vislumbres de "uma glória que pesa mais que todas as angústias e durará para sempre" (2Co 4.17). Temos o tesouro do evangelho nesse vaso de barro, para ficar "evidente que esse grande poder vem de Deus, e não de nós" (2Co 4.7). Levamos então a morte conosco, mas dessa morte provém a vida, para nós e para o mundo (2Co 4.11-12). E a cruz nos leva de volta justamente ao Halloween.

Se você passar pela minha casa no Halloween, é possível que me veja andando pelo bairro, com meus filhos fantasiados. Posso prever que, assim como todos os anos, os vizinhos do fim da rua terão feito *chili* caseiro e servirão com refrigerante na calçada, em quantidade suficiente para todos. Também posso prever que meu caçula ficará tenso e segurará forte minha mão quando passarmos por uma casa mais assustadora que as outras ao dobrar a esquina, com um esqueleto iluminado na varanda. Ele sentirá medo, e eu também. Mas terei medo de um esqueleto diferente: o meu, daquilo que acontecerá depois que toda minha vida de movimento perpétuo acabar. Minha esposa saberá que eu a amei? Meus filhos enxergarão algo em minha maneira de criá-los que aponte para o Deus Pai que sempre ama, jamais abandona e lança mão tanto de autoridade quanto de misericórdia, tanto de verdade quanto de graça? Meu filho tem medo de que o esqueleto na varanda o engula. Eu tenho medo de que meu esqueleto em meu futuro caixão não seja compatível com a imagem que eu projeto agora, nesta página. E minha família saberá disso muito bem.

Naquela noite de outubro, porém, eu o tomarei em meus braços mais uma vez e direi: "Não se preocupe, eu não vou a lugar nenhum. Eu o protegerei do esqueleto. Ele não lhe fará mal". Nesse instante, eu me lembrarei do que eu mais amava no Halloween quando criança. O medo estará ali, não escondido nem racionalizado em nossa existência, tampouco evitado em conversas polidas. Por trás do medo, haverá o tipo de segurança que só vem da proteção paterna. Os monstros estão por toda parte, mas não irão vencer. Isso só acontece uma noite por ano; todavia, na visão cristã de família, é o ano inteiro.

A família não se resume ao Halloween, nem ao Natal, nem à nossa forma de celebrar em nossa cultura asséptica. A família se resume à Sexta-feira Santa. A família pode lhe ensinar que suas intuições estão corretas. Você quer paz no lar e um legado que dure mais que você. A vida moldada pela cruz em um mundo assolado por tempestades nos revela que jamais chegaremos lá como especialistas, mas sim como filhos e filhas. Você só poderá encontrar família ao confiá-la ao Deus a quem pode confiar a própria alma.

A família o leva até a cruz. Se você está em Cristo, tudo na vida o conduz até ali. Mas dali só é possível ver o túmulo vazio. A família mostra, mais uma vez, que a única maneira de ganhar a vida é cedendo, e a única forma de vencer na vida é perdendo. A sabedoria e o poder de Deus se encontram ocultos ali, no lugar da crucificação, de maneiras que podem nos aterrorizar. A cruz existe para incomodar e balançar o silêncio perigoso de nossa vida. "A cruz é a maior de todas as seguranças", escreveu Martinho Lutero. "Bem-aventurado quem a entende!"[1] A família leva você ao Lugar da Caveira, mas lhe mostra que, embora não seja possível levar nada consigo, nem mesmo suas roupas, nenhum de seus ossos será quebrado.

Seu esqueleto está seguro.

3
A batalha espiritual dentro da família

Nascido e criado na costa oeste dos Estados Unidos, meu aluno nunca havia estado antes no extremo sul do país. Enquanto viajava comigo para o Mississipi, meu estado natal, em um compromisso de pregação, sentou-se ao lado de um polido pastor da região. O pastor, ciente de que o aluno era meu estagiário, presumiu que ele tivesse alguma ligação com o Mississipi, quem sabe até mesmo parentesco com algum ministro do estado. Falando em voz baixa, para não competir com os anúncios feitos no púlpito ali perto, o pastor se inclinou bem perto de meu aluno e perguntou:

— Quem é seu papai?

Meu aluno ficou em silêncio por um instante, pensando se aquela era uma expressão sulista para cumprimentar as pessoas, meio que um "Como vai?" da região. Sem saber que tipo de resposta era esperado, meu aluno apenas indagou:

— Hmm... você?

O pastor olhou de volta para ele, então se virou para mim e perguntou:

— O que há de errado com esse sujeito?

A conversa acabou dando certo, mas o quebra-gelo inicial não funcionou. A fim de entender um ao outro, os dois precisariam saber que, no sul dos Estados Unidos, muitas vezes o pai de um homem adulto também é chamado de "papai", não só o pai de uma criança pequena. Ambos precisariam entender que, no contexto do Mississipi, perguntar sobre os parentes ou a cidade natal de alguém é muito mais que puxar assunto. É outra forma de questionar: "Quem é você?". O vocabulário não foi capaz de transcender culturas regionais, mas, de diversas maneiras, o princípio básico o fez e sempre foi assim. Seu contexto e suas conexões familiares revelam muito a seu respeito. Isso não será, é claro, tão imediatamente reconhecível se você morar em uma região urbana com milhares de pessoas para todos os lados, onde é menos provável que conheçam sua família, mesmo que você venha do campo ou de uma cidade pequena. Entretanto, até no mais cosmopolita dos lugares, boa parte do que faz você ser "você" se origina de todo tipo de conexão familiar, e somente algumas delas lhe são conscientes a qualquer momento. Com frequência, não sabemos de onde vêm nossas predisposições genéticas ou práticas culturais. Elas simplesmente estão ali e nos informam quanto ao que parece "normal" ou "certo". Há muito mistério nisso.

Para alguns, essa ideia é confortante. Orgulham-se de sua família e enxergam, nessa conexão, um tipo de solidariedade e pertencimento. É o tipo de pessoa que guarda uma genealogia detalhada ou pendura o brasão familiar na parede. Para outros, o histórico familiar é problemático ou até sufocante. Não querem nem pensar que podem acabar fazendo as mesmas escolhas dos pais, avós ou outros. De qualquer maneira, é natural descobrir quem somos em termos de nossa família. Alguns o fazem por meio da semelhança com a família de origem, valorizando a herança, os negócios ou a religião familiar. Outros se definem contra a família de origem e passam a vida inteira provando que não são o pai nem a mãe. Sua vida parece dizer: "Olhe como sou diferente deles! Eu sou eu mesmo". Para alguns, ser único significa se diferenciar da família. O modo como a experiência familiar ainda molda quem são pode ser desorientador ou mesmo aterrorizante. A despeito de tudo, a família persiste e está muito ligada a quem somos, como nos enxergamos, como avaliamos o presente e planejamos o futuro. É por isso que a família importa, e não só para aqueles que se consideram homens e mulheres "de família".

Por trás disso, porém, existe outro motivo para a importância da família para todos nós. A família é uma batalha espiritual. Essa expressão deixa alguns incomodados, como se fosse um encantamento excessivamente dramático que já ouviram em cerimônias de exorcismo de algum grupo pentecostal. Na verdade, o subtexto não visto do mundo ao redor é intrínseco ao pensamento bíblico e só parece antiquado ou esquisito em nosso contexto ocidental secularizado. Todas as culturas antigas — e a maioria das culturas dos países ocidentais ainda hoje — defendem que existem realidades misteriosas no cosmo, inclusive seres pessoais que visam nos fazer mal. Em nossa era científica, concluímos que somos espertos e que não caímos mais nessas superstições. Ainda assim, nossa era científica deve nos demonstrar que, mesmo em meio a tudo que sabemos sobre o universo, aprendemos dia após dia sobre quanto não sabemos. O progresso científico não erradicou os mistérios, mas revelou outros que antes nem sabíamos como nomear.

O evangelho não se esquiva dessa realidade. O apóstolo João foi bem direto: "Por isso o Filho de Deus veio, para destruir as obras do diabo" (1Jo 3.8). Se aceitarmos a interpretação de Jesus acerca da história cósmica — e eu aceito —, então precisamos lidar com seu ensinamento de que o mundo ao nosso redor é como a casa de um homem forte que Jesus prendeu e cujos bens pirateados ele agora está levando como despojos (Mc 3.27). Devemos reconhecer ainda que o modo de governo desses "principados e potestades" é por meio de acusação e morte (Ap 12.10). Na cruz, Jesus derrotou os espíritos acusadores ao quebrar o engano que eles exercem sobre a imagem humana (2Co 4.4-6) e ao absorver, em seu sacrifício na cruz, a pena justa para nossa rebelião contra Deus. No Cristo crucificado, Deus "perdoou todos os nossos pecados. Ele cancelou o registro de acusações contra nós, removendo-o e pregando-o na cruz" (Cl 2.13-14). Dessa maneira, "desarmou os governantes e as autoridades espirituais e os envergonhou publicamente ao vencê-los na cruz" (Cl 2.15). Ao partilhar nossa natureza humana e por seu sacrifício na cruz, Jesus se propôs destruir, mediante a própria morte, "o diabo, que tinha o poder da morte", pois com isso "ele libertaria aqueles que durante toda a vida estiveram escravizados pelo medo da morte" (Hb 2.14-15). Quando o reino de Deus chega, por intermédio de Jesus, a velha ordem se acaba. O reino de Cristo significa uma mudança no regime cósmico, e os poderes instituídos lutam contra essa realidade.

* * * *

Mas o que a batalha espiritual tem a ver com a família, em geral, ou com sua família, em particular? Antes de mais nada, importa porque, a fim de entender o evangelho, precisamos enxergar que algo deu errado com o universo, algo que a doutrina cristã chama de Queda. Quando nossa humanidade ancestral optou por alinhar-se com um deus-cobra, e não com seu Criador, sua missão descarrilhou para o exílio da presença vivificante de Deus. Isso significou catástrofe para tudo ligado à humanidade, criada à imagem divina. E a família, uma das primeiras estruturas da criação divina, carrega boa parte do peso dessa calamidade. Tão logo o homem e a mulher pecaram, sua união em uma só carne se rompeu. Eles se envergonharam na presença um do outro e começaram a se culpar pela rebelião. O casamento agora se encontrava cheio de desarmonia e rivalidade (Gn 3.16b). Suas vocações foram diretamente frustradas. A mulher, "a mãe de toda a humanidade" (Gn 3.20), agora sofre dor e angústia no trabalho de parto (Gn 3.16a). O chamado do homem para arar a terra da qual ele se originou é frustrado por uma criação amaldiçoada que não o reconhece mais como representante de Deus (Gn 3.17-19). Afastado do Éden, o relato bíblico nos mostra famílias se esfacelando em praticamente todo tipo de crise. Encontramos irmãos com inveja e assassinando o outro (Gn 4.1-16), poligamia (Gn 4.23), divisão entre pai e filho (Gn 9.18-27), estupro (Gn 19.1-11; 34.1-31), incesto (Gn 19.30-38), homicídios para a manutenção da honra tribal (Gn 34.1-31), chantagem sexual (Gn 39.1-23) e até um marido disposto a prostituir a esposa a fim de obter influência política (Gn 12.10-20). E se você quer saber, tudo isso está apenas no primeiro livro da Bíblia. O caos continua ao longo do cânone, e além. A paz do Éden para a família não mais existe.

É importante para nós reconhecer isso, pois, a fim de nos esforçarmos para ter famílias saudáveis, precisamos aceitar o fato de que todos fazemos parte de uma família problemática, uma vez que todos encontramos nossas raízes na história familiar de Adão. Parte do que nossa experiência familiar prévia faz é imbuir, em nossa psique, o conceito de "normal" ou "anormal". Quando um homem e uma mulher se casam, por exemplo, devem se esforçar para harmonizar todo tipo de hábito de temperamento, e isso já é bem difícil. Não raro, porém, fazemos as coisas com base em como vimos nossos pais agirem a vida inteira, sem uma decisão racional.

Quando minha esposa e eu nos casamos, uma das coisas em que eu insisti, desde o primeiro dia, é que nunca teríamos um cachorro de estimação. Eu não tinha nenhum argumento além de "faz muita sujeira". Olhando em retrospecto, percebo que provavelmente isso aconteceu porque meus pais tinham uma atitude não dita de que um animal dentro de casa sempre trazia sujeira, e as pessoas que eu conhecia que tinham bichos de estimação tendiam a confirmar isso (já que a maioria tinha um verdadeiro zoológico dentro de casa). Hoje, vinte anos depois, digito estas palavras enquanto nosso cãozinho Waylon está sentado a meus pés. Eu não havia analisado toda a questão de ter um cachorro; essa ideia apenas não se encaixava em minha definição de "normal", até eu aprender a enxergar a realidade de outro modo. Às vezes, essa estrutura de acordo com a qual vemos o mundo é benigna; com frequência, porém, não é. E isso se aplica não só a alguns de nós no nível micro, mas a todos, no macro.

O evangelho nos informa que não podemos entender o mundo ao redor sem distinguir entre esses aspectos que são "desde o princípio" e, por isso, bons, daqueles que fazem parte da maldição e do reino da morte. Certa vez, ouvi um homem justificar o fato de trair a esposa com diversas mulheres por ser "natural". A monogamia é rara entre os mamíferos, ele argumentou, e nossa história evolutiva designou os homens para "espalhar sua semente" o máximo possível. Ora, as pessoas morrem todos os dias em deslizamentos de terra e ataques de crocodilo; acaso devemos concluir que, por ser "natural", devemos permitir o homicídio? Sabemos, com base na Palavra de Deus, que a natureza se rebelou. As coisas não são como deveriam, e boa parte dessa distorção se revela na vida familiar.

A família, porém, não é apenas parte do problema, mas parte da solução. Sim, a humanidade enfrenta dificuldade e dor no trabalho de parto, mas a graça está no fato de que a humanidade realmente avança rumo ao futuro. Aliás, desde o princípio, Deus ameaçou a serpente com a profecia de que sua cabeça seria esmagada pela família. "O descendente" da mulher desfaria os poderes malignos desta era, mas não sem dor ou aflição: "Ele lhe ferirá a cabeça, e você lhe ferirá o calcanhar" (Gn 3.15). E foi exatamente isso que aconteceu. Por intermédio da família humana, e em especial por meio da casa de Abraão e Sara, Deus nos trouxe uma criança pela qual tudo foi reconciliado; assim, "por meio do sangue do Filho na cruz, o Pai fez as pazes com todas as coisas" (Cl 1.20).

* * * *

A família é difícil porque vivemos em um mundo caído. Nossa psique é moldada pela primeira infância. Levamos essa glória e destruição para todos os outros relacionamentos da vida. Mas a família também é difícil por ser o palco de um universo às vésperas da mudança de regime. A família é difícil porque representa muito mais que um mero aglomerado genético. Os poderes demoníacos se importam com a família não por se revoltarem contra os "valores familiares", mas por estarem em revolta contra Deus. No entanto, embora sejam intimidantes em suas antigas artimanhas, esses poderes são um grupo relativamente covarde. Quando o Jesus encarnado andou em sua presença, eles gritavam de terror, implorando para que fossem mandados para longe (Mc 5.7-13). Por quê? Isso acontecia porque, ao sinal de Jesus, os principados e potestades enxergavam a própria e inevitável destruição futura. "Por que vem nos importunar, Jesus de Nazaré?", indagaram. "Veio para nos destruir? Sei quem é você: o Santo de Deus!" (Mc 1.24). É claro que essa é a exata definição de quem Jesus é, *não* exatamente o que ele veio fazer.

A Bíblia nos conta que essa descrição visível do Cristo e do evangelho não se limita à presença física de Jesus em qualquer tempo e espaço. Deus criou tudo conforme o padrão de Jesus Cristo, resumindo nele todas as coisas, visíveis e invisíveis (Ef 1.9-10). Ele é o padrão e o projeto de tudo. Tudo foi criado por meio dele e para ele. Ele "mantém tudo em harmonia" (Cl 1.16-17).

Isso significa que Deus incluiu imagens e analogias dessa grande verdade do cosmo na própria criação. Nenhuma dessas imagens revela, de forma exaustiva, os propósitos de Deus ou o evangelho, mas apontam para essa direção. A família não é exceção. Ansiamos por pertencer, ter e manter, não por um acidente aleatório da evolução, mas porque Deus é "Pai, o Criador de todas as coisas nos céus e na terra" (Ef 3.14-15). O casamento não diz respeito somente a companheirismo ou procriação, mas é um mistério que aponta para a união entre Cristo e sua igreja em uma só carne (Ef 5.32). Criar filhos não é apenas um desenvolvimento da plenitude humana (embora seja isso também), mas um reflexo da Paternidade de Deus (Mt 5.7-11; Hb 12.5-11) e da maternidade da Cidade Santa à qual nós pertencemos em Cristo (Gl 4.26).

Não é por acaso que a antiga serpente procura, em todas as gerações, perturbar a paz da aliança conjugal, a integridade da união sexual, o vínculo entre pais e filhos, a união da igreja como casa de Deus. Todas essas coisas são ícones orgânicos do mistério de Cristo, a própria realidade que esmaga a cabeça da velha ordem. A família aponta para além de si mesma e para além da natureza, alcançando a verdade acerca da humanidade: que o fim da vida não deve ser o silêncio do caixão, mas o tim-tim de taças; não um funeral, mas uma festa de casamento (Ap 19.6-9). É por isso que os poderes demoníacos se enfurecem contra a ordem familiar. A destruição de uma família que projeta a imagem do evangelho e o anuncia é um sacrilégio tão grande quanto profanar um lugar sagrado. Os poderes alinhados contra Deus sempre desejavam exibir troféus de sua presença no campo dele. Os filisteus quiseram a arca da aliança no templo de seu deus (1Sm 5.2). A Babilônia não desejou simplesmente atacar a Cidade de Davi, mas carregar consigo os utensílios sagrados do Senhor (2Rs 24.13). O espírito do anticristo se assenta no templo do próprio Deus (2Ts 2.4). Tais poderes contrários ao reino se deleitam em fazer o mesmo ao apagar os sinais visíveis do reino do evangelho no casamento, na criação de filhos, nas famílias estendidas ou — e talvez acima de tudo — na união da família da igreja.

Essa batalha não é apenas cósmica ou social; é, decididamente, pessoal. Em Provérbios, um pai adverte o filho de que o adultério podia até parecer algo que "acontece", quando, na verdade, é uma trama estrategicamente pensada, a persuasão de uma presa caçada até o matadouro (Pv 5—7). Talvez você tenha percebido isso em sua própria vida. Justamente quando parece que sua situação familiar está como você gostaria ou como Deus gostaria para você, algo se desorganiza. Seria fácil colocar a culpa nas pressões externas e tentações ao nosso redor. Podemos dizer que é difícil demais entender a tecnologia, que a cultura é excessivamente sexualizada ou que "as pessoas não respeitam mais a família como antes". A Bíblia, porém, não abre espaço para esse tipo de nostalgia, mostrando-nos os perigos para a família a cada geração, desde o Éden.

Nós temos pontos diferentes de vulnerabilidade, não só na vida pessoal, mas também dentro da família. Para alguns, a tentação é o abandono. Para outros, a infidelidade. Para outros ainda, a tentação é o egoísmo ou a negligência. Há poderes em ação que conhecem as suas vulnerabilidades e as das pessoas à sua volta. Não dá para travar tais batalhas com a própria inteligência ou força de vontade. Essa guerra espiritual deve ser confrontada, a cada momento, com o evangelho. O evangelho nos informa nosso lugar na família, pois redefine duas questões que mais enfurecem o diabo: nossa identidade e nossa herança.

Quando Jesus nos ensinou a orar, as primeiras palavras a sair de sua boca foram "Pai nosso". Ou seja, antes de qualquer coisa, uma declaração acerca de quem somos. Jesus é Filho do Pai, vocabulário que o situa dentro do relacionamento eterno com Deus (Jo 5.18-23), mas também como o verdadeiro Israel de Deus, o primogênito do Senhor (Os 11.1; Mt 2.15) e herdeiro do trono de Davi (2Sm 7.14; Sl 89.26-27). Assim como a maioria dos evangélicos, eu termino minhas orações com a expressão "em nome de Jesus". Foi ele que nos orientou: "Peçam qualquer coisa em meu nome, e eu o farei" (Jo 14.14).

Quando eu era mais novo, achava que isso queria dizer que tais palavras chamavam a atenção de Deus de maneira especial. Assim, eu as espalhava por todos os pedidos de maior importância para mim. "Em nome de Jesus, por favor, permita que eu passe em matemática, em nome de Jesus, em nome de Jesus, em nome de Jesus!" Não foi isso que ele nos instruiu. Na verdade, é bem o contrário. Antes de ensinar os discípulos a orar, Jesus os ensinou como *não* orar. Ensinou a não usar a oração como forma de exibição pública, a fim de parecer espirituais para as pessoas ao redor. Mas a exibição pública é apenas uma de suas preocupações.

Jesus também disse: "Ao orar, não repitam frases vazias sem parar, como fazem os gentios. Eles acham que, se repetirem as palavras várias vezes, suas orações serão respondidas" (Mt 6.7). Isso, sem dúvida, era verdade para qualquer outro povo da terra, pois as pessoas achavam que seus deuses eram figuras distantes e impessoais, que enxergavam os seres humanos no máximo como seus servos. Com deuses assim, os seres humanos precisavam aprender como encontrar uma maneira de ser ouvidos. Lembre-se dos sacerdotes de Baal se cortando e gritando aos céus; "mas não houve sequer um som, nem resposta ou reação alguma" (1Rs 18.29). Em contrapartida, o profeta Elias meramente orou e caiu fogo do céu (1Rs 18.36-38). Sobre aqueles que sentiam a necessidade de manipular seu deus com frases feitas ou encantamentos mágicos, Jesus afirmou: "Não sejam como eles, pois seu Pai sabe exatamente do que vocês precisam antes mesmo de pedirem" (Mt 6.8). Há duas partes cruciais nessa declaração; "seu Pai" e "do que vocês precisam": identidade e herança.

Nosso contexto familiar existe para nos contar algo sobre quem somos e, o mais importante, quem não somos. Não somos deuses que criam e mantêm a vida. Fazemos parte da história alheia — ao voltar no tempo e possivelmente no futuro. Você e eu somos resultado de uma série quase infinita de decisões que outras pessoas tomaram. Se seu bisavô não tivesse emigrado de sua terra natal, talvez você não conseguisse ler as palavras na língua desta página. Se minha avó não tivesse decidido desconsiderar a vontade de seus pais e se casar escondido, quando adolescente, com um homem mais velho, eu não existiria. Não quero que ninguém repita a escolha dela, e fico imaginando meu espanto se um de meus filhos fizesse o mesmo. Ainda assim, sou feliz porque tudo isso aconteceu.

O senso de identidade é marcado de muitas maneiras, começando com nosso nome. Pense em quantas genealogias existem na Bíblia! Certa vez, fiquei horrorizado ao ouvir um pregador ler uma passagem bíblica. Ele pulou uma lista de "este gerou aquele" com as palavras "blá-blá-blá" antes de retomar a narrativa! Sem levar em conta aqui a falta de respeito desse homem pela Palavra de Deus, dá para entender um pouco por que ele não quis se deter em uma série de nomes de "pai de" e "filho de". Não parece relevante. Mas é. Note com que frequência a Bíblia se refere a personagens como "Josué, filho de Num", ou "Saul, filho de Quis", ou "João, filho de Zebedeu". Nem mesmo em nosso momento cultural individualista nós superamos isso.

Provavelmente você não sabe nada sobre meus parentes, mas, sem me conhecer, será confrontado, logo de imediato, com pelo menos um fato acerca deles ao descobrir meu sobrenome. "Moore" revela o sobrenome da família de meu pai e, caso alguém queira entrar em detalhes, conta uma história que remonta, conforme me disseram, aos mouros da Inglaterra. Mesmo que ficasse provado que meu sobrenome não veio daí, a tradição familiar revelaria algo a nosso respeito: somos o tipo de pessoa que gosta da ideia de ser descendentes dos mouros da Inglaterra. Suponho que, se eu quisesse, poderia me individualizar e rejeitar meu sobrenome, passando a ser apenas "Russell". Mas isso também apontaria de volta para minha família. O fato de meu nome ser "Russell", não "Sergei", nem "Raio de Lua" mostra que meus pais não eram russos nem *hippies*.

Aliás, mesmo que eu mudasse de nome, as pessoas ao meu redor ainda assim ligariam meu nome à minha família: "Esse é o Ozymandias, o filho de Gary e Renee... Coitado, há algo de errado com ele!". Contudo, bem mais profunda que a relativa superficialidade de nossos nomes é o aprendizado de quem somos, desde o início, com base em nossas interações com a família. Os psicólogos dizem que nossa personalidade pode ser moldada a vida inteira pelo modo como nossos pais "espelharam" para nós quem fomos como indivíduos pertencentes a uma estrutura familiar mais ampla. A identidade está enraizada na família.

Herança é um conceito que, a princípio, os ocidentais acham mais difícil identificar na própria vida. Tendemos a pensar que herança é uma transferência de bens. Escrevo isto após acabar de ouvir sobre mais uma família destruída por filhos adultos brigando pelos pertences do pai que acabara de falecer, lutando com unhas e dentes por causa de cobertores e gatos de cerâmica. Isso nada tem a ver com herança no conceito bíblico da palavra.

A herança não consistia em transferência de dinheiro e propriedades, mas sim no cultivo de um estilo de vida. A humanidade original foi criada para cultivar um jardim. Dentro das fronteiras de Israel, por exemplo, Deus concedeu instruções detalhadas sobre como cuidar da terra e manter os ciclos das plantações. A herança de uma família agrícola não era somente a terra, mas a vida de trabalho ali dentro, junto com a sabedoria prática recebida. Simão Pedro teria herdado as redes e os equipamentos de pesca do pai, mas também, acompanhando isso, o conhecimento de como lançar a rede, navegar um barco e identificar uma tempestade. Aliás, a ideia de jubileu, no Antigo Testamento, é inerente ao conceito de herança. Uma vez que as famílias se conectavam economicamente ao longo das gerações, os problemas financeiros de uma pessoa não eram apenas individuais. Conforme argumenta Christopher Wright: "O colapso financeiro de uma família em uma geração não condenava todas as gerações futuras ao cativeiro da dívida perpétua".[1] O jubileu não é um mero padrão da antiga lei da aliança. O sermão inaugural de Jesus, anunciando seu reino, foi uma ode lírica ao conceito de jubileu, uma liberação das dívidas e do cativeiro para todos que têm o favor de Deus (Lc 4.18-19).

Quando Jesus nos ensinou a orar o "Pai nosso", também incluiu a linguagem da herança. Clamamos pelo "pão nosso de cada dia", cientes de que o Pai sabe do que necessitamos. Não se trata de um depósito de pão no futuro (embora sem dúvida haja uma herança futura que nos aguarda), mas do suprimento diário e contínuo de pão. Herança não é meramente receber, mas ser convidado para participar. A família deve nos ensinar isto: o que significa operar dentro de uma economia, de uma ordem. Isso deve se revelar em como vivemos hoje, bem como no fato de que, um dia, faremos parte da grande ordem cósmica (com tipos diferentes de chamados) no reino de Deus.

* * * *

A cruz é uma crise de identidade e herança. A multidão zombeteira ao redor de Jesus não era especialmente cruel ou sacrílega em comparação com outras. Eles apenas conheciam a Bíblia. Viam que Jesus estava pendurado em um madeiro e portanto, de acordo com o livro de Deuteronômio, era amaldiçoado por Deus (Dt 21.23). Era uma questão de família. A linguagem dessa maldição começa com uma questão de identidade familiar. A Bíblia diz: "Se um homem tiver um filho teimoso e rebelde, que não obedece ao pai nem à mãe, apesar de eles o disciplinarem, o pai e a mãe levarão o filho até a porta da cidade e dirão às autoridades ali reunidas: 'Este nosso filho é [...] mau-caráter e vive bêbado'" (Dt 21.18-20). De fato, Jesus foi acusado pelos anciãos de ser bêbado e glutão (Mt 11.19). Também foi acusado de ser um filho rebelde que, segundo diziam, desonrava o sábado e até ameaçava derrubar o próprio templo de Deus. O livro de Moisés dizia o que deveria acontecer com alguém assim: "Então todos os homens da cidade o executarão por apedrejamento. Desse modo, vocês eliminarão o mal do seu meio, e todo o Israel ficará sabendo disso e temerá" (Dt 21.21). Os compatriotas de Jesus já o haviam arrastado para fora das fronteiras da cidade e tentado apedrejá-lo (Lc 4.29-30; Jo 8.59). Por fim, foram ainda mais longe, pendurando-o no madeiro da crucificação, o maior símbolo de maldição divina.

Isso tem tudo a ver tanto com identidade (Deus é conosco?) quanto com herança (o que Deus nos dará?). Moisés disse: "Se alguém cometeu um crime que merece a pena de morte e, por isso, foi executado e pendurado numa árvore, não deverá permanecer pendurado ali durante a noite. Enterrem o corpo no mesmo dia, pois todo aquele que é pendurado é maldito aos olhos de Deus. Desse modo, vocês evitarão a contaminação da terra que o Senhor, seu Deus, lhes dá como herança" (Dt 21.22-23). As pessoas ao redor devem ter raciocinado que a crucificação de Jesus significava que ele havia sido rejeitado como Filho de Deus e perdido sua herança. É por isso que a cruz era um escândalo, para judeus e gentios. Quem poderia seguir um criminoso humilhado e amaldiçoado por Deus? E como um homem crucificado daria um reino a seus seguidores se nem ele mesmo havia sido capaz de escapar da execução?

O Novo Testamento inteiro revela essa realidade. É por isso que o apóstolo Paulo afirmou que se "esqueceria de tudo exceto de Jesus Cristo, aquele que foi crucificado" (1Co 2.2). A princípio, isso não parece verdade. Afinal, o apóstolo deu instruções acerca de diversos tipos de coisas — muitas delas debatidas nestas páginas —, como os critérios a ser adotados no auxílio financeiro das viúvas ou com que frequência os casados deveriam ter relações sexuais. Isso não é inconsistente. A vida cristã inteira é vivida por aqueles que foram crucificados com Cristo e, por isso, agora vivem por meio dele (Gl 2.20). Fomos amaldiçoados com Cristo na cruz. Ali sofremos a morte e o inferno. Isso significa que os poderes acusadores não têm mais o que dizer contra nós. Não podemos ser re-amaldiçoados, re-condenados e re-crucificados. Unidos à Cristo pela cruz, temos uma nova identidade e uma nova herança. A cruz aconteceu com um objetivo definido: "Por meio de Cristo Jesus, os gentios foram abençoados com a mesma bênção de Abraão, para que recebêssemos, pela fé, o Espírito prometido" (Gl 3.14).

Logo, o evangelho significa que todos nós, qualquer que seja nossa experiência ou origem, somos agora filhos de Deus e, por sermos filhos, também herdeiros, aliás, co-herdeiros com Cristo (Rm 8.16-17). Sabemos que estamos em Cristo porque clamamos, muitas vezes com gemidos de dor, "*Aba*, Pai" (Rm 8.15), e descobrimos que, ao fazê-lo, o próprio Jesus está clamando por nosso intermédio (Gl 4.6). Jesus não só nos instrui acerca de como orar ao "Pai nosso", visto que, muitas vezes, não sabemos como nem pelo que orar (Rm 8.26-27); ele ora por meio de nós, pelo Espírito. A Oração do Senhor que sai de nossos lábios é, em várias ocasiões, literalmente a *oração do Senhor*. É por meio dessa realidade fundamentada na cruz que batalhamos contra os principados e as potestades que se levantam contra nós.

Antes de um longo período de silêncio divino, o profeta Malaquias disse que Deus enviaria o profeta Elias "antes da vinda do grande e terrível dia do Senhor" (Ml 4.5). O profeta "fará que o coração dos pais volte para seus filhos e o coração dos filhos volte para seus pais" (Ml 4.6). Jesus identificou esse espírito de Elias em seu primo, João Batista (Mt 17.10-13). A pregação de João no deserto atacava a presunção de identidade e herança que o povo tinha. João confrontou os israelitas que presumiram o favor de Deus simplesmente por serem descendentes biológicos de Abraão. O machado de Deus estava na raiz dessa árvore familiar (Mt 3.9-10). A pergunta era: onde estava o remanescente fiel que Deus havia prometido? Onde estava o filho a quem Deus ofereceria os confins da terra como herança? Bem ali, naquelas águas, Jesus se sujeitou ao batismo, sinalizando o juízo que viria sobre ele em prol de seu povo posteriormente na cruz (Lc 12.50; Rm 6.4). À medida que saía da água, uma voz ecoou do céu: "Este é meu Filho amado, que me dá grande alegria" (Mt 3.17). O coração do Pai se voltou para o Filho, e o coração do Filho se voltou para o Pai.

Por meio da família, não só aprendemos quem somos como também ganhamos uma herança. Ganhamos, de nossa família de origem, padrões de vida, expectativas, modelos e feridas. Nossa história de vida mostra que fazemos parte de uma história mais ampla, uma história cheia de outros personagens. Não importa quanto queiramos acreditar que nós mesmos nos moldamos e formamos, que controlamos nossa personalidade e destino, o fato é que todos viemos de algum lugar e, para ser mais exato, de algumas pessoas. Para muitos, essa herança é positiva. Talvez você olhe com gratidão para todas as coisas que você traz consigo de sua família: como fazer bolo, trocar pneu ou, mais importante, como confiar em Jesus e como orar. Para alguns, a herança traz sentimentos mistos ou até sombrios. Mesmo aqueles que desejam cortar relações com a família muitas vezes se frustram ao perceber como isso pode ser difícil. É possível sair de casa e nunca mais falar com os parentes, fazer escolhas opostas em termos de religião, política e carreira, mas ainda assim enxergar os olhos do pai no espelho ou se ouvir dizendo o tipo de coisa que a mãe falava.

Muitos aprenderam uma distorção de identidade e herança dentro do campo de batalha da família. Talvez seu pai ou sua mãe tenham lhe dito, com todas as letras ou mais implicitamente, que você jamais daria em nada. Ou talvez o enxergassem como uma mera extensão deles. Quem sabe você herdou uma predisposição biológica para a depressão profunda ou o vício. Ou é possível que tenha herdado um sistema familiar repleto de conflitos e traumas. Talvez seu histórico familiar o tenha deixado com recursos sociais e econômicos limitados para fugir de uma situação de desamparo ou até de violência. A boa notícia é que Jesus não só nos ensinou a orar "Pai nosso", como também sucedeu essa expressão com as seguintes palavras: "Santificado seja o teu nome" (Mt 6.9). Existe uma analogia entre o que devemos experimentar em nossa formação familiar e a paternidade de Deus. Contudo, mesmo nas melhores circunstâncias, a paternidade divina transcende infinitamente essas categorias terrenas. Deus é "Pai", próximo a nós, mas também está "no céu", distante de nós. Conhecemos o nome de nosso Deus (proximidade), mas sabemos também que esse nome é santo (distância). Esse Deus pergunta: "A quem vocês me compararão? Que imagem usarão para me representar?" (Is 46.5). Você pode ter vindo do melhor ou pior histórico familiar e, ainda assim, saber e ensinar aos outros o que significa chamar a Deus de Pai.

****

Devemos aproveitar todas as oportunidades de cultivar uma família saudável, pois o que acontece dentro dela molda nossa consciência, personalidade e alma. A família é mais que comida e teto. Ela reverbera por gerações, transformando como incontáveis gerações enxergam a Deus, o evangelho e a si mesmas. Devemos trabalhar, se somos pais, para educar nossos filhos na disciplina e admoestação do Senhor, a fim de que eles enxerguem o reflexo de algo parecido com Deus.

Mas não é preciso vir de uma boa família, e nem mesmo saber quem são seus pais, para experimentar a paternidade de Deus. Na verdade, até certo ponto, toda família é uma família abalada. Se você vem de uma situação terrível, Deus não se surpreende com isso. Afinal, Jesus ama *você*. O bom Pastor veio buscar *você*. Você não é um mero conjunto de células ou um emaranhado de DNA. Você também é sua memória, suas experiências, sua história. Parte essencial de quem você é vem de sua origem. O fato de você saber que algo estava errado já é graça. O fato de que o evangelho chegou até você significa que Deus, conhecendo por completo sua origem, oferece a você, bem como a todos nós, uma nova identidade e uma nova herança. Como disse o profeta Daniel a respeito do Senhor: "Sabe o que está escondido nas trevas, embora ele seja cercado de luz" (Dn 2.22).

Vemos isso ao longo de toda a Bíblia, mesmo por meio de padrões familiares terríveis que Deus não aprova. É difícil imaginar família mais problemática que um bando de irmãos que espancam um dos mais novos até quase matá-lo e depois o vendem para traficantes de escravos. Entretanto, no início da história de Israel, foi exatamente isso que aconteceu com José. Deus condenou tal ato como uma grande maldade. Ao mesmo tempo, porém, ele estava em ação, desfazendo essa atrocidade, a fim de salvar Israel por meio de José, que proveu alimento durante uma crise de fome que ameaçou a nação. José disse aos irmãos: "Vocês pretendiam me fazer o mal, mas Deus planejou tudo para o bem. Colocou-me neste cargo para que eu pudesse salvar a vida de muitos" (Gn 50.20).

Diferentemente de José, não temos a revelação direta para entender exatamente por que Deus permitiu que você passasse pelas coisas terríveis do passado que você teve de vivenciar. Em alguns aspectos, talvez você possa olhar para trás e ver como o Senhor esteve do seu lado, mesmo em meio ao vale da sombra da morte. Você pode ver como as cicatrizes que carrega o transformaram em quem você é ou o prepararam para ministrar a outros. Pode ser também que nada disso faça sentido para você. Nossas histórias familiares demonstram que, desde o início de nossa existência, fazemos parte de um enredo, mas muitas vezes ele é confuso, misterioso e invisível para nós. Sabemos disso, porém. Sabemos que Deus é justo e julgará todo mal. Sabemos que não dá para voltar no tempo e desfazer essas coisas. Você pode até fantasiar uma realidade paralela em que seus pais eram melhores ou você era um pai melhor, em que tinha filhos melhores ou você foi um filho melhor. Mas tais fantasias não fazem os universos paralelos se tornarem realidade.

Você não é sua genealogia. Você não é sua árvore familiar. Você não é sua família. Afinal, se você está em Cristo, é nova criatura. Não está condenado a transmitir as tradições familiares sombrias que o prejudicariam ou o afastariam de Deus ou das pessoas. Para isso, é necessário recorrer à oração constante e aos esforços que a Bíblia cita em termos de guerra espiritual. Essa tarefa não se destina somente aos que vieram de famílias problemáticas, mas a todos nós, de diferentes maneiras. Os líderes religiosos da época de Jesus sentiam bastante orgulho de sua árvore genealógica, árvore essa que chamamos de "Antigo Testamento". Contudo, Jesus os lembrou de que, a exemplo de seus ancestrais, eles não estavam imunes a matar os profetas em seu meio (Mt 23.29-36; Lc 11.47-51). O mártir Estêvão disse o mesmo a seus compatriotas israelitas — eles estavam repetindo os erros de seus antepassados ao silenciar a palavra profética (At 7.51). O apóstolo advertiu uma congregação gentílica, afirmando que seus membros não deveriam viver "mais como os gentios" (Ef 4.17). E o apóstolo Pedro lembrou outro grupo de gentios de que os novos cristãos não poderiam voltar para o "estilo de vida vazio que herdaram de seus antepassados" (1Pe 1.18). Isso significa que precisariam superar sua origem natural ao seguir a Cristo. Não se faz isso por mera força de vontade, mas sim agarrando-se ao evangelho e relembrando a nova identidade e herança em Jesus. Você foi resgatado de sua antiga herança não "com simples ouro ou prata, que perdem seu valor, mas com o sangue precioso de Cristo" (1Pe 1.18-19).

Muitos têm uma origem familiar positiva e estável, pela qual devem agradecer, com certeza. Mas não devem se gabar, como se isso os tornasse melhor que os outros: "O que vocês têm que Deus não lhes tenha dado?" (1Co 4.7). Outros tantos, por sua vez, têm feridas que carregam ao longo da vida inteira. Eles precisam desaprender antigos padrões e modelos? Sim. Há esperança para eles, ou estão predestinados a repetir as decepções ou os traumas que lhes foram impostos? De maneira nenhuma! A herança não é uma mera recompensa futura que os aguarda no mundo por vir. A herança é também um novo Espírito e uma nova comunidade, capaz de vencer, por nosso intermédio, todas as armadilhas do maligno.

As dinâmicas familiares têm consequências, sem dúvida. Se você é pai ou mãe, não pode presumir que sua recusa em permanecer casado ou em um emprego, seu vício em álcool ou drogas, ou suas palavras ásperas não exercerão influência nenhuma sobre seus filhos — e até sobre os netos, bisnetos e tataranetos. Você prestará contas. Jesus disse: "Quanto sofrimento haverá no mundo por causa das tentações para o pecado! Ainda que elas sejam inevitáveis, aquele que as provoca terá sofrimento ainda maior" (Mt 18.7). Se você é fruto disso, o importante é reconhecer o bem — o anseio por um lar, por exemplo — e o mal que provêm de sua situação. Os perigos para você não são os padrões que é capaz de ver e identificar, mas aquilo que não consegue enxergar. Sim, muitos filhos de pais ausentes crescem e abandonam a própria família. Sim, há filhos de alcoólatras que crescem e bebem sem parar também. Sim, há filhos de pessoas violentas que crescem para ser igualmente violentos quando se encontram em posição de poder. Isso acontece, mas geralmente em pessoas que não enxergam a própria vulnerabilidade.

Quando converso com alguém que teme repetir os padrões disfuncionais de sua família de origem, quase nunca me preocupo com o futuro desse indivíduo. Ele vê os problemas e se arma para prosseguir, pelo poder do Espírito, em uma direção diferente. Alguns dos melhores casamentos que conheço são formados por pessoas que viram os pais se divorciar. Alguns dos melhores pais que conheço tiveram pais ausentes, abusivos ou negligentes.

Alguns dos defensores mais compassivos dos direitos das crianças que conheço foram abusados emocional, física ou sexualmente quando crianças. Eles sobreviveram e passam a vida se esforçando para que ninguém passe pelo mesmo trauma. O perigo é para aqueles que nem pensam em como as gritarias e os palavrões proferidos uns para os outros, os adultérios em série ou o alto índice de divórcios são simplesmente aceitos como a realidade comum. Com frequência, as pessoas que passaram por esses problemas são mais proativas que seus pares em aderir a práticas positivas com antecedência. Por exemplo, a pessoa que cresceu em uma família habituada a berrar uns com os outros pode planejar com antecedência que sairá para fazer uma caminhada durante um momento intenso de estresse, a fim de se acalmar e orar antes de lidar com a questão familiar controversa. Em alguns casos, pode pedir ao cônjuge que veio de uma família de temperamento mais calmo que resolva a situação. Isso não é fraqueza; é graça.

É aí que mora o perigo, não na presença das fragilidades em si. Aliás, os conselheiros costumam dizer que se preocupam quando encontram alguém que descreve uma infância dourada, completamente idílica. Muitas vezes, descobrem que a verdade é exatamente o contrário. A pessoa idealizou seu passado porque não suporta viver com a história real. Esse é o verdadeiro risco.

Alguém que está lendo pode lutar para crer que Deus o ama, dada a maneira como se rebelou no passado — alcoolismo, abortos, experiências sexuais, términos de relacionamentos, período na prisão ou o que quer que seja. Alguns vivem com medo, encolhendo-se como se Deus estivesse raivoso, ávido por castigar. Alguns vivem assim há tanto tempo que desistiram e optaram por se rebelar, concluindo que é isso que define quem são.

Minha situação, de muitas maneiras, é o total contrário disso, mas pode ser ainda mais perigosa. Rio de mim mesmo quando percebo que citei, neste capítulo, meus temores adolescentes de conseguir passar em matemática. Isso é muito revelador pois, em muitos aspectos, parece que minha vida inteira se resume ao exercício de levar o boletim até meu pai e aguardar sua aprovação ou desaprovação. Sempre fui aquele que quer fazer tudo certo — o bem-comportado, de boas maneiras, trabalhador, inteligente, espiritual, que faz tudo que deve. Quando criança, eu ia à igreja praticamente todas as vezes que suas portas estavam abertas. Desde os 5 anos, eu era aquele que se certificava de que a grama de minha avó estivesse cortada, que o jardim não tivesse ervas daninhas, e inexplicavelmente, pouco depois da primeira infância, já a aconselhava durante a perda de seu esposo. Até fiquei no banco de trás do carro enquanto ela aprendia a dirigir já mais velha, dizendo-lhe que ela conseguiria. Preguei pela primeira vez aos 12 anos. Cuidava da comunicação da campanha de um político norte-americano antes de completar 20. Mais à frente, concluí o doutorado e, antes de me dar conta, aos 32 tornei-me reitor de meu seminário teológico. Nada disso aconteceu por causa de talentos extraordinários, mas por eu ser bem mais esforçado que a média. Hoje percebo que boa parte desse esforço veio da crença de que eu só poderia ser amado se fizesse por merecer, caso me comportasse e desempenhasse melhor que todos ao redor. Os medos e as inseguranças que adquiri quando criança foram os demônios dos quais eu fugi até agora.

Gostaria de dizer que tudo isso passou, mas não é verdade. Certa vez, um jornal escreveu um artigo sobre pessoas que me criticavam de forma ferrenha por não fazer posicionamentos políticos que elas achavam que eu deveria fazer. Fiquei arrasado com isso, e cheguei a me perguntar se conseguiria sair da cama. Eu me questionava por quê. Eu não estava preocupado com o que aquelas pessoas achavam de mim. Eu acreditava no que acreditava, e pronto. Não estava preocupado de haver alguma consequência negativa para mim ou meu ministério. A maioria das pessoas foi compreensiva e me deu apoio. Aos poucos, comecei a perceber que o que eu estava sentindo não era arrependimento nem medo, mas vergonha. O que mais me preocupava era que meu pai ou algum "pai no ministério" lesse o artigo e concluísse que eu era um fracasso. Eu me preocupava de que meus filhos lessem e achassem que eu havia falhado com eles. Ali estava eu com o boletim em mãos. De novo.

Como o irmão mais velho na parábola do filho pródigo, eu também creio, muitas vezes, que posso fazer por merecer meu lugar na casa e minha herança futura ao agir corretamente — ao me comportar, realizar e ser considerado útil e agradável. E, como o exilado que retorna nessa história, eu com frequência acho que deveria ser apenas um empregado, não um filho bem-vindo na casa do Pai (Lc 15.19). Meu esforço para ser bem-sucedido não é uma ambição, mas uma ânsia por pertencer ao lar e ouvir as palavras: "Você é meu Filho amado, que me dá grande alegria" (Mc 1.11). Por trás de praticamente tudo que faço, desde ensinar boas maneiras à mesa para meus filhos a escrever este livro, há um garotinho procurando os pais, para ver se estão olhando e orgulhosos dele. Isso é fragilidade. Mas não é minha identidade nem minha herança. O evangelho precisa me interromper o tempo inteiro, tirando-me de minha fixação inútil no desempenho para me levar de volta àquele céu acima do rio Jordão.

Muitos de vocês se encontram em posição semelhante. Quer se escondam atrás de habilidades esportivas, do calibre intelectual, do brilhantismo artístico ou da espiritualidade e moralidade, aqueles que agem para obter o reconhecimento do Pai acabarão se vendo falhar. Usar o desempenho para construir a própria identidade e herança não leva à santidade, mas à exaustão, à amargura e, por fim, à morte. Fazer o contrário é guerra espiritual. E isso é difícil.

* * * *

Quando aprendemos a dizer "Pai nosso", entramos em batalha. Os filhos dependentes esperam que os pais lhes deem, entre outras coisas, as necessidades básicas de segurança: provisão e proteção. Jesus perguntou: "Se seu filho lhe pedir pão, você lhe dará uma pedra? Ou, se pedir um peixe, você lhe dará uma cobra? Portanto, se vocês, que são maus, sabem dar bons presentes a seus filhos, quanto mais seu Pai, que está no céu, dará bons presentes aos que lhe pedirem!" (Mt 7.9-11). Não importa qual seja seu histórico familiar, você não está sozinho no universo. O mesmo Jesus que nos ensinou a chamar Deus de Pai também nos ensinou a buscar nele a provisão ("Dá-nos hoje o pão para este dia") e proteção ("Não nos deixes cair em tentação, mas livra-nos do mal"). Não são pedidos separados. O diabo apareceu para Jesus no deserto e lhe disse que transformasse pedras em pão. Satanás não queria apenas tentar Jesus; ele estava tentando adotá-lo. A família existe para nos ensinar, entre outras coisas, que somos criaturas que não podem, em última instância, prover para nós mesmos e nos proteger. Somos dependentes quando bebês e dependentes de novo na velhice. O reconhecimento da própria necessidade é o primeiro passo para a superação, em um universo assolado pela guerra, no qual a família muitas vezes é o primeiro ponto de impacto.

Nisso tudo, Jesus não se ausenta nem se envergonha de nós. Ele permanece conosco. Encontra sua identidade na bênção do Pai (Mt 3.17). Observa a vocação do Pai e encontra a própria (Jo 5.19-21). Na cruz, ele também se considera estranho: "Até meus irmãos fingem não me conhecer; tratam-me como um desconhecido", pois o zelo pela casa de seu Pai o "consome" (Sl 69.8-9). A cruz nos informa o que significa ser família, e nossa vida dentro da família tem o propósito de nos levar de volta para a cruz. O reino está rompendo. A família é um sinal desse reino, e esse é um dos motivos para a ira dos poderes das trevas contra ela. Isso não diz respeito somente à "Família" em abstrato, mas à sua família em particular. Qualquer que seja seu histórico de vida, você pode ser fiel à sua família. Qualquer que seja sua situação familiar, você pode fazer parte da família da igreja. Você pode travar essa batalha. Mas você só será capaz de fazê-lo se souber quem é e para onde está indo. Não importa o que esteja acontecendo, o chamado para ser família é um chamado para dificuldades, sofrimento e combate na esfera espiritual. E, às vezes, a única arma que você encontrará é o grito de guerra "Jesus me ama, disso eu sei!". Em meio a tudo, você ouvirá questionamentos persistentes dos poderes derrotados desta era, dos temores incômodos dentro de sua psique. A pergunta é: "Quem é seu Pai?". Você precisa respondê-la.

E a resposta tem forma de cruz.

4
A família não vem em primeiro lugar

No passado distante, ele fora vidente. O homem à minha frente no saguão da igreja deixou claro que nunca havia sido um telepata de verdade, antes de se tornar cristão, enquanto ganhava a vida prevendo o futuro. Explicou que apenas enganava as pessoas, fingindo ser capaz de enxergar o futuro. Disse também que o pagamento não era alto, mas que foi o emprego mais fácil que já teve na vida. Ele convencia as pessoas de que tinha contato com o mundo espiritual, no primeiro momento, ao lançar mão dos mesmos métodos que vemos no horóscopo ou em um biscoito da sorte chinês: generalizações amplas que poderiam se aplicar a qualquer pessoa. "Vejo que algo surpreendente aconteceu em sua vida" ou "Você sofreu algumas tristezas" ou "Vejo em sua vida alguém com a letra 'r' em alguma parte do nome". No entanto, ele contou que o segredo mais importante para fidelizar os clientes era garantir que o futuro previsto não fosse complicado nem cheio de nuances. O cliente ficava satisfeito se ele "visse" algo ótimo, dizendo para a pessoa aquilo em que ela queria acreditar. "Você encontrará amor" ou "Vejo muito dinheiro em seu futuro".

Mas também era possível fidelizar o cliente profetizando algo catastrófico, afirmando ao mesmo tempo que a única maneira de impedir o desastre era contar com o auxílio do vidente para que nada de mal acontecesse. Ele se envergonhava de seu passado e me perguntou se era a primeira vez que eu ouvia falar sobre esse tipo de coisa. Garanti a ele que não. Vejo os evangelistas da prosperidade lançarem mão das mesmas táticas na televisão há anos.

Feitiçaria é feitiçaria, acompanhada de uma Bíblia ou de uma bola de cristal.

O ex-vidente me contou que o mais surpreendente para ele era que a maioria das pessoas não queria coisas grandiosas. É claro que, muito ocasionalmente, ele conheceu pessoas que desejavam fama global ou um jatinho particular com o próprio nome gravado (provavelmente um evangelista da televisão, não acha?). A maioria das pessoas não quer uma cobertura no centro da cidade nem férias na Europa. A maioria deseja apenas uma sensação básica de segurança, a certeza de que tudo irá bem. Querem saber que podem contar com alguém para amar, que serão capazes de cumprir as expectativas dos que dependem deles. Se têm filhos, querem saber que estes serão felizes e bem cuidados. Desejam uma terra prometida bem minimalista ou evitar o Armagedom. Só isso.

Sabe o que me constrange? Com frequência, eu sou exatamente como uma dessas pessoas que vai atrás do vidente na beira da estrada ou dos pregadores da prosperidade. Não quero uma frota de carros esportivos, nem uma ilha privativa no Caribe. Só desejo segurança. Quero saber que minha família passará bem pela vida e que farei bem minha parte em conduzi-los nesse processo. Assim como os cananeus buscavam religiões da fertilidade com a promessa de colheita farta e ventres férteis, às vezes desejo um evangelho natural o bastante para que eu controle a própria vida, mas, ao mesmo tempo, sobrenatural o bastante para me dar o que preciso para chegar lá. Quero um sinal de que meu plano de vida dará certo; caso contrário, desejo qualquer fórmula mágica necessária para impedir o desastre.

Muitas vezes, interpretamos o ensino de Jesus para não sermos ansiosos com base em um ponto de vista extremamente individualista, como se ele estivesse simplesmente nos mandando evitar a angústia psicológica de nossos desejos egoístas. A preocupação contra a qual Jesus advertiu é bem mais que meramente individual. Ele nos disse que não perguntássemos "O que vamos comer?" ou "O que vamos vestir?" (Mt 6.31). Para aqueles que faziam parte de uma rede familiar (quase todos os seus ouvintes entrariam nessa categoria), tais perguntas não diziam respeito somente à segurança pessoal, mas também à segurança familiar. E Jesus não diminuiu tais preocupações ("Seu Pai celestial já sabe do que vocês precisam"). Em vez disso, deu a ordem de buscar "em primeiro lugar, o reino de Deus e a sua justiça" (Mt 6.32-33).

O reino vem em primeiro lugar, não a família.

* * * *

Quando as pessoas pensam no cristianismo em meu país, uma das primeiras palavras que lhes vêm à mente é "família". Em parte, isso é bom, necessário e inevitável para uma igreja em missão. Mas, se queremos discipular as pessoas, precisamos ensiná-las a se afastar dos ídolos (1Jo 5.21), e muitos dos ídolos de nossa era aparecem sob o rótulo de uma suposta libertação das "amarras" da responsabilidade familiar e até mesmo da definição de família. Quando a cultura exterior valoriza a promiscuidade sexual, a confusão de gêneros, a normalização do divórcio e a subversão do casamento, a igreja precisa trabalhar duro para articular uma visão diferente. Na maioria das vezes, não há nada de prejudicial nisso. Existe, porém, um perigo que acompanha qualquer missão, e essa não é diferente.

O mundo exterior está interessado em ordem e estabilidade. Nesse sentido, o mundo pode, em muitos casos, enxergar na "Família" um valor que não vê, por exemplo, na doutrina da justificação pela fé. Logo, as igrejas têm a oportunidade de falar sobre família de maneiras tais que parecem imediatamente relevantes para seus vizinhos desinteressados em questões metafísicas. Com a secularização da cultura ocidental, muitas igrejas percebem que as pessoas da região em que se encontram inseridas simplesmente não fazem perguntas do tipo: "O que responderei quando Deus me perguntar: 'Por que devo deixá-lo entrar no céu?'". Mas elas questionam: "Como posso ter realização sexual se não sou casado?", ou "O que faço para deixar de brigar tanto com meu marido?", ou ainda "Como me relacionar com meus filhos durante a adolescência?". Para muitas igrejas, a família acaba se tornando um ponto de contato com o mundo exterior e o incentivo para alguns sentirem o desejo de saber mais sobre a fé. Quando descobrem que a igreja tem um ministério jovem vibrante ou uma escola dominical que as crianças apreciam, costumam permanecer. A igreja pode não estar capacitada para falar sobre o problema do mal ou a Trindade, mas pode oferecer dicas terapêuticas sobre disciplina, desfraldamento ou encontros românticos para os casados manterem a chama acesa no relacionamento. Parte desse foco se deve a um compromisso missionário genuíno, e parte se deve ao foco empreendedor e publicitário de tantas igrejas norte-americanas.

É claro que o ensino de valores familiares e da fé em Jesus lado a lado dentro da igreja não é inválido. Os filhos e a família são uma das maneiras (embora não a única) que Deus usa para despertar as pessoas em relação ao mundo ao redor. Há quem professe a fé por senso de dever para com os pais, mas há muitos que têm um encontro verdadeiro com Cristo mediante o testemunho de seus pais ou avós (pense na mãe e avó de Timóteo; 2Tm 1.5). De forma semelhante, muitos voltam para a igreja por causa de um senso superficial de obrigação para com os filhos, achando que precisam ser "bons cristãos" a fim de ser bons pais. Muitos outros encontram a Cristo genuinamente como parte da luta para compreender o que significa ser mãe ou pai de um ser humano. Uma vez que isso acontece com frequência, é fácil para alguns concluir que "religião" é mais um aparato da família, algo que alguém acrescenta à vida, assim como se acrescenta um bebê-conforto ao carro. É por isso que muitos pensam em "valores familiares" de imediato tão logo a palavra "igreja" lhes vem à mente. Até certo ponto, isso é positivo e inevitável, mas, não raro, essa categorização transforma incorretamente a família no ponto fundamental de contradição entre a igreja e o mundo. O evangelho, porém, não enxerga a distinção primária entre ser "pró-família" ou "antifamília", mas sim entre pessoas crucificadas e não crucificadas. Uma igreja que valoriza a família está em harmonia com a Bíblia, mas a que coloca a família em primeiro lugar, não.

Aliás, o cristianismo que coloca a família em primeiro lugar logo se sente desconfortável com Jesus. Se ouvíssemos da boca de qualquer outra pessoa as palavras que Jesus falou sobre a família, concluiríamos logo que ela não faz parte do nosso grupo. Jesus nos advertiu: "Se não tomar sua cruz e me seguir, não pode ser meu discípulo" (Lc 14.27). Essa parte é incontroversa entre os cristãos de hoje, em grande medida porque não entendemos o que Jesus está dizendo. Em primeiro lugar, ao contrário dos contemporâneos de Jesus, não trilhamos estradas cuja paisagem contém ao longo do caminho pessoas se contorcendo na tortura de cruzes reais. Entendemos "cruz" como uma metáfora segura para a devoção espiritual. Por vezes, nós a compreendemos como uma metáfora para os estresses da vida, assim como o gerente de uma loja de materiais para escritório me disse certa vez que o inventário anual era "a cruz" que ele tinha para carregar. No entanto, Jesus estava ensinando aqui, de forma específica, sobre o contexto da família. Ele disse: "Se alguém vem a mim e não aborrece a seu pai, e mãe, e mulher, e filhos, e irmãos, e irmãs e ainda a sua própria vida, não pode ser meu discípulo" (Lc 14.26, RA). A maioria das pessoas não gostaria de usar essa passagem como versículo-tema do acampamento de verão das crianças, muito menos escrito em glacê na cobertura de bolo de aniversário ou casamento. Quando ouvimos esse versículo ser citado, normalmente é para explicar o que o texto não diz, garantindo às pessoas que "aborrecer", nesse caso, não significa hostilidade ou desrespeito, mas sim prioridade de afeto. Isso é verdade, e precisa ser dito.

C. S. Lewis sem dúvida estava certo ao dizer que esse versículo só é "útil para aqueles que o leem horrorizados". E explicou: "O homem que acha fácil aborrecer o pai e a mulher cuja vida é uma longa luta para não odiar a mãe devem ficar longe dessa passagem".[1] No entanto, é raro passarmos tempo suficiente analisando o que Jesus *realmente* quis dizer, sobretudo à luz do fato de que esse texto não é isolado. Por que Jesus fez essas declarações chocantes que parecem marginalizar a família?

Jesus é o Príncipe da Paz. Ele nos disse que os pacificadores são bem-aventurados filhos de Deus. Ele veio para trazer "paz na terra àqueles de que Deus se agrada", conforme cantaram os anjos por ocasião de seu nascimento (Lc 2.14). E no entanto, Jesus disse também: "Não imaginem que vim trazer paz à terra! [...] Vim para pôr o homem contra seu pai, a filha contra sua mãe, e a nora contra sua sogra. Seus inimigos estarão em sua própria casa" (Mt 10.34-36). Essa não é uma incongruência obscura com seu ensino principal; é a introdução de uma das mensagens mais importantes de Jesus acerca da vida moldada pela cruz em um mundo assolado por tempestades: "Quem se recusa a tomar sua cruz e me seguir não é digno de mim. Quem se apegar à própria vida a perderá; mas quem abrir mão de sua vida por minha causa a encontrará" (Mt 10.38-39). Essa mentalidade se manifestou não só nas palavras de Jesus, mas também em sua maneira de escolher os discípulos.

Há pouco tempo, contratei um funcionário impressionante, que perguntou se poderia adiar o início na função por alguns meses, a fim de concluir a adoção de seu filho, um processo que exigiria que ele permanecesse em casa, no estado em que morava, até que toda a papelada fosse concluída. Nem por um segundo pensei em dizer: "Você quer trabalhar comigo ou não? Deixe os bebês cuidarem de si!". Para começo de conversa, meu novo funcionário teria (justamente) recusado o emprego e concluído (corretamente) que eu sou um hipócrita em meu envolvimento com a adoção e guarda provisória. Ele também pensaria, se é que não diria: "Quem você pensa que é?". Tenho certeza disso! Adiar uma nova missão para organizar a burocracia relativa à morte de um dos pais parece não só razoável, como também recomendável. Todavia, ao homem que disse: "Senhor, deixe-me primeiro sepultar meu pai", Jesus respondeu com uma atitude que parece estranhamente fria e desprovida de empatia: "Deixe que os mortos sepultem seus próprios mortos. Você, porém, deve ir e anunciar o reino de Deus" (Lc 9.59-60). Não dá para pensar mal de alguém que, antes de partir com a Força Aérea, foi se despedir da família. Contudo, quando outro discípulo em potencial lhe pediu para se despedir antes da família, Jesus não aceitou: "Quem põe a mão no arado e olha para trás não está apto para o reino de Deus" (Lc 9.61-62). Mais uma vez, se qualquer pessoa, além de Jesus, dissesse isso, sejamos honestos: pareceria, na melhor das hipóteses, duro e, na pior, mau mesmo.

Todavia, isso não foi uma aberração temporária do recrutamento do grupo de seguidores de Jesus. Nas capacitações para que as pessoas reconheçam seitas, um dos primeiros detalhes a ser explicados é que a seita costuma tentar isolar as pessoas de sua família. Um grupo que orienta os novos adeptos a cortar o contato com a mãe, o pai ou os irmãos é suspeito de ser uma seita assustadora, que faz mal às pessoas. Logo, não é de se espantar que seja exatamente assim que muitos na Judeia do primeiro século enxergassem o movimento liderado por Jesus. Todos daquela época prestaram atenção quando os evangelhos contam que Jesus disse: "Siga-me", instigando os apóstolos pescadores a deixar as redes de imediato e ir atrás dele. Marcos conta que Tiago e João pararam de consertar as redes, "deixando seu pai, Zebedeu, no barco com os empregados", e "o seguiram" (Mc 1.20). Interpretamos erroneamente esse ato como o equivalente de um jovem casal cristão deixar a família para sair em missão em um país estrangeiro. Os ouvintes de Jesus compreenderam como algo muito maior — como o repúdio da própria família. Quando os pescadores deixaram as redes, abandonaram sua herança. Estavam se desligando da herança de seus antepassados, que cuidavam do negócio da pesca provavelmente por muitas gerações. Também estavam sacrificando o meio de sobrevivência dos seus futuros filhos e dos filhos destes, por muitas e muitas gerações por vir. Isso parecia não só chocantemente contrário à família, mas também uma transgressão do mandamento divino para honrar pai e mãe.

Jesus não era hipócrita. Ele não só ensinava essas coisas como também as vivia. Ele nunca se casou nem teve filhos. Parecia desrespeitar, a cada oportunidade, sua família imediata e ampliada. Certa vez, enquanto Jesus ensinava, uma mulher em meio à multidão exclamou: "Feliz é sua mãe, que o deu à luz e o amamentou!" (Lc 11.27). Como eu ensino bastante, já houve pessoas exclamando coisas em minha direção, mas nunca um elogio à minha mãe. Mas, se alguém fizesse isso, sem dúvida eu pararia para comentar como minha mãe é maravilhosa e quanto eu devo a ela. Jesus, porém, disse: "Ainda mais felizes são os que ouvem a palavra de Deus e a praticam" (Lc 11.28). Quando a família de Jesus esperou do lado de fora de um dos lugares nos quais ele estava ensinando e pediram para o ver, Jesus respondeu com estas palavras: "Quem é minha mãe? Quem são meus irmãos?". E, explicando o que havia acabado de dizer, declarou: "Vejam, estes são minha mãe e meus irmãos. Quem faz a vontade de Deus é meu irmão, minha irmã e minha mãe" (Mc 3.33-35).

Certa vez, um amigo me contou sobre a experiência de voltar para sua cidade no interior, após estudar em uma universidade de elite. Ele chegou e tratou todos como estava acostumando, rindo e brincando com irmãos, irmãs e amigos. Fez um comentário sobre a cidade que já havia feito inúmeras vezes antes. Percebeu todos se incomodarem. Então lhe disseram: "Nós podemos falar isso, você não. Agora, quando você fala, é como se estivesse nos menosprezando". Meu amigo percebeu que, de repente, ele não era mais um deles, que podia brincar com os outros. De certa forma, era como se fosse alguém de fora rindo deles. São duas realidades bem diferentes, com reações muito distintas. Quanto mais incendiária seria a atitude de Jesus em relação à sua cidade natal (Lc 4.24-30)! Uma celebridade que chega ao sucesso, por exemplo, na indústria da música, deve ou dar bastante atenção a seu lugar de origem, fazendo apresentações gratuitas, ou corre o risco de ser odiado por aqueles que imaginam que ele ficou "importante demais" para se lembrar de onde veio. Sem dúvida, essa era a reação de muitos a Jesus. Ele chegou a dizer que sabia o que se passava na mente deles ("Médico, cure a si mesmo"). Além disso, porém, Jesus marginalizava a própria família imediata de formas chocantes em praticamente qualquer contexto e cultura. De fato, para muitos, a atitude de Jesus em relação aos vínculos familiares naturais é o aspecto mais controverso de sua obra e ministério. E, quando levamos em conta as polêmicas quase constantes que Jesus despertava, isso realmente significa algo!

Nós, que estamos do outro lado da ascensão, reconhecemos (corretamente) que Jesus sempre está certo. Às vezes, porém, nosso conceito do "doce Jesus" pode obscurecer, para alguns, parte da tensão encontrada no texto em si, que tem o objetivo de transmitir como era estranho o caminho para o reino que Jesus oferecia. A reação de horror demonstrada pela família e pelos conterrâneos de Jesus não é absurda. Ele estava indo contra algo universal da natureza humana. Jesus nem parecia ser um bom homem de família.

Aliás, não parecia nem mesmo um bom mamífero. Os cientistas dizem que os vínculos familiares são poderosos entre todas as criaturas, por causa do instinto de sobrevivência da espécie e proteção do próprio material genético. Muitos mamíferos, em particular, exibem comportamentos voltados para a sobrevivência no relacionamento com seus pares e descendentes. É por isso que não chamamos um cônjuge para testemunhar contra o outro no tribunal, nem os filhos contra os pais. Isso vai contra algo primordial em nossa natureza. Não é preciso reconhecer a seleção natural como a principal força propulsora do universo para enxergar isso.

O fato é que o modelo e a instrução de Jesus sobre a família parecem desalinhados não só com a biologia, mas também com a Bíblia. O relato bíblico começa com uma família, um homem e uma mulher que recebem a missão de ser frutíferos e se multiplicar por toda a face da terra (Gn 1.27). A esterilidade era um problema recorrente no Antigo Testamento, mas não simplesmente por causa da tristeza pessoal que acompanha a infertilidade. A promessa de Deus foi que faria de Abraão o "pai de muitas nações" (Gn 17.5), que seus descendentes seriam tão numerosos quanto a areia do mar e as estrelas do céu (Gn 15.5). A promessa de Deus a Davi foi que estabeleceria uma dinastia real para ele e que um de seus filhos se sentaria no trono para sempre (2Sm 7.4-17).

Em suma, Jesus não dava à família a mesma importância que sua cultura. O mais irônico é que foi assim que ele salvou a família. Não devemos hesitar quando lemos que Jesus manda quem o segue "aborrecer" pai e mãe, irmãos e irmãs. Na mesma ocasião, ele disse que seu seguidor deve aborrecer "até mesmo a própria vida" (Lc 14.26). Jesus está ordenando o suicídio após a conversão? Claro que não! Na verdade, está colocando a vida do indivíduo no contexto da cruz: "Se não tomar sua cruz e me seguir, não pode ser meu discípulo" (Lc 14.27). No sistema do reino, a maneira de encontrar a própria vida é perdendo-a (Mc 8.35). Assim também, a maneira de se reapropriar da família é crucificando nossos valores familiares.

* * * *

O escritor Walker Percy é uma pessoa improvável para sugerir que a cura para a depressão é se matar, visto que ele passou a vida inteira sofrendo por causa do suicídio do pai. Mas foi exatamente isso que ele fez. No entanto, ao falar em suicídio, Percy não estava se referindo a tirar literalmente a própria vida. Isso não resolve os problemas, embora os suicidas creiam erroneamente que sim. O que ele fez foi refletir: o que acontece se alguém pensa em se suicidar, mas decide não fazê-lo? O resultado é a liberdade. "Você se torna como um prisioneiro liberto da cela da vida", escreveu. Ciente de que você poderia não mais existir, agora está livre para viver sem todas as expectativas que antes o esmagavam em suas decepções. Você fica livre para enxergar a vida como um presente. Há uma diferença enorme, sugeriu Percy, entre o "não suicida" — alguém que não se matou — e o "ex-suicida" — alguém que já se conta como morto e, por isso, está livre para viver. "O ex-suicida abre a porta da frente, senta nos degraus e ri. Porque ele tem a opção de estar morto, nada tem a perder ao permanecer vivo. É bom estar vivo. Ele vai para o trabalho porque não tem essa obrigação."[2]

É isso que a cruz faz para a família, e é nisso que enfrentamos a principal arena da batalha espiritual. Os poderes das trevas querem que idolatremos a nós mesmos e, por extensão, a nossa família. Isso significaria a imagem que cultivamos de nós mesmos e nossa família. Clamamos por segurança, para que nossa vida aconteça conforme esperamos, da maneira que achamos que merecemos, com nossa família e nas outras áreas. Mas se recebermos a família como um presente, não como a única característica definidora de nossa vida, estaremos livres para amar nossa família como ela é, não como uma extensão idealizada de nós mesmos. Não precisamos forçar a família a se conformar com uma imagem que só existe em nossa imaginação, nem nos ressentir por não cumprirem nosso ideal idólatra. O pai intelectual não se ressente do filho com problemas de desenvolvimento porque a criança é seu filho — um presente —, não a esperança de um "legado". Nosso anseio por segurança para a família costuma ser um disfarce para a autoexaltação, assim como na ocasião em que Saul brigou com Jônatas por demonstrar amizade por Davi: "Enquanto esse filho de Jessé viver, você jamais será rei" (1Sm 20.31).

A maioria de nós não tem uma monarquia literal para proteger, mas a família pode representar qualquer ídolo que buscamos proteger, seja a segurança financeira, seja a aclamação de uma boa reputação. O fato de que a família pode ser uma tentação não é sinal de que ela deve ser descartada, assim como comida ou alimento não são deixados de lado porque Mamom é uma tentação. Seguir Jesus requer a organização de nossas prioridades.

Se buscarmos em primeiro lugar o reino, teremos melhores condições de alcançar o bem-estar de nossa família. Se amarmos Jesus mais que a família, estaremos livres para amar a família mais que nunca antes. Se abrirmos mão do controle sufocante sobre a família — na forma de uma visão idílica de nossa família atual, de nostalgia pela família de muito tempo atrás, de cicatrizes das feridas familiares ou de nossas preocupações com o futuro da família —, então estaremos livres para ser família, começando com nosso lugar na nova criação da família da fé.

Sim, a família é uma bênção, mas somente se não for colocada em primeiro lugar.

5
A família da igreja

Certa vez, uma amiga me contou que, nas semanas que antecederam sua conversão ao cristianismo, ela passou os domingos sentada em uma cafeteria, observando as pessoas do outro lado da rua caminharem do carro até a igreja. Na época, ela era adepta do ateísmo e acreditava que os conceitos "tradicionais" de Deus, casamento e família estavam todos igualmente enraizados em um patriarcado opressor. Ela cria na liberdade sexual e achava sufocantes as normas morais cristãs. Para sua surpresa, porém, sentiu-se atraída a Jesus e começou a acreditar no que ele dizia sobre si mesmo. Contudo, antes de fazer um compromisso com Cristo, ela se questionava se conseguiria se encaixar no meio cristão. Sentada ali, observava pais e mães saindo de suas *minivans*, com bebês nos braços e crianças seguras pela mão. E refletia: "Será que eu poderia ser um deles?".

É inquestionável que, muitas vezes, perdemos isso de vista. Os cristãos solteiros costumam se sentir falhos (isso significaria que nossa religião em si é falha, uma vez que Jesus nunca se casou). Mais que isso: com frequência, nossas igrejas espelham a solidão do mundo exterior. Um de meus ex-alunos, que se entregou a Cristo após anos de participação em gangues de rua, me contou que está feliz por ter deixado a violência e as drogas, mas que sente falta todos os dias da comunidade e da sensação de pertencimento inerentes a fazer parte da gangue. Já ouvi o mesmo discurso daqueles que se entregaram a Cristo deixando para trás de tudo, desde a indústria pornográfica até a Ku Klux Klan. Em nenhum momento eles olham para trás e sentem saudade do pecado, mas não encontraram uma sensação comparável de camaradagem, de companheirismo, de família. Que triste!

* * * *

Há consequências graves quando se perde o senso de família dentro da igreja. Alguns estudos mostram que ratos de laboratório isolados dos outros têm maior probabilidade de se viciar quando têm acesso a drogas entorpecentes. Outras pesquisas revelam que boa parte do trauma que acomete os soldados que voltam da guerra se deve não só às lembranças dos horrores do campo de batalha, mas também à falta de conexão que acompanha repentinamente a vida civil. Presumimos que a família nuclear pode suprir essa necessidade, todavia alguma das pessoas mais solitárias e isoladas dentro de nossas comunidades são casadas e têm filhos. Na maioria das vezes, encontram-se tão freneticamente ocupadas criando os filhos e/ou cuidando dos pais idosos que perdem contato com as velhas amizades e não sabem fazer novos amigos.

A igreja não é uma coleção de famílias; a igreja é uma família. Não somos "receptivos à família"; nós somos família. Aprendemos dentro da igreja as habilidades necessárias para ser filhos ou filhas, irmãos ou irmãs, maridos ou esposas, pais ou mães espirituais, e o contrário também é verdadeiro. Aprendemos, dentro da família, as dinâmicas que depois praticamos dentro da igreja. O pastor recebe a ordem bíblica de "liderar bem a própria família" (1Tm 3.4). Isso não acontece porque as pessoas com o lar caótico são piores que as outras, mas porque a habilidade de liderar a família e a igreja é a mesma. "Pois, se um homem não é capaz de liderar a própria família, como poderá cuidar da igreja de Deus?" (1Tm 3.5). Nós, igreja, crescemos juntos e, por isso, precisamos uns dos outros.

A nova aliança prometida a Israel aguardava com expectativa um futuro para o povo, um reino contínuo de sacerdotes para mediar a bênção de Deus para as nações. É por isso que deparamos com relatos que nos parecem estranhos, como o de Onã, repreendido por não concluir o ato sexual com a esposa do irmão falecido, derramando "o sêmen no chão" (Gn 38.9). Ao longo dos anos, alguns interpretaram que se trata de uma advertência contra a masturbação ou contra métodos contraceptivos de barreira. Já cheguei a ouvir um pregador usar essa passagem para recriminar igrejas "focadas em si mesmas", que não fazem missão como deveriam. No entanto, a advertência contra essa retirada prematura diz respeito à obrigação de que o cunhado desse continuidade à linhagem familiar, a fim de "gerar um herdeiro para seu irmão" (Gn 38.8). Para Deus ser fiel às suas promessas, Israel deveria sobreviver. Logo, o sinal da aliança era o corte da pele não em um dedo da mão ou do pé, mas no órgão responsável por gerar. As doze tribos de Jacó deveriam se reproduzir.

É por isso que o exílio do povo de Israel em terra estrangeira, a destruição do templo, o esvaziamento do trono de Davi — tudo isso parecia o fim do mundo. Deus havia trabalhado para tornar Israel distinto, não só na esfera moral, mas também por meio dos sinais da aliança e da proibição de casamentos com as nações ao redor. A fim de abençoar as nações, Israel não poderia ser absorvido por outros povos e deixar de existir. Por intermédio de Jeremias, o Senhor disse acerca do infiel Joaquim: "Registrem Joaquim como homem sem filhos. Ele não terá êxito, pois não terá filhos que o sucedam no trono de Davi para reinar em Judá" (Jr 22.30). Essa decisão não foi o mero julgamento de uma família real que se envolveu com ídolos e agiu errado durante uma invasão estrangeira; foi, ao que tudo indica, um ato de juízo contra o mundo inteiro. A linhagem de Davi pareceu acabar e, com ela, a única esperança de redenção. Contudo, Deus não deixava de prometer que, daquela destruição da árvore genealógica, um ramo brotaria (Jr 23.5; Is 6.13). Essa esperança sempre era futura. Por meio de Israel viria "Cristo, que é Deus acima de todos, bendito para sempre" (Rm 9.5, NVI). Qualquer geração poderia estar a apenas uma geração do Messias, de acabar com os escombros do Éden. No entanto, cada geração acabava morrendo. Os reis, até mesmo os bons, revelaram fragilidades, e a maioria foi sucedida por filhos que os superaram em pecado e rebeldia. Israel não conseguia procriar e sair da maldição da queda.

Em meio a tudo isso, havia a promessa de um sinal, algo tão comum quanto uma mulher dando à luz um filho (Is 7.12-14). O bebê — aquele que seria "Deus conosco" — viria de um remanescente de Israel que pareceria incapaz de prover um futuro. No nascimento virginal de Jesus, houve tanto continuidade quanto descontinuidade, tanto ameaça quanto promessa. Deus opera por meio da linhagem escolhida, mas ao mesmo tempo a interrompe. A salvação viria por meio de "sua descendência" (Gn 3.15), mediante a linhagem de Abraão e Davi. Ao mesmo tempo, o bebê nasceria não "segundo a ordem natural, nem como resultado da paixão ou da vontade humana, mas [...] de Deus" (Jo 1.13). Nascido do ventre de uma mãe que nunca havia se deitado com um homem, Jesus foi o sinal de que a natureza sozinha não é capaz de nos salvar. A família era importante, mas não bastava. No salmo 110, um dos textos do Antigo Testamento mais citados no Novo, mostra-se o libertador vindouro pertencendo à família de Abraão e Davi, plenamente qualificado para ser rei; todavia, Davi não o chama de "meu filho", mas de "meu Senhor" (Sl 110.1; Mc 12.35-36). Sua raiz se encontra na linhagem familiar de Israel, mas não é a suma de sua genealogia. Ele é sacerdote não por herança, mas da mesma forma que a antiga figura misteriosa de Melquisedeque, do qual "não há registro de seu pai nem de sua mãe" (Hb 7.3). Não conhecemos a história de Melquisedeque e não sabemos identificar quem são seus herdeiros naturais. Ele parece ter vindo do nada. Jesus não é sacerdote por causa da família de Israel. Pelo contrário, a família de Israel é um reino de sacerdotes por causa dele.

* * * *

Quando Jesus ensinou sobre o reino de Deus para o rabino Nicodemos, aquele homem experiente ficou confuso com a insistência de Jesus sobre a necessidade de "nascer de novo" a fim de herdar a nova ordem divina. Nicodemos entendeu essa fala de maneira literal, em termos de ginecologia e obstetrícia física. Jesus estava apontando para algo novo que Deus estava fazendo e já havia anunciado antes. Abraão deitou o filho no altar do sacrifício, sabendo que, se Isaque morresse, toda a esperança para o futuro e todas as promessas de Deus se iriam (Gn 22.1-14). Ele confiava que o Senhor reverteria até mesmo a morte a fim de cumprir suas promessas. Logo, somos herdeiros, os filhos da promessa em Cristo (Gl 4.26-28). As promessas nunca foram feitas a cadeias de DNA nem marcadas na pele, mas sim a um remanescente fiel. Esse remanescente se resume em um homem, Jesus de Nazaré, que uniu em si mesmo Deus e a humanidade criada à imagem divina. A carne e o sangue nos dão existência física, mas não podem herdar o reino de Deus. Precisamos nascer de novo (Jo 3.3). Todas as árvores genealógicas da Bíblia apontam para o futuro, para o madeiro do Gólgota. O Cristo triunfante, após oferecer a vida em sacrifício na cruz e derrotar a morte em sua ressurreição, hoje está sentado à direita de Deus e anuncia: "Aqui estou eu com os filhos que Deus me deu" (Hb 2.13, NVI). Nossa identidade se encontra nele. A história dele agora é nossa também. Sua linhagem é a nossa. Sua herança é a nossa. E sua família agora é a nossa. Se estamos em Cristo, temos um novo Pai, novos ancestrais e uma nova família repleta de irmãos e irmãs. Temos uma igreja.

Na igreja, acontece uma mudança surpreendente de nosso conceito de família. O profeta Isaías previu que Deus resgataria o remanescente de seu povo e o levaria de volta à terra da promessa. Mas ele enxergou mais que apenas isso. Prometeu que esse remanescente incluiria muitas pessoas que não pareciam israelitas nativos. O profeta escreveu: "Não permitam que o estrangeiro comprometido com o Senhor diga: 'O Senhor jamais me deixará fazer parte de seu povo'. E não permitam que o eunuco diga: 'Sou uma árvore seca, sem filhos e sem futuro'" (Is 56.3). Por que Deus, em uma mensagem de esperança sobre tirar o povo do exílio estrangeiro, fala dessa maneira sobre a inclusão de estrangeiros? E por que daria destaque aos eunucos, castrados a fim de servir reis pagãos sem a distração de uma família? O lamento dos eunucos sem dúvida parece razoável. No que diz respeito ao mapeamento de uma árvore genealógica, eles não veem futuro à sua frente.

Toda vez que leio essa passagem, lembro-me da vez em que fui convidado a falar em um congresso para homens em lugar de um amigo. Sem conhecer a igreja, presumi que os participantes seriam parecidos com os de outros eventos do mesmo tipo aos quais eu já havia ido, ou seja, homens casados jovens. Cheguei preparado para falar sobre tentação sexual e a necessidade de alegria sexual dentro do casamento, de se alegrar "com a mulher de sua juventude" (Pv 5.18), usando muitos textos de Cântico dos Cânticos. Ao entrar no local, descobri que não havia nenhum homem ali com menos de 88 anos de idade. Ora, eu reconheço que algumas pessoas são capazes de continuar a ter relações sexuais vibrantes até depois de um século de vida, mas, enquanto pensava no material que havia preparado, ficou claro que nenhum daqueles homens achava que poderia se equiparar a Salomão dessa maneira. Quando acabou, um daqueles idosos irmãos em Cristo se aproximou de mim com seu andador e me disse: "Deus o abençoe, filho, você é como Ezequiel tentando ordenar a ossos secos que vivam". Fui tolo, mas, ainda assim, minha palestra sobre sexo geriátrico foi bem mais realista do que Deus dizendo aos eunucos que eles não deveriam se considerar inférteis. É claro que eles eram! Não tinham o equipamento necessário para consumar o casamento, nem para procriar. Como Deus era capaz de dizer isso?

O Senhor prometeu que os estrangeiros que cressem nele fariam parte genuína de seu povo. Prometeu que os eunucos fiéis teriam "dentro dos muros de minha casa, um memorial e um nome muito maior que filhos e filhas. Pois o nome que lhes darei é permanente; nunca desaparecerá!" (Is 56.4-5). Era possível ter esperança de uma linhagem familiar que iria adiante, levando o nome do indivíduo ao futuro. No evangelho, Deus nos concedeu muito mais: ele nos leva pessoalmente para o futuro, por meio da vida eterna de ressurreição da morte. Isso é verdade até para os que não têm cidadania ou família, ou, no caso do eunuco, testículos. "Meu templo será chamado casa de oração para todas as nações. Pois o Senhor Soberano, que traz de volta os exilados, diz: Também trarei outros de volta, além do meu povo, Israel" (Is 56.7-8). Deus revelou tudo isso logo depois de contar que um servo seria "ferido por causa de nossa rebeldia e esmagado por causa de nossos pecados" (Is 53.5). Deus redefiniu para nós o que "nossos" inclui. Em uma das poucas vezes que encontramos nosso Senhor irado nos evangelhos, nós o vemos citar esta passagem, ao expulsar os cambistas do templo: "Meu templo será chamado casa de oração para todas as nações" (Mc 11.17). Após ressuscitar, Jesus enviou seu Espírito para fazer exatamente isso: unir a seu povo aqueles que pertencem a toda tribo, língua, nação e raça. Um dos primeiros participantes desse processo é o eunuco etíope, que lia o rolo de Isaías. Ao unir-se a Cristo, ele deixa de ser forasteiro e se torna concidadão "do povo santo". Não é uma árvore seca; é um membro "da família de Deus" (Ef 2.19).

É natural o ímpeto por pertencer. Na igreja, pertencemos uns aos outros, como irmãos e irmãs que têm um futuro em comum. Até mesmo o uso dos termos "irmão" e "irmã" pode parecer metafórico demais para nós, assim como "irmão" de uma fraternidade ou "guerreiro de oração" no jargão cristão. Todavia, essa metáfora abalou a igreja antiga, à medida que as pessoas descobriam o que significava partilhar de uma história em comum no passado e da mesma herança no futuro. Eles sabiam que os irmãos e as irmãs tinham obrigações uns para com os outros que não incluíam o mundo exterior. É por isso que as igrejas primitivas são caracterizadas cuidando dos necessitados financeiramente e fazendo os membros da igreja prestarem contas por seus pecados. Nós carregamos os fardos uns dos outros porque somos família.

* * * *

Sou pai de cinco filhos. Isso significa que já precisei ter "aquela conversa" diversas vezes com eles, sobre o que esperar na puberdade. Não quero que, como aconteceu comigo, eles sejam pegos de surpresa pelas mudanças surpreendentes — e se sintam confusos e culpados. Por vezes eu vou repetindo: "Vai acontecer o seguinte. Não se assuste. É normal. Você não é estranho". Em geral, quando começo esse tipo de conversa, o filho que está ouvindo presume que estou exagerando. Ele não consegue imaginar ter (esse tipo de) pensamento sobre as meninas, quanto mais todo o resto! Eu apenas me repito e digo: "Estou lhe falando agora para que você saiba que pode vir conversar comigo quando acontecer". Às vezes, enquanto faço isso, eu me pego desejando que houvesse alguém fazendo o mesmo por mim, com todas as outras mudanças que a vida traz: "Vou lhe contar como é a crise da meia-idade", ou "Saiba o que vai acontecer com seu casamento durante os anos do ninho vazio", ou ainda "É assim que você deve lidar com o estresse de ter uma mãe idosa morando em outra cidade e que quer guardar toda a tralha acumulada ao longo de anos e anos, mesmo depois de chegada a hora de se mudar para um condomínio de idosos". Com frequência, preciso de alguém que me diga: "Isso é normal; não entre em pânico", e eu imagino que muitos necessitam ouvir isso de mim. A igreja está aqui a fim de que preparemos uns aos outros espiritualmente para as mudanças que acompanham nossa peregrinação a Sião. E, à medida que prosseguimos, a igreja é um sistema familiar, no qual todos usamos os dons para benefício da missão. O fato de cada pessoa ter um dom para a edificação do restante é mais uma maneira de Deus sinalizar para nós que pertencemos. Somos desejados. Somos amados.

Assim, parte disso quer dizer, para os cristãos conservadores, que ter "valores familiares" é perceber que nossa visão de família é maior que o da biologia darwiniana. Isso pode significar ter um quarto a mais em nossa casa onde uma vítima de aids passará seus últimos anos, um espaço no sofá da sala para a moça cujos pais a expulsaram de casa quando descobriram que ela estava grávida, um lugar à mesa de café da manhã para o homem que teme passar a noite sozinho em casa e acabar achando de novo aquela garrafa de uísque. Quando um cristão abre a casa para uma mãe solteira, um homem desempregado ou um adolescente problemático que passou a vida em abrigos públicos, não está fazendo um ato de caridade ou heroísmo. Isso é simplesmente aquilo que as pessoas fazem pela família, sem sentimento de obrigação ou retorno. Somos família. Isso quer dizer que nenhum cristão vive sozinho, nem morre sozinho. Não existe cristão isolado.

É por causa da natureza familiar da igreja que as Escrituras dizem que as questões familiares importam não só para as famílias em si, mas para toda a igreja. As admoestações a maridos e mulheres, a filhos e pais, em Efésios 5 e 6 e Colossenses 3 não foram escritas apenas para os indivíduos envolvidos nas situações específicas, mas para igrejas inteiras, a fim de ser lidas por todos juntos. Meu casamento é da conta da minha igreja. As lutas de meus irmãos de igreja com problemas relativos à vida de solteiro não são problemas apenas dele, mas meus também. Pertencemos uns aos outros. Além disso, as questões familiares não dizem respeito somente àqueles que "têm família" conforme a definimos. Todos somos provenientes de alguma espécie de união familiar, mesmo sem conhecer o nome ou o rosto dos envolvidos (situação que acarreta seus próprios desafios). Muito mais que isso, porém, somos chamados, por exemplo, a criar filhos e ser criados. Isso não é somente para os casados com filhos, que podem compor a realidade mais comum na igreja norte-americana, mas não é o que o Novo Testamento define como a "vida cristã normal". O casamento, não o celibato, é a exceção no Novo Testamento. Ele representa uma concessão a uma fragilidade (1Co 7.7-9).

Você foi chamado para ser pai ou mãe, irmão ou irmã, quer tenha família natural ou legal, quer não. O apóstolo Paulo escreveu para Timóteo como seu "verdadeiro filho na fé" (1Tm 1.2). Ele se chamou não só de pai de muitos, mas também de mãe, labutando em trabalho de parto em prol das igrejas, "até que Cristo seja plenamente desenvolvido em vocês" (Gl 4.19). Para uma igreja com problemas, Paulo escreveu: "Pois, ainda que tivessem dez mil mestres em Cristo, vocês não têm muitos pais, pois eu me tornei seu pai espiritual em Cristo Jesus por meio das boas-novas" (1Co 4.15). Essa não é a situação apenas de apóstolos e profetas, mas de todos nós. "Nunca fale com dureza a um homem mais velho, mas aconselhe-o como faria com seu próprio pai. Quanto aos mais jovens, aconselhe-os como a irmãos. Trate as mulheres mais velhas como trataria sua mãe, e as mais jovens, com toda pureza, como se fossem suas irmãs", Paulo escreveu a Timóteo (1Tm 5.1-2). Isso tem importância crucial se desejamos seguir o caminho da cruz, um caminho no qual Jesus, ainda pendurado na cruz, entregou uma nova mãe a seu novo filho enquanto fundava a igreja. Devemos ter mães e pais espirituais, que lideram e alimentam a outros dentro da igreja. Dessa maneira, a igreja conecta as gerações.

* * * *

Com frequência, ouço pessoas mais velhas dentro da igreja culpando as gerações mais novas por não honrarem a sabedoria dos idosos e só desejarem dar ouvidos a seus pares. Às vezes, isso é verdade, claro. O reino de Israel se dividiu porque Roboão, filho de Salomão, "rejeitou o conselho dos homens mais velhos e pediu a opinião dos jovens que haviam crescido com ele" (1Rs 12.8). Resumindo a história: não acabou bem.

Entretanto, não percebo essa atitude na maioria dos cristãos mais jovens que encontro. Em vez disso, a pergunta que mais costumo ouvir é: "Como encontro um mentor?". Quando alguém insiste em conversar com esses jovens cristãos, descobre que não querem um "mentor" como os existentes no mundo corporativo — alguém que transmita uma série de habilidades e ajude a conduzir o outro na subida da escada do sucesso. O que eles descrevem, na verdade, é algo menos parecido com um *coach* de carreira e muito mais semelhante a um pai ou uma mãe. Eles não sabem buscar esse tipo de relacionamento. Afinal, fazer amigos já é algo difícil depois que passamos da fase de brincar no parquinho. É impossível, sem se abrir à rejeição, aproximar-se de alguém e dizer: "Você quer ser meu amigo?". Muito mais difícil ainda seria imaginar abordar uma pessoa e perguntar: "Você seria uma mãe para mim?", ou "Quer ser meu pai espiritual?". Todavia, esse é um aspecto fundamental da formação espiritual. Uma cientista social observou: "É por isso que temos aulas de culinária, demonstrações gastronômicas e livros de receitas. É por isso que temos períodos de aprendizado de ofício, estágios, passeios com os alunos e treinamento para a função, além de manuais e livros didáticos".[1] Na redenção, Deus nos concedeu ambos: a Palavra escrita e proclamada para nos guiar e o aprendizado individual no corpo de Cristo.

Jesus disse que carregar a cruz significa estar disposto a se afastar de pai, mãe, irmãos ou irmãs. A igreja primitiva estava cheia de pessoas que fizeram isso. Foram rejeitadas pelos pais e familiares por aderirem a uma seita esquisita do Oriente Médio, dando um passo para fora de uma cultura na qual o respeito pelos deuses era parte importante do patriotismo. Em qualquer igreja saudável em missão, também deveríamos ver muito mais pessoas que enfrentaram esse tipo de rejeição por parte da família. Isso não significa que agora estão sem família, mas sim que encontraram uma família nova.

Quando Pedro disse para Jesus que havia deixado tudo para segui-lo (algo que parece ser bem verdade), a resposta foi:

> Eu lhes garanto que todos que deixaram casa, irmãos, irmãs, mãe, pai, filhos ou propriedades por minha causa e por causa das boas-novas receberão em troca, neste mundo, cem vezes mais casas, irmãos, irmãs, mães, filhos e propriedades, com perseguição, e, no mundo futuro, terão a vida eterna.
>
> Marcos 10.29-30

Devemos esperar perseguição nesta era, mas também encontrar, dentro da comunidade da cruz, "cem vezes mais" a família que talvez deixamos para trás.

E isso na era presente. Há ainda mais à nossa espera na vida por vir. Jesus explicou que, na ressurreição, as pessoas não se casarão nem se darão em casamento, mas serão "como os anjos do céu" (Mc 12.25). Isso pode gerar grande confusão. Aliás, para ser honestos, pode até nos despertar certo incômodo. Queremos ir para o céu, mas enxergamos nessa realidade um desmantelamento daquilo que realmente importa para nós — amizades, família, relacionamentos. Era isso que Jesus estava desfazendo na polêmica com os saduceus, quando fez o comentário de não haver casamento no céu. Esses líderes religiosos, que não acreditavam na ressurreição do corpo, tentaram fazê-lo cair em uma armadilha com o cenário ridículo de uma mulher que se casou com um irmão após outro, depois que cada um falecia. "Ela será a esposa de sete maridos na nova criação?", perguntaram. Pressupuseram uma visão de futuro que não corresponde à vida na ressurreição, mas a uma espécie de existência zumbi, uma extensão das prioridades e dos chamados desta era na eternidade. O chamado ao casamento para povoar a terra estará terminado, pois Jesus terá apresentado ao Pai o número completo de seus filhos humanos. O universo estará cheio de vida com os seres humanos e seu domínio. Nosso conceito empobrecido do sobrenatural nos leva a concluir que a existência "angélica" significa tédio solitário, estático e desprovido de paixão. Os anjos, porém, são seres governantes, principados e potestades, que cumprem uma missão da parte de Deus (Hb 1.14). Nossa missão mudará, mas essa mudança nos leva a mais bênçãos, não menos. A família pode ser um veículo para encontrar Jesus, mas Jesus não é um meio para acabar com a família.

* * * *

As alianças naturais são fortes, e por motivos planejados por Deus. O impulso de um universo caído é tornar essas alianças naturais ainda mais fortes, transformando-as em religiões. Há aqui um paralelo com o patriotismo, uma vez que o termo vem da raiz da palavra para *pai*. É natural amar a terra pátria. O patriotismo é um bom reconhecimento de gratidão a Deus e aos outros pelas bênçãos herdadas como parte de um país. No entanto, quando se torna extremo, o patriotismo ou nacionalismo se torna feio, violento e até satânico. Os melhores cidadãos de qualquer país terreno são aqueles que reconhecem que sua cidadania naquele país não é definitiva. Existe uma lealdade superior à lealdade ao estado. O problema de colocar a nação — qualquer nação — em primeiro lugar, acima do reino de Deus, não está apenas na idolatria (o maior erro), mas também em não ser, na verdade, patriótico. Qualquer estado, tribo ou vila precisa ter princípios que transcendam o corpo político e façam seus cidadãos prestarem contas de seus ideais e aspirações. Quando isso se perde, o patriotismo vai embora e é substituído por um culto.

O problema de colocar a família em primeiro lugar, acima do reino de Deus, é que, para começo de conversa, nós substituímos um Deus vivo pela adoração a nós mesmos, e, em segundo lugar, perdemos a capacidade de ser o tipo de pessoa capaz de amar a família. Sim, o amor à família não é apenas positivo, mas também ordenado pela Bíblia. Quando, porém, o amor à família se torna supremo, ele passa a ser, na melhor das hipóteses, darwinista e ateu.

Caso minha amiga que observava, sentada na cafeteria, os membros da igreja do outro lado da rua tivesse ouvido que só seria bem-vinda se fizesse parte de uma família nuclear, teria escutado algo diferente do evangelho. Felizmente, aquela igreja soube lhe oferecer o evangelho e nada mais. Contudo, há muitos outros semelhantes a ela, observando a igreja a uma distância segura. Ouvirão de nós as boas-novas de que Jesus convida a cada um para pertencer a uma família que jamais havíamos imaginado, unida não pelo sangue que corre dentro das veias, mas pelo sangue que ele derramou?

6
Homens e mulheres ao pé da cruz

Quando criança, eu encontrava nas histórias em quadrinhos refúgio da ansiedade por conquistar, realizar e me comportar. Eu me identificava com os super-heróis em grande parte porque ansiava por uma fortaleza de solidão, ou uma toca em uma caverna subterrânea, uma identidade secreta na qual ninguém pudesse chamar minha atenção com um sinal no céu. Eu me via em Kal-El de Krypton e em Bruce Wayne de Gotham. Já com a Mulher-Maravilha eu queria me casar.

Ao olhar para trás, vejo que minha paixão pela princesa amazona fazia todo o sentido: ela é linda. Está despida o suficiente para dar a emoção do proibido em um adolescente batista, mas não demais para que eu não me sentisse culpado. Eu me pergunto, porém, se não havia algo mais em tudo isso. Ao contrário das mulheres adultas da vida real ao meu redor, ela não me exigia nada — nem boas notas, nem textos bíblicos decorados, nem a grama cortada. Não precisava que eu a ajudasse nem a protegesse. Ela realmente não necessitava de mim para nada. Era durona o bastante para cuidar de si mesma. Assim, eu era exatamente o tipo de rapaz para quem a Mulher-Maravilha fora criada.

A Mulher-Maravilha foi concebida pelo proeminente psicólogo William Moulton Marston, um homem progressista e um dos pioneiros do feminismo, além de especialista nas mitologias grega e romana. Ele achava que as histórias em quadrinhos eram moralmente prejudiciais para as crianças por causa de sua "masculinidade sangrenta".[1] Os homens eram dominadores e violentos, argumentava, mas os meninos poderiam receber outra opção. "Dê-lhes uma mulher sedutora mais forte do que eles para se sujeitar e ficarão orgulhosos de ser seus escravos voluntários", escreveu.[2] O resultado foi Diana, uma princesa cheia do mito das divindades greco-romanas, que vivia em uma ilha de mulheres poderosas, sem homens e, por isso, sem derramamento de sangue ou guerra. Ela foi enviada ao mundo dos homens para deter toda a violência causada pela masculinidade sangrenta, usando sua força, sabedoria e um laço de ouro que, assim como outra invenção de Marston, o polígrafo, conseguia fazer os mentirosos contar a verdade. Ao contrário das outras mulheres das histórias em quadrinhos, ela não era a esposa, namorada ou prima perdida de algum herói do sexo masculino. Não correspondia ao estereótipo da mulher frágil prestes a desmaiar, que necessita ser resgatada por um homem forte. Ela nem precisava de proteção e, na verdade, estava ali para proteger os homens do lado assustador da masculinidade deles.

Superei a paixão pela Mulher-Maravilha, embora continue a admirá-la. Meninos e meninas (e homens e mulheres) necessitam mesmo de modelos de mulheres fortes, dinâmicas e seguras de si. Nisso, Marston e as feministas que vieram depois dele estavam certos. Ainda assim, é preciso concluir que a Mulher-Maravilha manda alguns sinais confusos. É difícil imaginá-la acima do peso ou sem atrativos de acordo com os padrões da mídia. Nesse sentido, ela parece reforçar a mensagem cultural de que o valor da mulher, pelo menos em parte, depende de ela ser fisicamente atraente para os homens e da aparente crença de que as *top models* herdarão a terra. Além disso, a Mulher-Maravilha não existiria se não houvesse a guerra entre os sexos. Muitos homens estavam dispostos a se tornar escravos dela por causa da capacidade que ela tinha de liberá-los dos fardos que a cultura impõe sobre os homens, de ter toda a responsabilidade pela provisão e proteção da mulher. E as mulheres puderam, ainda bem, ver a imagem de uma mulher que não se dobrava ao comportamento masculino predador que, mesmo depois de tantos anos, continua a prevalecer nos ambientes de trabalho e, às vezes, até dentro do lar. No entanto, nem no século 21 conseguimos encontrar uma princesa guerreira para lutar por nós ou uma ilha para fugir das tensões e divisões que costumam transparecer entre homens e mulheres, sobretudo quando tais homens e mulheres são casados uns com os outros.

O apóstolo Paulo sabia sobre a Mulher-Maravilha. Ou melhor, ele conhecia as deusas mitológicas nas quais ela foi baseada, incluindo a divindade grega chamada Ártemis (ou Diana). Éfeso, na Ásia Menor, era conhecida por um templo a essa divindade. Ela representava tanto as qualidades masculinas "firmes" da caça e da guerra quanto as características femininas "suaves" da fertilidade e geração de filhos. Também era bem útil para a estrutura masculina de poder naquela cidade marítima. O evangelho incomodou Éfeso porque levou instabilidade ao mercado da indústria de prata que fazia ídolos da deusa Ártemis (bonecas da Mulher-Maravilha, acho que poderíamos dizer), os quais se podia comprar a fim de buscar suas bênçãos. Os homens no comando dessa atividade comercial sabiam que o reinado de Jesus seria uma ameaça ao culto à fertilidade e, por isso, uma ameaça à sua estratégia de negócios. Temendo a ruína da fama da cidade, estruturada em torno do templo e da adoração a Ártemis, os artesãos incitaram as multidões a gritar enquanto Paulo proclamava o evangelho: "Grande é Ártemis dos efésios!", até a cidade inteira entrar em "confusão" (At 19.28-29). Em uma cultura como aquela, quem sabe a poucos quarteirões do célebre templo, as palavras da carta de Paulo aos efésios — que ele escreveu da cela da prisão algum tempo depois do confronto com os artífices — devem ter sido lidas em voz alta, provavelmente à luz de velas, para um pequeno ajuntamento de pessoas em um cômodo alugado.

Os cristãos entendem com razão que Efésios 5 é crucial para a compreensão do casamento, mesmo quando discordam do que exatamente a passagem significa para maridos e mulheres. É por isso que os versículos desse capítulo são lidos em cerimônias de casamento. O que não entendemos de imediato é que esse capítulo diz respeito a muito mais que o casamento e, na verdade, é bem mais amplo que uma simples referência a homens e mulheres.

Efésios se encaixa em uma estrutura mais ampla, que os artífices da cidade estavam certos em entender como uma mensagem que abalava o cosmo. Parte de nossa confusão provém do fato de estarmos acostumados com a leitura da Bíblia em capítulos e versículos. Essa estrutura é útil e permite, por exemplo, que eu faça uma referência rápida a um versículo e você o encontre logo em seguida. No entanto, a carta lida em Éfeso não estava cortada em capítulos e versículos. Podemos presumir, inadvertidamente, que os primeiros capítulos de Efésios são seções "profundas", que abordam os temas da predestinação e soberania de Deus ao longo da história e o plano da salvação, ao passo que os capítulos posteriores são "práticos", sobre questões cotidianas como casamento e criação de filhos. Mas não era assim. Efésios não foi escrito em forma de "episódios" desconectados de ensino ("E com isso concluímos o estudo de hoje à noite sobre união entre judeus e gentios. Venha semana que vem para estudar conosco o próximo capítulo e falar sobre dons espirituais.") Na verdade, a carta inteira consiste em um só argumento, sobre aquilo que o apóstolo chamou de "o mistério de Cristo", a chave para entender o sentido do mundo. Nessa carta, Deus está revelando algo monumental, que Paulo disse ter permanecido oculto das gerações anteriores e agora viera à tona. O mistério é o seguinte: que os propósitos divinos são vistos em Cristo. "E o plano é este: no devido tempo, ele reunirá sob a autoridade de Cristo tudo que existe nos céus e na terra" (Ef 1.9-10). Esse mistério é mais bem explicado na constituição e missão da igreja: "Tanto os gentios como os judeus que creem nas boas-novas participam igualmente das riquezas herdadas pelos filhos de Deus" (Ef 3.6).

Nesse mistério, vemos que o evangelho não consiste em uma operação de resgate pensada posteriormente, mas é, isto sim, o objetivo de toda a realidade criada, desde o princípio. Jesus não foi o "plano B" para colocar o universo de volta nos trilhos; ele é o projeto e o objetivo final. E as divisões entre cristãos judeus e gentios não eram apenas uma forma terrível de viver juntos; essas divisões pregavam um evangelho alternativo. A reconciliação de judeus e gentios revela o mistério do plano de Deus para salvar e unir seu povo em Cristo. Paulo explicou à congregação o que isso significava dentro do casamento e, portanto, como homens e mulheres deveriam se relacionar uns com os outros.

A frase acima pode levá-lo a concluir incorretamente que isso presume que o texto ensina que o casamento é normativo. Não é. Em outra parte o apóstolo nos explica, conforme já observamos, que o casamento é uma concessão para esta era e que o celibato é a condição padrão para aqueles que servem a igreja. Talvez você presuma também que, ao falar sobre homens e mulheres em termos de casamento, subentende-se que a masculinidade e a feminilidade só são definidas nos termos do casamento. Mais uma vez, não é assim. Os homens que nunca se casam continuam a ser homens, e as mulheres que não se casam não deixam de ser mulheres, em todos os sentidos dessas palavras. Assim que vemos um bebê, seja no nascimento, seja pela tecnologia do ultrassom, dizemos: "É menina!" ou "É menino!". Não falamos: "Um dia será mulher caso encontre um homem", ou vice-versa.

O casamento nos informa algo acerca do significado dos homens e das mulheres não por ser para todos, mas porque nesta união se vê, em primeiro lugar, como homens e mulheres estão intimamente ligados. Por exemplo, em uma passagem enigmática para a maioria dos cristãos modernos, o apóstolo Paulo fala sobre a cobertura de cabeça para mulheres dentro da igreja (1Co 11.1-16). Assim como os estudiosos desta era argumentam, essas coberturas naquela época significavam culturalmente o casamento, ou seja, que a mulher não estava disponível para ser procurada por outro homem. A negligência desse símbolo foi proibida pelo apóstolo.

Isso não seria relevante para nossa era, uma vez que as coberturas de cabeça não comunicam o mesmo significado (embora outros símbolos o façam). À primeira vista, pode ter parecido irrelevante até mesmo para os que pertenciam ao contexto original, que não eram casados ou para quem o símbolo não se aplicava. Mesmo nesse caso, porém, o ensino era sobre algo de aplicação bem mais ampla e contracultural: a dependência entre homens e mulheres. Não somos independentes uns dos outros, "pois, embora a mulher tenha vindo do homem, o homem nasce da mulher" (1Co 11.12). O antigo *slogan* de que "mulher não vive sem homem" simplesmente não é verdade.

O mito persistente da superioridade masculina é desfeito pelo fato de que até mesmo o misógino mais preconceituoso recebeu vida dentro do sistema reprodutor de uma mulher e encontrou seu primeiro *habitat* no útero feminino. Necessitamos uns dos outros. Isso não se aplica somente aos casados, mas o casamento demonstra tal realidade para todos, uma vez que cada um de nós, casado ou não, provém de uma união de caráter conjugal. Quando Jesus nos lembra de que "Deus os fez homem e mulher desde o princípio da criação", ele o faz no contexto de uma polêmica sobre o casamento (Mc 10.1-12), apelando para a primeira referência bíblica que temos a homem e mulher, a qual corresponde à união conjugal.

* * * *

O casamento significa algo para o restante da igreja e para o mundo. Às vezes isso destaca a bondade tanto do homem quanto da mulher, e em outras ocasiões enfatiza aspectos específicos da aliança conjugal que *não* devem ser aplicados em caráter mais geral a homens e mulheres. Aliás, a forma típica com que esses textos básicos do Novo Testamento sobre casamento são pregados exclui o restante da igreja, uma vez que são apresentados como dicas para "relacionamentos" mais felizes e saudáveis. Há, porém, muito mais que isso.

Paulo revelou que o mistério de Cristo explica por que Gênesis orientou o homem a deixar pai e mãe e se unir à mulher, de modo que os dois se tornem uma só carne (Ef 5.31). Não é preciso aceitar a autoridade de Gênesis para enxergar que o princípio ali é verdadeiro. Por meio da educação sexual, toda geração pensa na seguinte, de uma forma ou de outra. No entanto, normalmente ninguém precisa convencer a geração seguinte a fazer sexo para garantir o futuro da raça humana. Existe uma força poderosa em ação que atrai as pessoas para a união sexual, uma força que às vezes nos faz achar que estamos ficando doidos.

As culturas humanas, ao longo de milênios, tiveram noções diferentes de como o casamento deve ser, mas a formação de casais humanos é subentendida em todas as culturas, de qualquer lugar. Todas as culturas têm músicas de amor. Fica claro que há um grande "mistério" em atuação. Mistério, nesse caso, não significa algo incompreensível, mas sim que há uma força cósmica mais ampla em atuação, além das meras estruturas individuais de companheirismo ou de manutenção do orgasmo. Em nossos dias, muitos explicam esse "mistério" com base no ímpeto evolucionista pela seleção natural. Já a Bíblia dá uma explicação diferente: "Esse é um grande mistério, mas ilustra a união entre Cristo e a igreja" (Ef 5.32). Todos sabemos (até certo ponto) "o que é" o casamento, e os cristãos conhecem "quem" está por trás dele, mas o mistério de Cristo nos conta o "por que" de tudo isso.

Cristo e a igreja não são apresentados aqui como uma ilustração de homens e mulheres no casamento. Dizer isso seria tão absurdo quanto se eu, um batista, quisesse argumentar com meus amigos que batizam por aspersão que Jesus foi crucificado, sepultado e ressuscitado dentre os mortos a fim de nos ensinar a forma apropriada de batizar. O argumento está de trás para a frente. Se não for o contrário, nada faz sentido: nós batizamos por causa da obra salvadora de Jesus, mas ele não morreu para que nós praticássemos o batismo.

O mesmo se aplica ao casamento. Cristo e sua igreja não ilustram o casamento; é o casamento que ilustra Cristo e a igreja. Deus não colocou esse tipo de "união em uma só carne" na natureza simplesmente para que a humanidade continuasse a existir. Ele poderia, afinal, ter nos projetado para nos subdividir individualmente, como as amebas. Ele implantou isso como ícone de uma união mais fundamental de uma só carne, a do evangelho. De maneira crítica, o texto aqui, assim como outros do Novo Testamento, aborda a igreja inteira e então fala especificamente a maridos e esposas (não ao marido sobre como tomar decisões em nome da esposa). E o Espírito Santo fez tudo isso usando os termos da cruz.

Isso é importante porque, se não começarmos com a verdade de uma humanidade em comum na criação e na crucificação, acabaremos divinizando as distinções de gênero de maneiras prejudiciais uns para os outros, e tal atitude nos levará a adorar um Deus diferente. Ao ensinar as igrejas da Galácia acerca de nossa união com Jesus na maldição que ele suportou e na vida que nos dá na cruz, Paulo concluiu: "Não há mais judeu nem gentio, escravo nem livre, homem nem mulher, pois todos vocês são um em Cristo Jesus" (Gl 3.28). Isso não quer dizer que a cruz oblitera a ordem criada, uma ordem que tanto Jesus quanto Paulo afirmaram em outras passagens. Em vez disso, esse texto define o significado de herança. O apóstolo continua: "E agora que pertencem a Cristo, são verdadeiros filhos de Abraão, herdeiros dele segundo a promessa de Deus" (Gl 3.29). Foi exatamente isso que Paulo argumentou ser tão chocante em relação ao mistério de Cristo. Quem está hoje em Cristo se torna pleno recebedor das promessas de Deus. Os cristãos gentios não recebem nada menos que os judeus, porque ambos recebem as promessas com base na mesma realidade: estão unidos a Jesus, como a cabeça ao corpo, e, portanto, são "co-herdeiros" com ele.

O mesmo se aplica tanto para homens quanto para mulheres (talvez uma afirmação ainda mais chocante no contexto do século 21). Judeus e gentios, homens e mulheres são considerados "filhos" no contexto da herança. A herança, é claro, passava de pai para filho, em geral para o primogênito. A porção da mulher em uma herança provinha do casamento. É por isso que as viúvas sofriam mais fortemente de vulnerabilidade econômica. Em Cristo, porém, tanto mulheres quanto homens reinarão e governarão na nova criação que os espera. Isso está em harmonia com o testemunho do Antigo Testamento, de que homens e mulheres foram criados à imagem de Deus. Isso quer dizer que não só têm igual dignidade e valor (embora isso, sem dúvida, seja verdadeiro), mas também que partilham da missão que Deus deu à humanidade sobre a criação. Na cruz, Deus reinstaurou uma missão e herança para a humanidade, não só para homens com os dependentes que traziam consigo. Jesus não deu a vida pelos anjos, mas somente pelos seres humanos (Hb 2.16). A divisão, nos termos do poder reconciliador do evangelho, não é entre homens e mulheres, mas entre humanos e não humanos.

Ao distinguir entre "maridos" e "esposas" em Efésios 5 e entre "homens e mulheres" em outras partes da Bíblia, as Escrituras presumem que, juntamente com nossa humanidade e nosso destino em comum, existem algumas contribuições singulares que os homens fazem em seu papel de homens e as mulheres em seu papel de mulheres. Isso pode ser controverso em alguns círculos, mas não deveria. Praticamente todos reconhecem que existe certa peculiaridade ao papel de mãe, em contraste com o pai. É por isso que religiões de todas as eras apelam para o "divino feminino", reconhecendo que há algo distinto na mãe, quase sempre com uma ênfase em sua natureza doadora de vida e nutridora. O mesmo princípio transparece quando comentaristas políticos se referem a um "partido de apelo masculino", que enfatiza questões de defesa nacional e responsabilidade pessoal, em contraste com outro "partido de apelo feminino", que enfatiza uma rede de segurança social e auxílio para os vulneráveis.[3] Até mesmo aqueles que argumentam que o gênero é uma mera construção social fazem concessões semelhantes. Deixando de lado por um instante a ética do debate entre gêneros, a própria alegação de que um indivíduo é biologicamente homem mas verdadeiramente mulher, ou vice-versa, com a necessidade de se apresentar socialmente assim pressupõe uma diferença que vai além da convenção social para a masculinidade e a feminilidade. E, por mais politicamente perigoso que possa ser fazer até mesmo as declarações mais básicas a esse respeito, qualquer médico sabe que injetar testosterona em uma mulher e estrogênio em um homem tem resultados previsíveis que seguem a linhas das diferenças entre homem e mulher.

No que diz respeito à complementaridade entre homem e mulher, os cristãos podem discordar quanto ao que isso significa com exatidão em diferentes situações, mas todos deveríamos reconhecer o caráter complementar na missão da criação, mesmo que não passe do motivo incluído na ordem para frutificar e se multiplicar, a qual precisa ser cumprida por homens e mulheres — de fato, não é possível apenas um realizar isso sem o outro —, ainda que de diferentes maneiras no ato da procriação. É por isso que a Bíblia se refere à primeira mulher como uma "auxiliadora" do homem. Temos a tendência de entender isso no sentido corporativo moderno, como se a mulher estivesse na parte de baixo da hierarquia de uma empresa, com cargo equivalente a uma assistente do gerente regional. Contudo, não era nada disso. Ela é sua auxiliadora não por estar abaixo dele, mas sim porque ele não seria capaz de cumprir sozinho a missão à sua frente. Precisa que alguém se una a ele, alguém que vem de sua lateral. E então vem a mulher!

Em cada cultura, existe a tentação de idolatrar ou exagerar as distinções entre homens e mulheres. Rute era esposa e mãe, mas também lavradora. Davi era, ao mesmo tempo, guerreiro e harpista. A ideia de que os homens são exclusivamente "rústicos" ou "guerreiros", ao passo que as mulheres são apenas "sensíveis" ou "relacionais", não revela a ordem do evangelho, mas exatamente o contrário. É possível ver essa tendência em igrejas de algumas regiões nas quais o "ministério dos homens" gira em torno de "jantares com carne de caça", e o "ministério das mulheres" diz respeito a como arrumar uma bela mesa e planejar chás para receber as amigas. Há lugar para enfatizar os dois lados? É claro que sim! Mas precisamos compor nossas categorias do que significa ser homem e mulher com base nas Escrituras, não em estereótipos culturais. Em alguns setores do cristianismo, Ninrode e Lameque seriam categorizados como "masculinos", ao passo que a ordem de dar a outra face após ser golpeado seria rotulada de "feminina". Em tais casos, a masculinidade e a feminilidade são definidas por ídolos, não pela cruz. A masculinidade moldada pela cruz não caminha com o gingado de Esaú, mas com o manquejar de Jacó. A feminilidade moldada pela cruz não é acompanhada pela sofisticação da mulher de Potifar, mas pela proeza ao ensinar a Bíblia revelada por Eunice e Loide.

* * * *

Há diferenças entre homens e mulheres que estão conectadas às diferenças entre "maternar" e "paternar" — e não se esqueça: todos os cristãos são chamados a cumprir pelo menos alguns aspectos da parentalidade espiritual, dentro da igreja quando não dentro da família. Vemos isso nos primeiros pais. Adão foi criado do pó da terra e seu nome significa sua origem no pó (Adão quer dizer "terra" em hebraico). Ele foi chamado para arar o solo, mas a maldição frustrou seu aspecto da missão exatamente nesse ponto. Uma vez que Adão tem o objetivo de cultivar o solo, este terá cardos e espinhos, só produzindo por meio de muito suor. Eva, por sua vez, foi criada da costela da humanidade e seu nome significa geradora de vida. Mais uma vez, porém, a ameaça frustra esse aspecto da missão ao atrapalhar o nascimento da nova vida. Mesmo na maldição enxergamos o surgimento de padrões que nos ensinam sobre o chamado que cada um recebeu para ser homem e mulher, pai e mãe. Todavia, refletem padrões gerais de dons e chamados, não categorias inquestionáveis. Pergunte-se: os homens sabem cuidar? Sim. Jesus é homem e se comparou a uma galinha que reúne os pintinhos debaixo das asas. De igual maneira, o apóstolo Paulo era homem e se comparou a uma mulher em trabalho de parto e a uma mãe que amamenta. As mulheres são chamadas a sustentar e proteger? Sim. Era melhor não mexer com Jael se você estivesse despreparado para ser golpeado na cabeça com uma estaca da tenda. Além disso, a mãe de Provérbios 31 não é representada ganhando café da manhã na cama no Dia das Mães, mas sim fazendo negócios imobiliários.

O poeta e ensaísta Wendell Berry destaca o contraste entre diferença sexual e divisão sexual. Muitas vezes, somos incapazes de distinguir os dois. "A diferença sexual não é uma ferida, nem precisa ser; já a divisão sexual, sim", escreveu. "É importante reconhecer que essa divisão — essa casa destruída que agora permanece entre os sexos — é uma ferida na qual tanto homens quanto mulheres inescapavelmente sofrem."[4] Berry recomenda uma ideia de "ser marido" e "ser esposa" que, segundo argumenta, mal pode ser entendida em um mundo pós-industrial, no qual esses termos praticamente não fazem sentido. Berry está certo ao dizer que, no mundo pré-industrial, era impossível separar o cultivo do cuidado no trabalho do homem, já que seu principal chamado era cuidar da terra ou dos rebanhos. De igual modo, Berry explica que a esposa que cuida do lar é um conceito que nada tem a ver com a caricatura da década de 1950, de uma mulher isolada do trabalho do marido e do restante da família. Essa "degeneração do papel doméstico da esposa", para usar a expressão que ele cunhou, está imersa na cultura consumista, seja na forma da mulher "tradicional", cujo "valor está em usar ou gastar bens de consumo", seja na mulher que busca o mesmo tipo de carreirismo desalmado ao qual os homens se sujeitaram há muito tempo.[5] Na cultura pré-industrial, porém, a esposa que cuidava do lar desempenhava a complicada tarefa de administrar sua família, uma função bem mais semelhante a uma gerente de projetos que a de uma decoradora de interiores amadora. Não tenho a ilusão de voltar para uma economia agrária, mas precisamos entender como eram as coisas a fim de compreender as diferenças reais entre o sistema doméstico do mundo bíblico e o presente, antes de aceitar o modelo moderno que consideramos "tradicional" ou reagir contra ele.

Poucas pessoas desejam regressar a ideias caricaturadas ou exageradas dos "papéis" no casamento, mas a perda do senso de ordem e sistemática tem cobrado um preço bem maior do que gostaríamos de admitir. O patriarcado rígido beneficia os homens e fere as mulheres. Com isso todos podemos concordar. Mas tudo indica que o quase matriarcado também acaba beneficiando os homens e ferindo as mulheres. Há pouco tempo, uma assistente social cristã em uma grande cidade asiática me contou sobre a hostilidade aos homens com que ela depara ao trabalhar com mulheres. O motivo é que, em sua região, o desemprego entre os homens é bem comum. Não raro, as mulheres trabalham para sustentar sozinhas a família, enquanto os homens pouco fazem. O resultado é uma raiva borbulhante no interior de muitas das mulheres dali. Em muitos contextos, o conceito do "provedor" masculino foi substituído pela "provedora" feminina, resultando em mulheres que fazem praticamente tudo que fariam no sistema "tradicional", ao mesmo tempo que também carregam o fardo da responsabilidade financeira. O desemprego do homem não é, por si só, uma crise familiar. O homem que redireciona sua energia para encontrar um novo trabalho ainda demonstra serviço e liderança, talvez até mais que antes. No entanto, quando o desemprego masculino passa a ser visto como rotina, a crise surge. Em tais situações, muitas mulheres precisam não só lidar com um estresse inimaginável, mas também, às vezes, enxergar o marido e pai de seus filhos como mais um dependente que poucas têm condições de custear. Ao perguntar a mulheres da classe trabalhadora em regiões assoladas pelo desemprego masculino por que elas não se casavam com o pai de seus filhos, a autora Hanna Rosin descobriu que várias delas não responderam com a rejeição moral dos "valores familiares", mas tão somente deram de ombros e disseram: "Seria apenas uma boca a mais para alimentar".[6] Com frequência, os homens da era moderna não são vistos como líderes nem como servos, mas como consumidores — de comida, cerveja, *video games* ou qualquer outra coisa. São vistos dessa maneira porque, em muitos aspectos, é isso mesmo que se tornaram. Sem uma bússola reveladora para encontrar identidade, mais e mais homens se rendem a simplesmente satisfazer suas vontades e não incomodar.

Em vez de simplificar esses elementos da vocação de cada um, a Bíblia se refere a eles em linhas gerais. Acaso os pais costumam enfatizar alguns aspectos da criação dos filhos, enquanto as mães dão destaque a outros? Sim, é verdade. Isso costuma acontecer até mesmo na criação de filhotes animais. Isso significa que um homem deixa de ser masculino quando chora junto com a filha? De maneira nenhuma! Isso quer dizer que uma garotinha não é "feminina" por preferir andar em uma bicicleta enlameada a brincar de boneca? Mais uma vez, não mesmo! As distinções em ênfase no chamado geral de pais e mães nas Escrituras são semelhantes aos dons distintos que Deus concedeu à igreja no Novo Testamento. Uma pessoa tem o dom do evangelismo e a outra, o dom da misericórdia. Isso quer dizer que quem não possui tais dons não deve compartilhar sua fé ou deixar os feridos morrer em uma vala? Nada disso! Quem tem o dom do evangelismo não só complementa aqueles com outros dons, como também os capacita para ser evangelistas. Quem tem o dom da misericórdia recebe a responsabilidade especial de organizar atos de misericórdia, mas não o faz sozinho, pois, de alguma maneira, capacita o restante da igreja a também demonstrar misericórdia. De igual forma, nos pais e nas mães espirituais e literais, Deus implanta sinais de um padrão geral ou da necessidade de uma influência tanto masculina quanto feminina.

Tais distinções são vistas na Bíblia por meio das instruções específicas a homens ou mulheres, pais ou mães, maridos ou esposas, em geral referindo-se a nós como seguidores de Cristo. Isso costuma acontecer ao falar de forma direta sobre tentações mais comuns para um gênero que para o outro — por exemplo, os homens devem evitar discussões e brigas (1Tm 2.8) e as mulheres não devem achar que seu valor se mede por roupas dispendiosas e pela beleza exterior (1Tm 2.9-10; 1Pe 3.3-4). Isso não quer dizer que não existam homens que não se definem para os outros com base na aparência; certamente há! Tampouco quer dizer que não haja mulheres dadas à violência física bruta. Certa vez, participei de um funeral no qual a ex-esposa do falecido não pôde comparecer por ordem judicial, visto que, na visita feita na noite anterior, ela havia espancado a mulher atual sem parar, em frente ao caixão!

As Escrituras não ignoram essas realidades, mas abordam como, em geral, nosso chamado como homens ou mulheres pode ser distorcido de uma maneira ou de outra. Os homens são advertidos contra a passividade e recusa em assumir responsabilidade (1Co 16.13), mas também contra o tipo de masculinidade excessiva que leva à agressão. As mulheres são admoestadas contra demonstrar falta de necessidade de um homem, mas também contra o excesso de feminilidade que enxerga o valor da mulher em seus atrativos sexuais para os homens, em lugar de cultivar "a beleza que vem de dentro", tão preciosa "para Deus" (1Pe 3.3-4). Em tudo isso, o grande objetivo de Deus não é nos transformar em "homens de verdade" ou "mulheres de verdade", mas sim nos afastar do "eu" e uns dos outros para nos levar à cruz. É nesse contexto que os escritos de Paulo para que a esposa seja submissa ao marido como ao Senhor e para que o marido ame a esposa como Cristo amou a igreja têm importância fundamental, não só para o sucesso do casamento, mas para que a igreja inteira entenda o significado do evangelho.

* * * *

A linguagem da submissão para se referir às esposas é controversa, e não só para os de fora da igreja. Certa vez, ouvi um cristão reagir negativamente a uma declaração que era mais ou menos uma citação direta de Efésios 5.22, dizendo que era uma "ideia de Neandertal" (defendendo, eu suponho, uma datação mais antiga para as epístolas do Novo Testamento). Isso acontece, em parte, porque temos a tendência de definir o que a Bíblia chama de *submissão* e *cabeça* em termos de poder, não nos termos da cruz. Ao longo de toda a Bíblia nos é dito que reinaremos com Cristo. Na revelação cósmica de Apocalipse 20, vemos tronos daqueles que reinarão com o Messias. Por vezes, é estranho para as pessoas entender pela primeira vez o que significa ser "co-herdeiro com Cristo", como se, de algum modo, a singularidade de Jesus fosse obscurecida por essa realidade. Todavia, a mensagem de que nós, pecadores remidos, reinaremos com Cristo diz respeito a nos identificarmos com ele por meio da santificação de nossa mente, alma, afeição e vontade. O reinado dos crentes com Cristo não é semelhante à câmara de vereadores de uma cidade, com debates, obstruções e concessões. Não há emenda entre a Cabeça e o corpo. Partilhamos a mente de Cristo (1Co 2.16). Seus propósitos são os nossos propósitos, e suas prioridades são as nossas. Isso difere, claro, do tipo de união que vemos em um casamento, visto que Jesus é o Senhor sem pecado, e isso não se aplica a nenhum de nós. Não temos domínio sobre o outro, mesmo quando responsáveis por assumir a liderança. A ideia central é que esse tipo de reinado conjunto é possível por causa da unidade orgânica. A hierarquia e a mutualidade não são opostas. Logo, a submissão em Efésios 5 e em outras passagens não é apresentada em termos de obediência cega, mas de respeito e cultivo da responsabilidade espiritual do marido. A parte controversa dessa passagem para aqueles que a ouvem pela primeira vez não deveria ser submissão e cabeça, mas sim como o evangelho redefiniu radicalmente esses termos e os limitou. Em primeiro lugar, Paulo usou o termo "esposas" aqui, assim como Pedro em outra passagem (1Pe 3.1). Diferentemente de muitos outros na sociedade romana, ele não considerava as esposas propriedade do marido. Além disso, as Escrituras derrubam a ideia de que as mulheres de modo geral devem ser submissas aos homens de modo geral, uma ideia que persiste com frequência tanto dentro quanto fora da igreja.

Ao dizer que a esposa deve ser submissa ao marido, Paulo não está criando uma categoria nova de submissão; ele está demolindo uma série de outras categorias de submissão. A mulher deve ser submissa "a seu marido". A submissão aos homens de modo geral tornaria impossível para uma mulher se sujeitar ao próprio marido. Cada ato de submissão inclui no mínimo um outro ato de recusa a se sujeitar. O problema de Eva não foi a insubmissão, mas sim ter sido submissa *demais*, sujeitando seu futuro à direção da serpente. Maria se declarou submissa à vontade de Deus, recusando, assim, sujeitar-se a Herodes. A liberdade do evangelho significa que nos sujeitamos "uns aos outros por temor a Cristo" (Ef 5.21) e, ao mesmo tempo, não nos submetemos "novamente à escravidão da lei" (Gl 5.1). Em nenhum momento as mulheres foram chamadas a se sujeitar a qualquer namorado ou amante, nem aos homens simplesmente por serem homens. Em vez disso, a esposa rejeita todas as outras possibilidades a fim de se apegar ao próprio marido. O casamento moldado pela cruz é aquele no qual a esposa cultiva uma atitude voluntária de reconhecimento da liderança espiritual. Não se trata de uma atitude dócil ou servil. A recusa de Abigail de apoiar seu marido "rude" em seu pecado contra a casa de Davi é apresentado, nas

Escrituras, como um ato de fidelidade a Deus (1Sm 25.14-42). Certa vez, uma mulher me contou que seu esposo leu Efésios 5 para ela a fim de tentar convencê-la a abrir o casamento para o ato sexual entre três pessoas. Seria cômico, não fosse uma distorção tão trágica da Bíblia para o prazer pessoal. A responsabilidade da esposa seria chamá-lo ao arrependimento, seguindo todos os passos de Mateus 18 caso ele se recusasse.

De igual maneira, nas Escrituras "cabeça" não é definido por um reinado faraônico, mas por uma postura sacrificial semelhante à de Cristo. Homens e mulheres recebem domínio sobre a criação ao redor, mas também uns sobre os outros. A esposa se sujeita ao marido, escreveu Paulo, "assim como a igreja se sujeita a Cristo" (Ef 5.24). A fim de saber o que isso significa, não devemos olhar para a sociobiologia, nem para as lutas de poder nas guerras entre os gêneros, mas para como Jesus lidera a igreja. "Não existe amor maior do que dar a vida por seus amigos", disse ele. "Já não os chamo de escravos, pois o senhor não faz confidências a seus escravos. Agora vocês são meus amigos" (Jo 15.13,15). Ser cabeça não diz respeito a poder; diz respeito a responsabilidade. O homem que aceita o chamado para ser marido e pai tem responsabilidade especial pelo rumo espiritual de sua futura família. Isso não quer dizer que a mãe não tem responsabilidade nenhuma (longe disso!), assim como não significa que o pai não deve cuidar. Antes, o pai deve ser um sinal visível de responsabilidade. Conforme explica o historiador Robert Godfrey, a humanidade, na visão bíblica de mundo, tem uma função representativa que pode parecer estranha em nosso sistema individualista, mas que "promove uma cultura na qual os líderes representam as comunidades que lideram e são responsáveis por elas".[7] O marido não é cabeça quando grita: "Ei, mulher! Traga aqui meu lanche!", nem na versão mais santificada: "Bendita esposa, por favor, traga meu lanche e vamos orar". Na verdade, é exatamente o contrário disso. Ser cabeça é crucificar poder e privilégio a fim de amar a esposa

> como Cristo amou a igreja. Ele entregou a vida por ela, a fim de torná-la santa, purificando-a ao lavá-la com água por meio da palavra. Assim o fez para apresentá-la a si mesmo como igreja gloriosa, sem mancha, ruga ou qualquer outro defeito, mas santa e sem culpa.
>
> Efésios 5.25-27

Como Cristo ama e lidera a igreja dessas maneiras? Ele o faz entregando a própria vida, a ponto de ser crucificado! A liderança do marido diz respeito à responsabilidade especial de sabotar os próprios desejos e apetites com um plano de longo prazo, em prol do que é melhor para a esposa e os filhos. Ser cabeça não é ganhar roupa lavada, comida pronta e sexo na hora que quer; é avaliar constantemente como dar o primeiro passo para entregar a própria vida em favor da família. Ser cabeça do lar de verdade pode nem parecer para o mundo exterior que se é "o chefe da casa". Em muitos casos, ser o cabeça parece fraqueza. Assim como a cruz.

Aliás, Deus preparou seu povo para esse aspecto da cruz ao se revelar, vez após vez, como alguém bem diferente de Baal. O rabino Jonathan Sacks observa corretamente que "Baal" significa "mestre", e isso estava ligado, entre outras coisas, à ideia de que o marido "governava" a esposa por meio do domínio da força. Deus, porém, revelou a Oseias que não seria chamado de "Baal" por seu povo, mas sim de "meu marido". A diferença é profunda:

> Para Oseias, no cerne da adoração à Baal se encontra a ideia de que Deus governa o mundo pela força, assim como os maridos administravam as famílias em sociedades nas quais o poder determinava a estrutura dos relacionamentos. Contrariando essa tendência, Oseias apresenta uma possibilidade diferente, de um relacionamento no qual os cônjuges edificam um ao outro em amor e lealdade mútua. Deus não é *Baal*, aquele que governa pela força, mas *Ish*, aquele que se relaciona com amor, a mesma palavra que Adão usou ao ver Eva pela primeira vez.[8]

Para deixar claro, isso requer liderança genuína. Alguns homens cristãos apenas observam passivamente tudo que acontece dentro do lar, sentados confortavelmente em sua poltrona reclinável, rotulando-se como "líderes servos", como se "servo" na Bíblia significasse desengajamento. Jesus se entregou por sua igreja. Jesus lavou sua igreja com água. A princípio, a igreja não via necessidade para nada disso. Quando Jesus iniciou a jornada para Jerusalém, Simão Pedro, uma pedra fundamental da igreja, foi contra, dizendo que jamais permitiria que seu Mestre fosse entregue para ser crucificado (Mt 16.22). Chegado o momento de caminhar até o Lugar da Caveira, Pedro tentou impedir com a força da espada (Mt 27.51). Jesus não reagiu a tais acontecimentos exercendo domínio, mas ensinando por que a cruz era necessária (Mt 16.21,24-28; 27.52-54). A expressão "lavá-la com água", no texto, surge da promessa profética de que Deus aspergiria água sobre seu povo, purificando-o para a vida na nova aliança (Ez 16.9; 36.25), ato sacerdotal antecipado nas cerimônias do sistema de sacrifícios (Lv 8.6-7). Quando Jesus lavou sua igreja com água no cenáculo antes de morrer, mais uma vez a igreja não entendeu a necessidade. Simão Pedro foi contrário à lavagem dos pés, mas Jesus não reagiu de forma passivo-agressiva, indo embora ressentido. Tampouco demonstrou soberania rude, obrigando Pedro a colocar os pés na água. Mais uma vez, ensinou com brandura (Jo 13.5-12).

O homem não é cabeça quando dá ordens e agrada a si mesmo, mas ao planejar a própria entrega visando o que é melhor para sua família. O homem é o "cabeça do lar" não quando diz à esposa o que ela deve fazer, mas quando, por exemplo, crucifica seu vício em pornografia e procura ajuda para isso, por não cuidar apenas da própria alma como também por amar a esposa e querer o melhor para ela. Um dos exemplos mais claros de cabeça que já vi foi do marido que reconheceu que a esposa estava deprimida porque queria ter filhos, mas não encontrava uma forma de prosseguir com o plano de ser mãe. Já estava se aproximando dos limites biológicos para a concepção e tinha uma dívida estudantil imensa para quitar, da faculdade de medicina. Ela conseguiria pagar a dívida, mas somente com anos de trabalho intenso, deixando-lhe pouco tempo para ser a mãe que gostaria de ser. O marido não a encheu de ordens. Em vez disso, escutou seus temores e suas esperanças e elaborou um plano para assumir a responsabilidade financeira, quitando a dívida ao mesmo tempo que possibilitava a ela ser a mãe que acreditava que Deus a estava chamando para ser.

O fato de entendermos essa mensagem do cabeça nas Escrituras como uma orientação acerca de "quem manda em quem", em vez de tentar entender o que isso significa, isto é, quem recebe o fardo principal do autossacrifício, revela muito mais acerca de nossas inclinações egoístas do que do evangelho. Toda liderança nas Escrituras é diferente da mundana. Em vez de "benfeitores" romanos que davam ordens, Jesus disse que os herdeiros do reino serviriam uns aos outros e entregariam a própria vida uns pelos outros (Lc 22.24-30). Afinal, fomos comprados pela cruz e seguimos em frente pelo poder da cruz.

Às vezes também entendemos mal por que as Escrituras falam dessa forma, presumindo erroneamente que a Bíblia está presa a uma forma retrógrada e patriarcal de enxergar a família. Se entendemos que patriarcado é o domínio dos homens sobre as mulheres, então os códigos familiares do Novo Testamento são decididamente antipatriarcais e muito mais antipatriarcais que a atmosfera secularizada ao nosso redor na era moderna. Por exemplo, o sociólogo Rodney Stark demonstrou que o cristianismo do primeiro século era tão empoderador e atrativo para as mulheres que, em 370 d.C., o imperador Valentiniano emitiu um decreto para o papa exigindo que os missionários cristãos parassem de evangelizar as casas de mulheres. Stark argumenta que isso aconteceu porque as mulheres tinham maior probabilidade de se converter à nova fé, uma vez que, entre outros motivos, "na subcultura cristã as mulheres desfrutavam uma posição muito mais elevada que as mulheres do mundo greco-romano como um todo".[9]

Em muitos aspectos, nossa sociedade deu passos largos nos últimos anos, ao reconhecer a igualdade e dignidade das mulheres. Observe, por exemplo, a atitude diferente, pelo menos em termos de ideal, no que se refere ao assédio sexual em comparação com poucas décadas atrás. Ainda assim, é só ver como as mulheres são brutalizadas em regimes opressores do mundo inteiro, bem como sexualizadas e objetificadas até mesmo na maioria das sociedades supostamente "progressistas". O que deu errado quando um dos maiores males que acometem as jovens são os transtornos alimentares e a busca por uma aparência tão magra quanto a das modelos na mídia popular? Será que realmente é empoderador para as mulheres pressionar as moças a se mostrarem sexualmente disponíveis para as demandas das piores manifestações da masculinidade? O que há de errado em uma era caracterizada por abuso sexual, tráfico de mulheres e meninas e uma cultura popular na qual se tolera e até mesmo celebra os homens que se gabam de suas proezas sexuais com as mulheres? Temos um patriarcado predatório digno de um líder guerreiro da Idade do Bronze!

* * * *

Nas trevas da era presente, *masculinidade* costuma ser definido por "vencer", em termos de conquista sexual, domínio físico sobre o outro ou avanço econômico. Isso não é novidade, remontando ao cântico pré-histórico de

Lameque, no qual se orgulhou de suas muitas mulheres e de ter se vingado de seus inimigos. Muitas vezes, o senso ferido e inseguro da própria masculinidade se transforma em uma masculinidade armada, que tenta provar a todo custo a própria condição de "homem forte" a todos que o contestem e "vencer" a qualquer preço. Jesus, porém, não "vence" de maneira nenhuma, de acordo com esse tipo de definição. Ele perde. Mas não de maneira intencional. "Ninguém a tira [minha vida] de mim, mas eu mesmo a dou", disse ele (Jo 10.18). Ao contrário da masculinidade frágil dos que compensam em excesso com um jeito durão quase teatral, Jesus tinha plena confiança em sua identidade e em seu futuro, o bastante para ser capaz de planejar a vitória por meio da derrota, oferecendo-se por sua igreja. O homem que cumpre os votos feitos à esposa, ora com os filhos, visita os solitários, abriga os pobres e serve à igreja é mais masculino que o indivíduo que derrota todos no bar ou tem mais orgasmos que seus colegas com incontáveis mulheres.

Já seria ruim o bastante se a exploração das mulheres por parte dos homens só acontecesse "lá fora", no mundo. Mas esse tipo de exploração ocorre com frequência dentro da própria igreja. O apóstolo Paulo advertiu contra homens com aspecto de lobos que se infiltravam na igreja, usando as mulheres para satisfazer seus caprichos sexuais (2Tm 3.1-9; 2Pe 2.21-22). O abuso sexual de mulheres e crianças por homens de dentro da igreja é um dos escândalos mais terríveis da história do cristianismo. Aqueles que acobertam o fato ou permanecem em silêncio diante de tamanho horror não são apenas cúmplices da injustiça, mas também aderem a um evangelho diferente do de Jesus Cristo. O homem que alega que a esposa deve ser "submissa" a seu abuso ou sua exploração, sejam os dois casados ou não, é semelhante a um governo que se exalta como deus enquanto prejudica o povo (Ap 13). Tal regime deve ser enfrentado com resistência. A igreja precisa ensinar às meninas, desde novas, que, diante de tal abuso, elas devem se afastar da situação sempre que possível e relatar o problema de conduta tanto para a igreja quanto para as autoridades civis. Jesus nunca abusou de sua igreja, nem a explorou. Qualquer afirmação no qual isso faz parte de ser "cabeça" aponta para o diabo, não para o evangelho.

É exatamente por isso que as Escrituras falam dessa forma sobre o relacionamento entre homens e mulheres, conforme destacado na aliança conjugal. Em todas as culturas, em toda parte deste mundo caído, a relativa força física dos homens e as exigências biológicas de gerar filhos e cuidar deles querem dizer que, quando os homens não são intencionalmente dados ao autossacrifício, as mulheres e crianças são as mais atingidas. É por isso que o apóstolo Pedro escreveu para os homens: "Vocês, maridos, honrem sua esposa. Sejam compreensivos no convívio com ela, pois, ainda que seja mais frágil que vocês, ela é igualmente participante da dádiva de nova vida concedida por Deus" (1Pe 3.7). Isso não significa inferioridade, nem se refere ao estereótipo de que as mulheres revelam fragilidade emocional ou mental. Lembre-se: na perspectiva moldada pela cruz, a fraqueza não é uma característica negativa. Vulnerabilidade não significa inferioridade; ela está no cerne da realidade mais poderosa do universo: o Cristo crucificado que triunfa pela vulnerabilidade e nos leva a encontrar força em nossa fraqueza (2Co 12.9-10; 13.3-4). Pedro também não está dizendo, nessa passagem, que todas as mulheres são fisicamente mais fracas que cada homem que existe (isso obviamente não é verdade). Em vez disso, quer dizer aquilo que mencionamos aqui: as mulheres podem estar especialmente vulneráveis a sofrer danos físicos, sexuais, sociais ou econômicos.

Isso também não diz respeito a uma espécie de obrigação cavalheiresca e nobre da parte dos homens. Com quanta frequência ouvimos os homens ser elogiados por terem se casado, ou escutamos frases do tipo: "Ainda bem que o bebê parece com a mãe!", que jamais seriam ditas ao contrário? Em muitos casos, tais comentários não honram a mulher em questão; em vez disso, são paternalistas e condescendentes. No entanto, a Bíblia diz que o homem que honra a esposa o faz porque "ela é igualmente participante da dádiva de nova vida concedida por Deus" (1Pe 3.7). Mais uma vez, a lição remonta à missão comum que homens e mulheres partilham na imagem de Deus e à qual somos destinados na era futura. Logo, nós nos relacionamos uns com os outros de uma maneira que nem apaga nossas diferenças, nem as exagera. Fomos criados para a cooperação e complementaridade. Fazemos isso não por meio de força e poder, mas mediante o caminho da cruz.

O mistério de Cristo é visto no fato de que, dentro do casamento, o homem e a mulher devem se tornar "uma só carne", unidos assim como a cabeça ao corpo. Cristo e sua igreja ao pé da cruz não formam uma transação contratual, mas sim uma união em aliança. Quando Jesus apareceu para Saulo de Tarso na estrada para Damasco, a pergunta que fez não foi: "Saulo, Saulo, por que você persegue uma organização que afirma meus princípios doutrinários?" ou "Saulo, por que você persegue uma coalizão que defende meus valores?". Em vez disso, a indagação foi: "Saulo, Saulo, por que você me persegue?" (At 22.7). O amor abnegado do marido pela esposa não é especialmente heroico, uma vez que "o homem que ama sua esposa na verdade ama a si mesmo", pois "ninguém odeia o próprio corpo, mas o alimenta e cuida dele, como Cristo cuida da igreja. E nós somos membros de seu corpo" (Ef 5.28-30). Ninguém será elogiado por ser sensível ao ronco do próprio estômago e ir atrás de comida. "Veja como este homem cuida de sua barriga! Como a mãe passarinho, pegou um pedaço de pão, o transformou em pedacinhos dentro da boca, engoliu e fez passar pelo esôfago, a fim de levar os nutrientes para a corrente sanguínea!" Ninguém é aplaudido por tomar banho. "Olhe só como ele cuida ternamente da própria pele com o sabão, livrando-se de toda sujeira!" Nada disso. O homem estava com fome e comeu. Estava sujo e tomou banho. Agir diferente seria repulsa a si mesmo e autossabotagem. Essa é a lição! Dizer que o marido e a esposa são como a cabeça e o corpo não significa que "cabeça" é, conforme costumamos pensar, o "chefe de tudo", mas sim, literalmente, como a cabeça para o corpo. Logo, o casamento não deve ser uma luta evolucionista de poder, com o homem se impondo e a mulher aceitando, ou vice-versa. Repito: não se trata de um modelo empresarial ou de um fluxograma corporativo, nem mesmo de um acordo político. Em vez disso, é uma unidade orgânica, "uma só carne". Quanto mais o marido e a mulher são santificados juntos na Palavra, mais eles andarão e funcionarão de forma tranquila, natural e holística, assim como o sistema nervoso, os membros e os órgãos do corpo humano. Ao fazê-lo, o casamento deixará de apontar para si e passará a seguir o projeto segundo o qual foi criado: a união evangélica entre Cristo e sua igreja.

Essa é uma das razões pelas quais o casamento é importante para todos na igreja, não apenas para os casados no presente ou futuro. Você não se recusaria a ler o cartão com o versículo da Bíblia afixado na parede de sua igreja só porque não tem seu nome lá em cima. O casamento é uma imagem, para a igreja inteira, do que significa ver Jesus e seu povo unidos pela cruz. Nem todos terão filhos, mas todos são chamados para exemplificar a maternidade ou a paternidade dentro da comunidade do reino. Nem todos são chamados para se casar, mas todos são chamados para o evangelho.

Logo, o casamento importa para todos porque não é um fim em si mesmo. O casamento está ligado à cruz.

* * * *

Anos atrás, um colunista de jornal conhecido por seus muitos casamentos, divórcios e novos casamentos anunciou que havia finalmente desistido do matrimônio. Não iria procurar outra esposa; em vez disso, eliminaria os passos intermediários para poupar tempo e trabalho: "Vou só procurar uma mulher que me odeie e comprar uma casa para ela", brincou.[10] O comentário provoca as risadas pretendidas, a despeito da clara tragédia da vida pessoal desse homem, porque as palavras soam verdadeiras em uma cultura tão cheia de conflitos entre homens e mulheres.

A aparente universalidade dessas tensões é vista da forma mais inócua nas piadas, contadas em quase todas as culturas, sobre mulheres que atrasam para tudo ou homens que não conseguem limpar a própria bagunça, ou qualquer que seja o estereótipo do momento. Mas essas tensões entram em um território bem mais sombrio, que muitas vezes é disfarçado pelo humor. A cultura do divórcio é um exemplo claro de homens e mulheres em conflito, à medida que casamentos são desfeitos e a guarda dos filhos é disputada na justiça em praticamente todas as metrópoles, cidades e vilas do planeta. Além disso, muitas das práticas da revolução sexual — que supostamente nos trariam liberdade — são, na verdade, mecanismos velados de autoproteção para pessoas que, na melhor das hipóteses, não confiam um no outro e, na pior, querem se explorar. Longe de convergir em uma espécie de utopia unissex, homens e mulheres acham quase impossível se doar por completo uns para os outros, já que, ao mesmo tempo que as distinções sexuais são ditas insignificantes, elas se tornam símbolos excessivos de identidade. Pior ainda é a violência e a devastação, presente em praticamente todas as culturas, que faz muitos se perguntarem se haveria, na verdade, algo de inerentemente perigoso na "masculinidade sangrenta".

Não é de se espantar que, desde a antiga Éfeso até a moderna El Paso, nossa imaginação às vezes anseie por uma figura mítica idealizada que não só saiba cuidar de si, como também represente a dignidade e igualdade das mulheres. Não é de se espantar que às vezes ansiemos por um herói capaz de representar sozinho os melhores ideais da masculinidade e da feminilidade, sem o trabalho cansativo da comunidade. Em tal cenário, as mulheres não ficariam vulneráveis a ser magoadas pelos homens e os homens não teriam o fardo de ser responsáveis por nada além de si mesmos. No entanto, essa não é a resposta. Nossa vida como homens e mulheres deve nos lembrar de que necessitamos uns dos outros. Nossa vida como homens e mulheres deve nos lembrar de que Cristo e sua igreja não competem um com o outro, não se escondem um do outro, nem se protegem um do outro. Nossa vida como homens e mulheres deve nos lembrar de que toda a história se move rumo à igreja que descerá do céu "como uma noiva belamente vestida para seu marido" (Ap 21.2). O universo não está a caminho de uma reunião de equipe corporativa, nem de um parque de diversões, mas sim de uma festa de casamento.

7
O casamento e o mistério de Cristo

Nossa lua de mel foi um desastre. Eu deveria ter pressentido problemas quando acordei, no dia do casamento, com uma laringite grave. Senti-me impossibilitado e frustrado. Continuei praticando as palavras: "Eu, Russell Moore, tomo a ti, Maria Hanna...", mas de nada adiantava. As palavras saíam como o grunhido ofegante de um paciente com enfisema recebendo oxigênio. Em condições normais, Maria seria a pessoa que me animaria quando algo me preocupava, mas sou um grande defensor das tradições. Eu não podia ver a noiva antes do casamento. Tomei caixas de pastilhas expectorantes e inúmeras xícaras de chá. Bem a tempo para a cerimônia, minha voz voltou. Parecia que tudo estava certo, mas em seguida veio a lua de mel.

Se houvesse redes sociais naquela época, há mais de vinte anos, tenho certeza de que nossos amigos presumiriam que estava tudo idílico, com base nas fotos que postaríamos. No entanto, estávamos bem infelizes. Para começar, ambos nos sentíamos exaustos. A confusão do casamento já havia sido frenética o bastante, mas, para completar, no dia do ensaio, uma madrinha ficou magoada e ameaçou "passar mal" e boicotar o casamento. Além disso, nós dois começaríamos em um novo emprego na segunda-feira após a luz de mel. Mudaríamos para uma casa alugada na mesma semana. Acima de tudo, porém, estávamos exaustos porque a lua de mel tinha um significado grande demais para nós dois. Nenhum de nós tinha experiência sexual, e estávamos muito apaixonados. Bem, basta dizer que não foi muito divertido para ninguém. Minha esposa esperava que fosse parecido com a cena final de uma comédia romântica. Eu tinha a expectativa de que fosse como uma das cenas de um documentário sobre procriação de coelhos. Mas então nós dois passamos mal — não como o teatro de nossa parente, mas de verdade.

Eu tive virose e Maria, alguma reação alérgica (não a mim) séria o bastante para ter que passar um tempo na emergência do hospital da região.

Enquanto eu esperava na fila para comprar antibióticos para nós dois, comecei a ficar ressentido. Meu humor piorou ainda mais porque isso me parecia uma péssima maneira de começar a vida conjugal. Sim, nós consumamos o casamento, mas não como eu esperava. Nossa proximidade foi a que deu para ter quando um dos dois está em um leito de hospital. Enquanto isso, eu ruminava sobre como isso estragaria todas as memórias que deveríamos estar construindo. Ao celebrar nossas bodas de prata ou de ouro, não gostaríamos de relembrar caminhadas à luz da lua ou passeios de barco, em vez de ver um ao outro vomitar? Eu me perguntava: "Se isso é a lua de mel, como então será o casamento?".

Senti-me mais leve quando deixei de pensar em nossa tragédia nada romântica e me concentrei em resolver problemas mais básicos. Ela estava bem mais doente que eu, por isso tentei cuidar dela, levar canja de galinha em lata e depois dar um jeito de abri-la sem abridor e servi-la sem colher. No final da viagem, demos risada sobre como falhamos na parte mais fácil do casamento. Depois disso, as coisas só melhorariam, brincamos. E foi assim mesmo que aconteceu.

É claro que, nesses anos que se passaram, enfrentamos crises bem mais graves que uma lua de mel desastrosa. Resistimos juntos à infertilidade. Aventuramo-nos em um orfanato russo para adotar dois filhos de uma vez, sem saber o que esperar ali, nem depois. Criamos cinco meninos. Ouvimos algumas pessoas me acusarem de ser um "extremista da direita" e outros me rotularem de "liberal enrustido". Choramos junto à sepultura de entes queridos. E enfrentamos problemas sobre os quais nem quero escrever aqui porque a ferida emocional que causaram ainda está aberta. Mas jamais passamos por essas coisas alienados um do outro.

De alguma forma, criamos uma regra velada de que jamais surtaríamos ao mesmo tempo. Quando me vê afundando em depressão ou lutando contra a ansiedade, Maria adquire uma calma sobrenatural, e eu faço o mesmo por ela. Às vezes, mudamos de papel em questão de segundos. Dou o crédito de tudo isso à lua de mel. Apesar de nossos melhores esforços, os primeiros dias de nosso casamento não serviram de fuga de nossa vida, mas sim de prelúdio à nossa vida singular de casados. Eu esperava que a lua de mel fosse o momento de nos tornarmos uma só carne, mas, em meu subconsciente, isso só dizia respeito a acrobacias sexuais. Na verdade, pela providência divina, a lua de mel foi um pequeno passo rumo a uma união mais abrangente da mente e das afeições, não só dos corpos. Nossa lua de mel foi arruinada, mas pode muito bem ter salvado nosso casamento.

* * * *

Quando o assunto é casamento, a ideia da lua de mel assombra a consciência moderna, quer nos demos conta disso, quer não. Algumas vertentes da revolução sexual presumiram que o casamento era uma construção social obsoleta, ou pior, uma instituição opressora que serve para reprimir a liberdade sexual da humanidade. Em alguns aspectos, fica claro que o casamento sofreu um declínio drástico nos últimos anos. O índice de coabitação cresceu, e a idade média por ocasião do casamento parece aumentar a cada ano. Ao mesmo tempo, porém, observe o que aconteceu com a indústria do casamento e as normas culturais associadas a esse evento. Os noivados são muito mais dramatizados do que um homem que se ajoelha com uma aliança na mão. Agora, os pedidos de casamento costumam ser coreografados, com familiares e amigos escondidos para surpreender a nova noiva com uma festa e um fotógrafo registrando tudo. Nas classes com condição financeira suficiente, não é incomum haver casamentos em locais paradisíacos, nos quais se espera que a família e os amigos viajem até um lugar exótico para que o evento saia perfeito nas fotos.

É bem comum ouvir pastores (e eu sou um deles) dizerem que preferem fazer um funeral a um casamento. Isso porque nenhum pastor é difamado em um funeral pela mãe do defunto! As cerimônias nupciais costumam ser tão repletas de tensão justamente por serem idealizadas demais. Se algo der errado, a ideia é de que corre risco aquele dia perfeito que emoldura a vida inteira do casal. Essa visão idealizada do casamento não é um problema só para os casados. As pessoas chamadas por Deus para viver sem passar pela experiência conjugal às vezes lutam contra o ressentimento ou até mesmo a inveja dos casais casados, uma vez que elas também se acomodaram com a ideia de que sua vida só será completa e feliz para sempre quando encontrar "o par ideal".

Contudo, a visão cristã do casamento nem o difama, nem o idealiza. Se o casamento for o que a Bíblia diz que é, não se trata de um meio para a realização pessoal. Se o enxergarmos assim, ficaremos desiludidos ou decepcionados. O casamento é a imagem intrínseca do evangelho, um folheto do evangelho.

O casamento é importante e pode ser feliz e satisfatório, mas somente se for entendido no contexto do evangelho, ou seja, no contexto da cruz. Um dos maiores obstáculos para o casamento e para a felicidade conjugal é a busca pelo ideal: o cônjuge ideal, o relacionamento ideal, o casamento ideal. Na verdade, isso é uma forma de egoísmo. Investe-se no casamento a habilidade de satisfazer as próprias necessidades. Contudo, somente quando se tira o foco do eu e se coloca no outro é que é possível encontrar felicidade e contentamento. O evangelho nos conta que isso acontece por meio da união, tornando-se uma só carne. O casamento moldado pela cruz define essa união de maneira diferente que o mundo. Se refletirmos sobre o evangelho, veremos que o casamento que espelha essa boa-nova será parecido com o próprio evangelho. O amor será definido tanto em termos de fidelidade objetiva quanto em termos de intimidade subjetiva. O casamento moldado pela cruz, assim como o evangelho moldado pela cruz, é definido tanto por aliança quanto por conexão.

A fim de entender por que isso é importante, pense no evangelho que nos salvou. Para usar as palavras de Martinho Lutero, o evangelho está, por um lado, completamente fora de nós. Compareçamos diante de Deus não com base em nossas obras ou nossa dignidade, mas sim por causa da fidelidade de Deus às suas próprias promessas. Quando o povo do Senhor demonstra ser formado por representantes indignos do caráter e da missão de Deus, ele não os joga fora, mas apela para as promessas que fez de maneira objetiva na história. Quando Israel construiu a imagem do bezerro de ouro para adorar, Moisés pediu ao Senhor: "Lembra-te dos teus servos Abraão, Isaque e Jacó. Assumiste um compromisso com eles por meio de juramento", e assim Deus abriu mão de destruir o povo (Êx 32.13-14). De maneira semelhante, compareçamos diante de Deus agora por causa da realidade objetiva de sua aliança, vista na vida, morte, ressurreição e no sacerdócio contínuo de Jesus Cristo. Contudo, o evangelho não chega até nós somente por meio da fidelidade à aliança, mas também mediante intimidade e conexão. Nós nos unimos a Cristo, como o corpo à cabeça, e ele vive por nosso intermédio. Não só nos beneficiamos de seu amor na cruz como também, à medida que seu Espírito habita em nosso interior, aprendemos a amá-lo e a amar o que ele ama. Vemos algo dessa mesma realidade no casamento. Tanto na aliança quanto na conexão, identificamos uma luta contra nosso egoísmo a fim de que nos tornemos um com o outro.

No casamento, a aliança acontece primeiro. As cerimônias nupciais diferem segundo o tempo e o lugar. Diferentes culturas simbolizam a união de maneiras distintas. No entanto, em todas as culturas existe uma espécie de voto de fidelidade entre marido e mulher. A princípio, isso pode parecer incontroverso. Afinal, com todas as disputas em relação ao sexo e ao casamento na cultura ocidental, a maioria das pessoas consegue concordar pelo menos com a ideia de fidelidade. Quase todos, mesmo os que fazem pouco caso da monogamia, não gostam da ideia de um cônjuge enganando o outro ou descumprindo compromissos. Ainda assim, a ideia de que o amor é uma união em aliança é mais controversa do que pensamos, e não apenas fora da igreja.

Já mencionei que um de meus pecados mais insistentes é a sensação de encontrar minha identidade na aprovação alheia, a necessidade de que os outros gostem de mim. Por isso, dá para entender porque a orientadora em meu ensino médio me advertiu a passar longe da vocação ministerial. Eu lido com religião, cultura e política todos os dias — os temas mais polêmicos de nossa era. Todavia, as coisas mais controversas que eu digo não costumam estar em um debate televisivo sobre algum "conflito cultural", mas sim em meu escritório, ao conversar com casais sobre seu relacionamento conjugal. Às vezes, a controvérsia é porque eu não farei um casamento que me levaria a violar minha consciência (um pessoa crente com outra descrente, por exemplo). Em outras ocasiões, o tiro sai pela culatra quando não permito que os convidados trivializem a ocasião pendurando, por exemplo, uma *piñata* do noivo e da noiva durante a cerimônia ou que o pai da noiva ameace em público atirar no noivo caso ele traia sua garotinha (sim, isso aconteceu uma vez). Em geral, porém, o problema surge quando eu digo ao casal que eles não escreverão os próprios votos. Às vezes, isso os deixa indignados. Como eu ouso dizer que eles não poderão formular os votos se é a cerimônia deles? E a questão é exatamente esta: não é a cerimônia deles!

O homem e a mulher não inventam o próprio voto de aliança porque, separados do restante da comunidade, eles não sabem que votos fazer. É claro que eles podem dizer quanto amam um ao outro, quanto esperam ansiosos passar o restante da vida juntos. No entanto, o propósito principal do voto da aliança não diz respeito aos sentimentos do momento, mas ao compromisso diante do imprevisível e do inimaginável. Ninguém virá do futuro para contar ao casal que, um dia, o marido precisará cuidar da esposa durante um tratamento de quimioterapia para combater um câncer de mama, nem anunciará que, um dia, o banco executará a hipoteca e o casal perderá a casa, ou que o casal não gastará suas economias de vida na aposentadoria nem em um cruzeiro em volta do mundo, mas nos programas de reabilitação do filho viciado em drogas. Aqueles que passaram antes pela experiência conjugal testemunham de todas as possibilidades, tanto as boas quanto as ruins. No casamento, homem e mulher fazem um voto, perante as testemunhas, de que "não importa o que aconteça, eu estou com ela; eu estou com ele". Trata-se de um voto objetivo, completamente independente das circunstâncias específicas do casal. Um amigo meu costuma dizer aos casais que acabaram de ficar noivos que as coisas mais importantes do casamento deles não serão as que os tornam diferentes dos demais, mas sim as que os tornam iguais.

A cerimônia nupcial, seja ela grandiosa, seja ela simples, não é uma festa para o casal que celebra seu amor de maneira individualizada. A cerimônia de qualquer natureza é um ato de aliança. Os que ali estão reunidos não são um público, mas testemunhas. É por isso que, em muitas cerimônias de casamento, ainda temos um elemento que faz pouco sentido quando levamos em conta nossos pressupostos culturais. É como o conceito de um órgão vestigial, que não tem propósito nenhum, a não ser apontar de volta para a necessidade de uma etapa anterior na história evolutiva. Refiro-me ao momento em que, em muitas cerimônias, o ministro celebrante diz: "Se alguém tem algum motivo para se opor a este matrimônio, fale agora ou cale-se para sempre". Ninguém espera que alguém realmente se levante e faça alguma objeção (mesmo que todos no ambiente pensem que aquela união é uma má ideia). O mais próximo desse cenário que podemos imaginar é algum filme clichê no qual um velho namorado se levanta e chama a noiva para fugir e se casar com ele. Mesmo assim, essa parte é crucial. O cartório emite uma certidão de casamento como forma de dizer que há consequências civis para quem faz os votos de forma fraudulenta (por exemplo, se um dos dois já for casado com outra pessoa ou se forem irmão e irmã) e para quem quebra esses votos (mesmo que seja apenas a necessidade de passar pelo processo burocrático de pedir o divórcio). Em um casamento cristão, as testemunhas reunidas são um sinal de que a igreja está ali para considerar o casal responsável por seus votos diante de Deus. O casamento não diz respeito somente ao casal, mas ao evangelho. Isso significa que o casamento diz respeito à igreja inteira.

Essa responsabilidade se refere, em primeiro lugar, ao aspecto de aliança da união em uma só carne: um voto de fidelidade e permanência. A fidelidade à aliança significa que "o que Deus uniu, não separe o homem". Assim como Jesus nos deu sinais de sua aliança com a igreja no batismo e na ceia do Senhor, remontando a algo que fez objetivamente para nós ao nos unir a ele em sua obra expiatória, o casamento é um compromisso contínuo para que sejamos uma só carne, a despeito das forças que tentem nos separar um do outro. Isso não quer dizer simplesmente fidelidade sexual (embora também seja isso, é claro), mas também a fidelidade em amar ativamente um ao outro, sem se importar com o preço, "assim como Cristo amou a igreja e entregou-se por ela" (Ef 5.25, NVI).

Há vários anos, enquanto navegava pelos canais da televisão, acabei assistindo a um evangelista que respondia a perguntas escritas pelo público. Um homem desesperado enviou seu dilema: sua esposa tinha demência tão avançada a ponto de não o reconhecer mais, e o homem queria namorar outras mulheres. Parece uma resposta simples para um evangélico confessional, uma vez que "Não adulterarás" não é uma questão complicada de interpretação bíblica. Fiquei chocado quando o apresentador cristão disse para o homem que primeiro ele precisaria se divorciar da mulher, antes de começar a namorar outras. O pregador explicou que a esposa já "não estava lá".

Isso é mais que vergonhoso; mais que crueldade. É um repúdio ao evangelho de Jesus Cristo! É claro que a lógica do apresentador parece fazer sentido. Ele está certo ao dizer que a mulher doente não saberá se o marido sair para jantar com outra. Ela não saberá que está divorciada. Nesse sentido, ela não está mais ali mesmo. Isso faz sentido, e é aí que está o problema. Deixar essa esposa, a quem aquele homem dedicou sua vida em um voto na presença de Deus, é projetar um mistério diferente — de alguém que ama a própria carne, não a da noiva, de um Cristo que não carrega a cruz por seu povo. Não se trata apenas de conselho matrimonial ruim; trata-se de um evangelho ruim. Eu entendo por que um homem pode se sentir tentado a abandonar a esposa que sofre de demência. Alguém com esse tipo de doença incapacitante não consegue fazer nada pelo marido. Não há romance, nem sexo, nem parceria, nem mesmo companheirismo. Se o casamento for apenas uma soma desses elementos, então por que não ir embora quando essas coisas não existem mais?

Jesus tinha uma noiva que já não o reconhecia. Ela se esqueceu de quem era e negava quem ele era. A noiva de Cristo fugiu da presença dele e voltou para seu antigo estilo de vida. Mas Jesus não se divorciou dela. Não a deixou para trás. Quando Jesus procurou sua igreja após a ressurreição, ela estava fazendo as mesmas coisas que seus membros praticavam quando ele os encontrou pela primeira vez: nos barcos de pesca, com redes em mãos. Jesus não foi embora. Ele cumpriu sua palavra e se colocou ao lado da noiva. Saiu do Lugar da Caveira, foi até o vale do Sheol e mesmo além — tudo por sua noiva. O casamento deve refletir isso e, ao fazê-lo, deve nos levar de volta para o Cristo que se faz presente nos vulneráveis, nos marginalizados, nos "pequeninos".

Às vezes, porém, os cristãos chegam ao casamento com uma espécie de acordo pré-nupcial velado do que fazer se o casamento não atender às necessidades e vontades individuais. Talvez isso jamais seja dito, mas muitos casais têm um arsenal nuclear secreto — a possibilidade do divórcio — que esperam jamais usar, a menos que, assim como a maioria dos países faz com seu arsenal nuclear, seja necessário para impedir ataques da outra parte. Em outras palavras: "Prometo não me divorciar, contanto que seja possível viver ao seu lado". Esse ponto de vista contratual do casamento não corresponde ao evangelho de Cristo. Faz tão pouco sentido quanto um contrato entre a boca e o estômago estipulando como o estômago irá retaliar caso a boca deixe de enviar nutrientes. Se, de fato, um casal se uniu como uma só carne, uma estratégia de saída preordenada, mesmo que jamais dita em voz alta, nada mais é que um divórcio negociado com antecedência. Se o divórcio é uma possibilidade para você, saiba que encontrará motivos para pedi-lo. Seu cônjuge não cumprirá todas as expectativas, nem você satisfará todas as expectativas dele. Você provavelmente não planejou como cuidará de seus bens financeiros caso assassine seu cônjuge (pelo menos eu espero!). Mas por que não? Às vezes, ocorrem homicídios dentro do casamento. Você não planeja esse cenário porque assassinar o cônjuge deveria ser impensável. Infelizmente, separar a união em uma só carne é algo extremamente pensável, até mesmo para muitos cristãos. Não seria assim se nos enxergássemos como uma só carne, unida pela aliança.

Essa aliança é renovada pela memória. Observe com que frequência as Escrituras nos orientam a nos lembrarmos daquilo que Deus fez objetivamente para nós. Quando parecia que o Senhor havia abandonado os filhos de Israel, eles são instruídos a se lembrar da libertação do Egito. Ao andar pelo vale da sombra da morte, Davi relembra a vara e o cajado de seu bom pastor. Tentados a cair de volta na idolatria e na vida desperdiçada, os cristãos são orientados a se lembrar de que não pertencemos a nós mesmos, mas fomos comprados por um preço. Isso é verdade no evangelho, e também no casamento. Todo relacionamento conjugal enfrenta crises: alguém fica doente, alguém é demitido, alguém trai, ou qualquer outra possibilidade. A memória da aliança ou o mistério evangélico do casamento é o que basta para nós lutarmos quando o mundo, a carne e o diabo ameaçarem nos separar.

****

Junto com a aliança deve vir a conexão. O amor é, na definição bíblica, ao mesmo tempo ativo e afetuoso. Na parábola de Jesus sobre o que significa amar o próximo, o samaritano é motivado por compaixão — ele sente — quando vê o homem surrado na lateral da estrada e, ao mesmo tempo, o serve ativamente. Cristo amou sua igreja, mas de maneira ativa, entregando-se por ela. Uma sensação seca de objetividade no que diz respeito à nossa redenção nos leva a uma fé fria e cerebral, que pode facilmente se tornar transacional, baseada em trocas. Nós nos firmamos naquilo que Deus fez por nós objetivamente em Cristo, mas também vivemos em novidade de vida, uma fé que opera em amor, assim como o próprio Cristo habita em nós em amor. Estamos em Cristo desde o momento de nossa redenção, mas também crescemos em Cristo ao longo de uma vida inteira de santificação em andamento. O casamento retrata uma união de uma só carne dessa natureza, que, assim como o evangelho em si, é tanto legal quanto relacional, tanto objetiva quanto subjetiva, tanto firmada na aliança quanto na conexão. Nossos votos um para o outro significam que somos, de forma objetiva, uma união em uma só carne. Contudo, nossa intimidade no casamento quer dizer que crescemos rumo a essa união em uma só carne à medida que vivemos em harmonia um com o outro. A intimidade, assim como a fidelidade, é mais difícil do que parece.

Às vezes, as pessoas desconsideram por completo o amor romântico e o companheirismo como a base do casamento. Alguns que se opõem ao que consideram um conceito tradicional do casamento dirão que o amor conjugal, conforme a maioria define, é uma inovação moderna. Alguns dizem que quem fala sobre a definição "bíblica" de casamento está se referindo a um acordo econômico, com o objetivo de estabelecer relações entre parentes ou prover segurança financeira. Segundo esse ponto de vista, o casamento era um acordo econômico e político, não uma questão de amor pessoal ou romântico, no qual era mais importante adquirir parentes (a família do cônjuge) do que o cônjuge em si.[1] Em certo sentido, isso é bem verdadeiro. Muitas culturas do mundo inteiro até hoje contam com casamentos arranjados pelos pais, às vezes exigindo grandes dotes, assim como na antiguidade bíblica. Sem dúvida, há ocasiões em que esses casamentos arranjados são acordos desprovidos de amor, mas, com frequência, são cheios de afeição e ternura genuína, e até mesmo romance. Não se pode simplesmente afirmar que o amor romântico se encontra ausente por completo no testemunho bíblico sobre o casamento. Mesmo que não se aceite a autoridade de Gênesis (o que não é meu caso), é preciso concordar que se trata de um documento antigo que precisaria fazer algum sentido para seus leitores. Nesse relato, a união entre Adão e Eva não é apenas econômica, mas também terna e afetuosa. Adão parece exultar quando vê a mulher: "Finalmente!", diz ele. "Esta é osso dos meus ossos, e carne da minha carne!" (Gn 2.23). Observe o relato do cortejo de Jacó a Raquel. Quando a encontrou, "Jacó beijou Raquel e chorou em alta voz" (Gn 29.11). Se tudo que Jacó quisesse fossem as cabras do sogro, ele as teria recebido ao se casar com Lia. Mas trabalhou por mais sete anos a fim de se casar com Raquel, "a quem ele amava muito mais que a Lia" (Gn 29.30). O sentido do amor como sentimento de afeição pessoal também é identificado nas celebrações eróticas de Cântico dos Cânticos. O amor conjugal não é, biblicamente falando, um mero acordo econômico, mesmo quando arranjado pelas famílias.

Aqueles que falam sobre a relativa novidade do amor definido por romance e companheirismo estão certos ao se referir ao valor que o amor romântico tem em nossa cultura, não só dentro do casamento, mas também para a sensação de realização e até mesmo de completude pessoal. Esse endeusamento do romance pode ser mortal tanto para a fidelidade quanto para a intimidade, aliança e conexão. E o motivo é este: o poder do pecado e da destruição jamais está na criação de algo completamente novo, mas no mau uso e na distorção de algo que Deus criou para ser bom. O anseio apaixonado e afetuoso por amor não é exceção. Os críticos do "casamento por amor" estão certos ao dizer que o projeto falhou, levando-se em conta os índices alarmantes de divórcio, infidelidade e coabitação sem matrimônio; eu argumentaria, porém, que a mudança não foi a de casamento arranjado para casamento por amor, mas sim nossa definição de amor é que mudou, tornando-se idealizado, como um observador destacou, e colocando um fardo excessivo sobre a instituição do casamento, além do que somos capazes de carregar.[2]

Deus nos criou para deixarmos pai e mãe e nos unirmos um ao outro, a fim de nos tornarmos uma só carne (Gn 2.24). Em alguns aspectos, essa transição é tão traumática quanto o nascimento. Deixamos para trás o que nos é familiar e pisamos em um mundo novo, no qual somos responsáveis um pelo outro. No plano de Deus, parte do motivo para fazer isso é a atração esmagadora que um sente pelo outro, atração essa que se manifesta no enlevo hormonal do primeiro amor. Nessa etapa, o casal quer ficar junto, só os dois, o tempo inteiro. Seriam capazes de falar ao telefone por doze horas, se tivessem tempo. Podem ficar sentados em um píer se beijando até o sol nascer. Conversam com voz de bebê um com o outro ao dizer como se sentem. Essa onda de sentimento romântico é deliciosa. O problema não está nisso, mas quando presumimos que é isso que significa "amor". É muito fácil fazer isso em uma sociedade na qual a cultura popular reforça essa noção.

Afinal de contas, a cultura popular é dirigida pelas propagandas, e propagandas se baseiam nos jovens. As campanhas comerciais não querem vender pasta de dentes a um homem de cinquenta e poucos anos. O senhor de cinquenta anos já tem uma marca de creme dental preferida e, a não ser que aconteça um problema grande em sua vida, provavelmente continuará a usar o que lhe é familiar pelo resto da vida. As empresas querem vender pasta de dentes a quem terá cinquenta anos no futuro, a fim de estabelecer a preferência nos anos anteriores a essa concretização de gosto. É o contrário do que costuma acontecer, por exemplo, com as propagandas políticas em meu país, que tendem (com algumas exceções) a ter como alvo gostos e inclinações dos mais velhos. A razão para isso é clara: os mais velhos votam em maior proporção que os mais jovens. A cultura popular, porém, busca espelhar suas experiências no público-alvo. A mais transcendente delas é o sentimento de amor. No entanto, quando este só é apresentado em termos adolescentes, torna-se mais difícil reconhecer o sentimento à medida que ele se aprofunda e amadurece. Quando encontro jovens que exprimem frustração por não encontrar alguém, com frequência consigo lhes mostrar que a origem de sua luta se encontra nesse fenômeno cultural. Estão em busca de uma pessoa que os "complete" em todos os aspectos, alguém capaz de suprir cada necessidade física, emocional e mental. Ao buscar isso, alguns jovens encontram alguém que os empolgue com novidade e imprevisibilidade, mas não com características sustentáveis para um casamento de longo prazo que, em algum momento, será cheio de dores e dificuldades, além da responsabilidade diária de manutenção do lar.

Certa vez, conheci um jovem que queria se casar e tinha muitas excelentes opções, mas sempre acabava indo atrás de mulheres que partiam seu coração. Disse-lhe um dia que o problema era que ele estava atrás de mulheres de 25, enquanto deveria estar em busca de uma de 75 anos. Eu deveria ter escolhido melhor minhas palavras, pois ele achou que eu estava lhe recomendando um fetiche bizarro por idosas! É claro que eu não estava dizendo que ele deveria se casar com uma mulher literalmente cinquenta anos mais velha. O que eu queria era que ele percebesse que só estava avaliando as candidatas em potencial com base no presente — se era bonita, divertida e bem-sucedida na profissão. No entanto, o preparo para o casamento significa procurar alguém capaz de amar e ser amado no longo prazo da vida juntos. O caminho da sabedoria é escolher um companheiro que se possa imaginar não só dividindo a cama da lua de mel, mas também ao lado no leito de morte. Essa visão de uma aliança que abrange a vida inteira e de pertencimento um ao outro em meio a tudo que acontecer é a única maneira de alcançar verdadeira alegria. Você vai ganhar peso. Seu cabelo vai branquear ou cair. Você vai pecar e ficar aquém do padrão glorioso de Deus. O conceito de casamento como aliança mostra que vocês não são parceiros que contam pontos em um acordo contratual. São, isto sim, uma só carne, comprometidos com o amor e o serviço um ao outro não por causa dos benefícios que terão com isso, mas tão somente porque pertencem um ao outro.

* * * *

As pessoas simplesmente não permanecem continuamente com as mãos frias, o coração acelerado e um nó na barriga ao lado da outra pelo resto da vida. Isso está ligado à novidade, em tirar o casal do foco em si mesmos e os voltar um para o outro. Muitas vezes, porém, a pessoa observa a perda desses sinais de novidade sem cultivar os sinais de um afeto mais maduro e profundo. Presume, então, que não está mais apaixonada. Quando encontra, depois disso, alguém que o faz corar como na adolescência, conclui sem pestanejar que encontrou sua verdadeira "alma gêmea". E o ciclo recomeça. Mesmo quando esse processo não termina com infidelidade física ou divórcio, alguns casais começam a se ressentir e a comparar sua realidade à vida imaginária de outros — talvez nos filmes ou nos romances — que começam imediatamente a ofegar quando veem a pessoa amada passar pela porta. O casamento deve incluir paixão e sentimento genuíno pelo outro, uma paixão e um sentimento que necessitam ser cultivados. Mas a sensação que eles proporcionam mudam à medida que você muda. A familiaridade não é enfadonha; é o resultado tangível de um casal que cresce cada vez mais para se tornar uma só carne. Isso deve ser recebido com gratidão. Mas só pode acontecer quando o casal está comprometido com um casamento de verdade, com alegrias e tristezas reais e votos permanentes, o que quer que aconteça.

Veja bem, quero que fique claro que não sou favorável a casamentos arranjados. No entanto, sinto-me constantemente atraído por algo que aprendi com um homem de um país oriental, que conheceu a esposa no dia do casamento. Ele disse: "Nós não nos conhecíamos quando nos casamos. Mas o mesmo aconteceu com você e sua esposa e com qualquer casal. Quem pode dizer que conhece completamente um ao outro no começo do casamento?". É verdade. Mesmo quando escolhemos o cônjuge e o fazemos com cuidado, é só com o tempo que passamos a conhecer e a nos apegar um ao outro em termos mentais, emocionais, espirituais e físicos, como uma só carne.

Essa foi uma lição difícil de aprender. Por anos, fui tiranizado pelo pensamento de que deveria estar "pronto" antes de me casar. Em certo sentido, é claro que isso é verdade. Ninguém deve se casar sem maturidade para cumprir suas responsabilidades com o cônjuge e sem a certeza do que deveria procurar no companheiro ou encontrar no relacionamento conjugal. Não é a esse tipo de prontidão que me refiro. Eu soube no primeiro encontro com Maria que a amava e queria passar a vida inteira a seu lado. Mas muitos nos disseram: "Esperem até terem condições financeiras para se casar". É um bom conselho. Nós não tínhamos nada. Eu era um seminarista de 21 anos. Ela havia acabado de terminar o ensino médio. Eu pensava e repensava em planejamentos orçamentares e jamais conseguia encontrar um que sugerisse que conseguiríamos pagar as contas. É por isso que demorei a pedi-la em casamento, mesmo depois de saber que ela era a pessoa certa. Eu achava que necessitava de estabilidade e de uma vida bem consolidada antes de poder convidá-la a fazer parte dela.

Cheia de sabedoria, minha avó certa vez me perguntou quando eu finalmente pediria a mão "daquela moça de Ocean Springs". Eu respondi:

— Quando eu tiver condições financeiras.

Ela deu risada.

— Querido, eu me casei com seu avô no meio da Grande Depressão. Nós fizemos dar certo. Ninguém tem condições financeiras para se casar. A gente simplesmente se casa e faz dar certo.

Além do evangelho, essas foram e continuam a ser as palavras mais libertadoras que já ouvi. Comprei uma aliança que não impressionaria ninguém, nem naquela época nem agora, mas começamos a nos preparar para o altar.

A sabedoria de minha avó foi semelhante àquilo que o sociólogo Charles Murray chamou de a diferença entre um casamento do tipo "*start-up*" e um casamento do tipo "fusão". O casamento "fusão" é aquele que vemos nas colunas sociais dos jornais mais importantes: um noivo e uma noiva que "venceram" financeira, educacional e emocionalmente e agora unem esses mundos completos. O casamento "*start-up*" não é uma finalização, mas um ponto de partida, no qual, dentro das possibilidades, marido e mulher começam a vida adulta juntos, em geral sem nada além de um ao outro.[3] Não é preciso dizer que nem toda pessoa consegue começar a vida adulta sem esse tipo de alicerce sólido. O problema é que, segundo a cultura contemporânea, aspirar ao casamento sem esse tipo de estabilidade é errado. Alguns estudos indicam que os casamentos, conforme os conhecemos agora, são uma vertente de coabitação. Uma vez que o casamento não diz mais respeito a uma aliança na igreja e está mais ligado às realizações do noivo e da noiva, muitos adiam o casamento até haverem economizado o bastante para um evento "de primeira".[4]

Nós não estávamos prontos para nos casar. É verdade. Mas as finanças eram a menor de nossas preocupações. Eu não estava pronto, aos 22 anos, para saber consolar minha esposa aos prantos quando ela descobriu que seus pais estavam se divorciando. Não estava pronto para cair em seus braços ao ficar sabendo que meu avô havia falecido. Não estava pronto para ver a enfermeira do ultrassom ficar em silêncio ao não identificar os batimentos cardíacos fetais na tela. Não estava pronto para ouvir que jamais teríamos filhos. E não estava pronto para provar aos médicos que eles estavam errados e rapidamente nos tornarmos pais de cinco. Eu não estava pronto para celebrar nosso vigésimo aniversário de casamento com uma criança de apenas dois anos dentro de casa. E eu poderia continuar sem parar. É claro que eu não estava pronto para nenhuma dessas coisas! Em um sentido bem real, "eu" nem existia. A vida que temos agora é definida por nossa vida em conjunto. É por isso que as Escrituras falam sobre o casamento como uma união em "uma só carne", uma cabeça e um corpo juntos. Não são duas vidas separadas, que juntam duas agendas pessoais; são duas pessoas que se unem para uma vida só, a vida juntos. É possível se preparar para ser marido ou esposa. Mas é impossível estar realmente "pronto".

Quando olho para trás, consigo enxergar a alegria intensa em nossa vida que eu jamais imaginaria em meus sonhos sobre o futuro. Nós amávamos aquelas noites em que comíamos sanduíche de queijo, pois era tudo que tínhamos dinheiro para comprar. Nós amávamos ministrar aos jovens e descobrir o que fazer quando um adolescente levou maconha para uma viagem missionária. Nós amávamos nos sentar lado a lado enquanto eu escrevia minha tese, fazendo intervalos para assistir a reprises de um programa de televisão que conhecíamos tão bem a ponto de ter decorado a fala de todos os atores. A verdade é que de maneira nenhuma conseguiríamos nos virar com aquele orçamento. E de maneira nenhuma amadureceríamos o suficiente a fim de estar "prontos" para o que a providência nos havia reservado. Nós necessitávamos um do outro. Precisávamos crescer juntos e saber que nosso amor um pelo outro não consiste em ter tudo resolvido. Não começou assim, todavia tínhamos um ao outro. Tínhamos paixão desde o início, é verdade, mas não uma intimidade dessa natureza. Esse tipo de intimidade requer a junção lenta da vida juntos, e também vulnerabilidade e risco. As Escrituras dizem que os primeiros pais estavam "nus, mas não sentiam vergonha" (Gn 2.25). Em geral, não prestamos muita atenção a isso. Só garantimos que as ilustrações das Bíblias infantis acrescentem galhos de árvores ou o pescoço da girafa em lugares estratégicos para cobrir as partes íntimas. Contudo, essa realidade é essencial para o projeto de Deus para o casamento.

Certa vez, em uma igreja que pastoreei, eu estava no saguão da igreja, após o culto, conversando com um grupo de idosos. Um casal havia acabado de voltar de férias em um cruzeiro pelo Caribe. Esperando ouvir sobre quanto haviam aproveitado aquele momento de recreação, alguém perguntou acerca da viagem, só para ver tanto o marido quanto a esposa azedarem o rosto.

— Ah, foi horrível! — disse a esposa. — Escolhemos o cruzeiro mais barato que encontramos, mas, assim que entramos a bordo, descobrimos, ao nos aproximar da piscina, que era um cruzeiro *topless*.

Aquele casal evangélico tradicional não estava esperando um ambiente como aquele, semelhante a uma praia da Europa, no qual as mulheres andavam sem camisa assim como os homens.

— Um cruzeiro *topless*! Dá para imaginar?

Seguiu-se um silêncio estranho por alguns minutos, até que uma mulher mais velha, uma coluna fiel da igreja, disse:

— Isso parece maravilhoso! Sempre quis ir a um cruzeiro *topless*.

Ficamos olhando uns para os outros com os olhos arregalados, até que ela completou:

— Deve ser tão lindo, à noite, ver as estrelas assim!

Suspirando aliviados, percebemos que aquela doce senhorinha de Jesus achou que *topless* [lit., "sem o topo"] se referia a um navio sem teto cobrindo a parte de cima da embarcação. Ninguém se voluntariou para explicar à idosa irmã o que significava *topless*. A maioria decidiu que era melhor ela morrer inocente a esse respeito. Mesmo que não fosse o caso, ninguém sentiu vontade de esclarecê-la. Sem dúvida, ela se questionaria como qualquer cristão decente sabia sobre essas coisas, e suponho que eu precisaria concordar com ela.

Nem todos se sentiriam ofendidos por uma revelação de nudez parcial dessa natureza (caso contrário, ninguém conseguiria encher esse tipo de cruzeiro). Mas há um motivo para esse tipo de exibição atrair as pessoas, bem como uma razão para ter advertências contra a presença de menores e daqueles que podem se sentir ofendidos. Mesmo os que não enxergam a nudez como uma questão moral a reconhecem como uma questão de vulnerabilidade. Todos têm certo embaraço ou vergonha no que diz respeito à nudez. Aqueles que sonham que olham para baixo na escola ou no trabalho e percebem que se esqueceram de colocar roupa costumam estar passando por um período de grande vulnerabilidade ou insegurança pessoal. A sensação de nudez é um tipo de intimidade quando está no contexto adequado, mas uma exposição fora dele. Muitos pontos de estranhamento emergem entre os sexos, entre aqueles cujo corpo revela as diferenças um do outro. Contudo, isso vai muito além do físico. A nudez e a vergonha do primeiro casal dizia respeito a seu anseio de ser, nas palavras da serpente, "como Deus" (Gn 3.5).

Conforme observou corretamente o filósofo Leon Kass, a visão do próprio corpo nu lhes mostrou o contrário.

> Quando olhamos pela primeira vez para o próprio corpo como seres sexuais, descobrimos quanto estamos distantes de qualquer coisa divina. De forma mais concreta, descobrimos, em primeiro lugar, nossa incompletude permanente e falta de inteireza, tanto por dentro quanto por fora. Temos necessidade e dependência de outro complementar, porém diferente, mesmo que seja para satisfazer nossa natureza corporal. Aprendemos que o sexo significa que somos uma metade, não um todo, e o pior: que não mandamos na metade complementar.[5]

O casamento existe para fundir duas realidades complementares em uma união tão real quanto a união dos órgãos do corpo em si.

Em certo sentido, isso diz respeito à união sexual (da qual falaremos no próximo capítulo), mas há muito mais. Afinal, seus órgãos sexuais e cromossomos XX e XY não são as únicas coisas complementares em você. Todos chegam ao casamento com certos pontos fortes e fracos. Parte do que significa amar ativamente um ao outro é saber quais são esses pontos e trabalhar para harmonizá-los. Intimidade quer dizer que você ama essa realidade e que, à medida que cresce em amor com o cônjuge, tanto mais conseguirá amar essa dinâmica, sem dar como certos os pontos fortes do outro e sem se ressentir dele por não ter outras qualidades. Com frequência, a "outra mulher" ou o "outro homem" que aparece quando um dos cônjuges está tendo um caso não é uma pessoa real, mas sim um marido ou uma esposa imaginário e idealizado com o qual o cônjuge é constantemente comparado. Meu casamento seria muito infeliz se minha esposa esperasse que eu fosse o tipo de marido que conserta o que quebrou, cuida do gramado, substitui as telhas quebradas ou mata as toupeiras que aparecem no jardim. Em vez disso, ela se casou com alguém que, basicamente, sabe pregar sermões e escrever livros. Sou capaz de fazer um diagrama dos reis de Israel e Judá para você, caso queira, mas, falando sério, não sei cozinhar um ovo. Posso ir à televisão debater as causas da pobreza global, mas nem mesmo com uma ordem judicial eu saberia lhe dizer onde guardamos as lâmpadas em minha casa.

Em contrapartida, conheço pessoas que ocupam funções no ministério semelhantes à minha cujo cônjuge tem igual facilidade de lidar com o público, contribuindo com a missão do ministério, angariando recursos e o que mais você queira. Minha esposa preferiria passar por um procedimento médico invasivo a dar um discurso ou participar de um painel em uma conferência. Isso acaba sendo uma grande bênção para mim. Ao contrário de alguns no mundo em que transito, sou capaz de deixar o trabalho para trás. Há muitas pessoas com ambições para mim e meu ministério, e às vezes isso pode acabar trazendo todo tipo de pressão por parte de pessoas que sabem o que eu deveria estar fazendo (pelo menos na opinião delas). Maria não é assim. Eu poderia genuinamente voltar para casa hoje e lhe dizer que decidi voltar para nossa cidade natal e trabalhar no anonimato em um barco de pesca de camarão pelo resto da vida, e ela aceitaria numa boa. Isso não acontece porque ela é desinteressada, pelo contrário. Ela não ama meu "ministério" ou minha "marca"; ela *me* ama. Ela me conhecia e amava antes de qualquer pessoa fora do meu município ter ouvido falar em meu nome, e no relacionamento com ela nada mudou. Caso eu ansiasse fazer parte de alguma espécie de "casal holofote" (não é o caso), poderia ter a tentação de tentar formatá-la para ser esse tipo de pessoa. Caso ela esperasse que eu tivesse uma vida mais "normal", poderia se ressentir do tempo que gasto estudando ou viajando. Intimidade significa saber quem é o outro, para o bem e para o mal, e fazer o melhor para compensar os pontos fracos do outro com nossos pontos fortes.

Além disso, intimidade é saber o que causa alegria e dor no outro. Voltando, mais uma vez, à analogia entre cabeça e corpo, só se pode amar a própria carne quando se sabe onde está ferido. Brincar de queda de braço com um amigo na mesa da cozinha pode ser perfeitamente apropriado para você, mas não se estiver com o braço quebrado e engessado. Comer frutos do mar é ótimo, mas pode ser mortal para alguém com alergia a mariscos. Muitos têm ridicularizado o que foi denominado "alertas de gatilho" nas faculdades e universidades — alertas em relação a determinadas ideias ou certos conceitos em uma obra literária, um filme, uma música ou um discurso. Dá para entender, em grande medida, porque isso acontece, uma vez que o "gatilho" de muitos alunos é desencadeado por ideias das quais discordam e, em vez de argumentar, preferem se isolar do pensamento divergente. No entanto, o conceito de "alertas de gatilho" começou com uma preocupação legítima com pessoas que sofreram traumas genuínos. Caso alguém esteja se recuperando do assassinato do pai ou da mãe por esfaqueamento, provavelmente não deve assistir na mesma semana a um processo judicial contra um assassino em série cuja arma era uma faca. Mas o expectador comum pode muito bem assistir ao programa sem hesitação. O mesmo acontece no casamento. Há certos atos ou determinadas palavras que jamais devem ser usadas um com o outro, a despeito do conteúdo. "Você está ficando igual sua mãe" pode ser um elogio para quem nasceu em um estábulo com uma estrela sobre a cabeça, mas a maioria das pessoas não diz isso — nem recebe — com essa intenção.

Intimidade significa que nos casamos não só um com o outro, mas também com as memórias e experiências do cônjuge. Se você cresceu em uma família que ama debater com tom de voz elevado, esse tipo de discussão pode lhe parecer o processo normal de criação de vínculo. Seu cônjuge, que talvez tenha crescido em um lar no qual o tom de voz elevado significa discórdia e ódio, pensa exatamente o contrário.

Uma amiga minha, uma das pessoas mais sinceras e diretas que conheço, me contou certa vez que tinha dificuldade de visitar a família do marido por causa das farpas sarcásticas que eles trocavam o tempo inteiro. Na família dele, sarcasmo significa pertencimento. A implicância era uma forma de sinalizar que a pessoa pertencia ao grupo, e era esperada uma resposta à altura. Para ela, isso era estressante. No casamento, é preciso saber não só como agir com amor em relação ao outro, mas especificamente como determinadas ações ou palavras podem ser interpretadas. Conheço um casal cujo pai da esposa tinha sido um adúltero inveterado. Para ela, a maior dificuldade que enfrentou foi aprender a confiar no marido. Quando ele chegava em casa um pouquinho mais tarde que o esperado, ela o submetia a uma inquisição, exigindo uma explicação para cada minuto a mais. Para que ele a ame, precisa saber disso e trabalhar para inspirar confiança. Isso pode significar ligações constantes quando ela não souber seu paradeiro. Seria muito fácil para ele dizer que a esposa do colega de trabalho não fica alarmada com esse tipo de coisa, mas fazê-lo seria amar a sombra de uma esposa, não a mulher que ele de fato tem ao lado.

* * * *

A conexão é cheia de alegria luminosa. É exatamente por isso que é difícil. Para algumas pessoas, essa dificuldade se apresenta na esfera sexual. Para outras, ocorre no nível emocional, por exemplo, quando é preciso revelar que estão sentindo medo, depressão ou ira. Para ainda outras, a intimidade espiritual parece difícil. Para mim, é muito fácil tomar a iniciativa na área sexual e, em geral, bem fácil me abrir emocionalmente com minha esposa. Mas acho muito difícil dar o primeiro passo para orar com ela. Isso pode parecer surpreendente, uma vez que eu oro com facilidade com um estranho em um avião ou com uma multidão reunida. Aliás, acho fácil orar com minha esposa e filhos reunidos. Mas orar quando estamos só nós dois me deixa com uma sensação estranha e quase que dolorosamente íntima, como se eu estivesse me olhando de perto em um espelho iluminado. Acho que isso acontece porque ninguém me conhece melhor que ela. Ela sabe quais são todas as minhas hipocrisias e como estou longe de meus ideais. Afinal, sou um cristão evangélico e acredito que cada oração é oferecida e ouvida pela graça. Toda vez, apresento-me perante Deus como um pecador, mediado por Cristo. No entanto, preciso saber que, no nível subconsciente, esse é um obstáculo que preciso combater. Para você, os desafios para a intimidade podem ser diferentes, mas descobrir quais são eles e buscar combatê-los juntos é necessário para o crescimento em uma só carne. Permanecer nus sem sentir vergonha é um ato de guerra.

Há alguns anos, as luzes de uma ambulância se refletiam nas paredes de minha casa, enquanto os paramédicos gritavam códigos uns para os outros e prendiam minha esposa em uma maca. Ela havia sofrido um aborto — nosso quarto aborto — poucos dias antes, e desde então algo havia dado terrivelmente errado. Ela começou a ter hemorragia e desmaiou no chão da sala. Liguei de imediato para o serviço de emergência, pedindo ajuda. Todos os nossos filhos, cuja faixa etária variava de 2 a 18 anos, estavam abraçados juntos no chão de um dos quartos. Eu tentei demonstrar calma:

— Vai ficar tudo bem — disse. — A mamãe só está se sentindo mal, mas vai melhorar.

Mas meu pequeno Samuel, de 4 anos, nunca se deixou manipular por propaganda enganosa. Ele sabia que eu estava mentindo. Havia visto o terror nos olhos de nossa vizinha enfermeira, que fingiu ficar calma para mim e as crianças.

— Não vai ficar tudo bem, papai! — disse ele em meio às lágrimas. — Eu sei para que serve uma ambulância. E sei o que significa todo aquele sangue. Mamãe vai morrer e todos nós vamos ficar órfãos!

Eu me esforcei para segurar a náusea na frente deles, pois temia que ele estivesse certo.

Voltei para o lado de minha esposa, caminhando a seu lado enquanto a tiravam pela porta. Franzi o cenho ao olhar para sua expressão pálida antes de perceber algo. Vi uma imagem refletida nas barras de metal da maca: o reflexo de uma foto em nossa parede, de nós dois no dia de nosso casamento. Não pude deixar de olhar para trás e reconhecer, naqueles dois rostos felizes emoldurados, que nossa única preocupação era a possibilidade de uma lua de mel arruinada. A alegria daquele dia passado só piorou o terror do momento presente. Eu a amava mais no momento atual que antes. Eu sabia o que estaria perdendo. Após uma noite turbulenta no hospital, na qual pareceu, em diversos momentos, que ela morreria por falta de sangue, os sinais vitais de Maria ficaram estáveis. Após algumas transfusões, sua consciência voltou. Meus filhos não ficaram órfãos. Quando voltei a fim de pegar uma muda de roupas para ela, parei e olhei para a foto do casamento. Fiz uma pausa e me perguntei o que diria se pudesse mandar uma mensagem através do tempo para aquela minha versão magrela de 22 anos. O que eu diria a mim mesmo sobre amor e casamento?

Percebi que eu me diria que agradecesse a Deus pela lua de mel arruinada. "Você ainda não sabe nada sobre amor e casamento. O casamento de ninguém é perfeito, e toda lua de mel tem alguma dificuldade. E isso é algo bom, porque a vida não é um conjunto de ideais abstratos extraídos do *script* que você mesmo inventou. Em vez disso, é vivida no tipo de união que acontece por meio de provas, lutas e cruzes carregadas juntos. As pálidas turbulências que você está enfrentando empalidecerão em comparação com as provas que virão mais tarde. Pare de ser tão controlador, tenso e mimado. E agradeça a Deus por demonstrar tamanha bondade e lhe dar uma esposa como essa, uma vida como essa!" Minha versão aos vinte e poucos anos era um camarada teimoso e de pavio curto, então ele provavelmente argumentaria comigo. Eu só riria e diria: "Você não devia reservar sua voz para a hora dos votos?". Eu explicaria para minha versão mais jovem qual era meu real problema: eu confundia felicidade com tranquilidade. Presumia que para uma cerimônia ou lua de mel ser "boa" na memória de alguém, ela precisava acontecer de acordo com meus planos. Eu era profundamente estúpido. E gostaria de poder dizer que já superei tudo isso. Mas imagino que meu eu de daqui a vinte anos provavelmente terá palavras semelhantes para me dizer.

* * * *

Com frequência, nas cerimônias matrimoniais, ouvimos que nosso Senhor Jesus abençoou o casamento com sua presença nas bodas da aldeia de Caná, onde transformou água em vinho. Isso é verdade. No entanto, o que costumamos perder de vista é que havia uma cruz lançando sombra sobre aquela festa de casamento. O vinho da celebração acabou, e isso poderia ter terminado em humilhação social da família diante dos parentes e vizinhos. A mãe de Jesus lhe pediu que interviesse. O que me chama a atenção não é o fato de Jesus ter poder para fazer o que João chamou de o primeiro de seus sinais, mas sim que o fez com a crucificação em mente. Ao repreender gentilmente sua mãe, Jesus disse: "Minha hora ainda não chegou" (Jo 2.4). Os evangelhos todos visam essa "hora". Ele voltou sua face para Jerusalém, onde morreria. Ali no casamento, João conta que Jesus "manifestou sua glória" na provisão de vinho (Jo 2.11). Mais tarde, o mesmo João nos conta que Jesus entrou em Jerusalém e anunciou: "Chegou a hora de o Filho do Homem ser glorificado" (Jo 12.23). A hora era a cruz. A glória era a cruz. A missão era a cruz. A glória de Cristo é uma glória crucificada. Jesus mostrou isso pela primeira vez em um casamento. E ainda o faz.

Existem muitos conselhos conjugais por aí, sobretudo para os cristãos. Alguns são profundamente terapêuticos, baseados em pesquisas científicas sobre como o casal pode se comunicar melhor. Outros são praticamente clínicos e ginecológicos, sobre como aperfeiçoar a intimidade por meio de técnicas e posições sexuais, e assim por diante. Boa parte desses conselhos é sabia, ao passo que alguns são superficiais ou carnais. A despeito de tudo isso, o principal problema na maioria dos casamentos cristãos não é que não entendemos como viver juntos (embora sem dúvida isso aconteça também). Na verdade, o principal problema é que não entendemos bem o bastante o evangelho que nos salvou e que fomos chamados para levar ao mundo.

Casado ou não, você recebeu o chamado de apoiar e elevar os casamentos dentro da família de Deus, de fazer um trabalho de prestação de contas para que cumpramos nossas palavras. Casados ou não, devemos prestar atenção àquilo que vemos nos casamentos à nossa volta, por mais cheios de pecados e excentricidades que até os melhores deles sejam. Nesses relacionamentos, vemos uma imagem de um Cristo que é uma só carne com sua igreja, unido a ela, na alegria e na tristeza, por uma cruz. Isso quer dizer que encontraremos paz e realização no casamento quando pararmos de esperar que ele atenda a todas as nossas necessidades e passarmos a enxergar o relacionamento conjugal como uma guerra para encontrar contentamento no evangelho. Essa é uma luta que nos leva à beira da morte, ainda nos agarrando um ao outro, sabendo que alguém está ligado a nós. Faça amor. Faça guerra. E faça guerra fazendo amor. Crucifique sua lua de mel.

8
Reapropriação da sexualidade

Ela queria Jesus, mas queria sexo primeiro. Enquanto ouvia essa garota na *van* da igreja, fiquei, ao mesmo tempo, perplexo com aquela "blasfêmia" e secretamente empolgado por ela dizer a verdade acerca de algo em que, se forçado a admitir, eu também acreditava. E eu suspeitava que todos os outros adolescentes de 14 anos naquela viagem de jovens sentiam o mesmo.

A fim de entender o contexto dessa conversa entre adolescentes, tarde da noite, em uma rodovia em algum lugar do sul dos Estados Unidos, é preciso compreender algo acerca da história complicada do futuro do cristianismo. Há dois mil anos, os cristãos aguardam o retorno de Jesus Cristo. Eu me tornei maior de idade durante uma explosão de fervor apocalíptico da década de 1980. Na época, minha igreja apresentava interpretações elaboradas de diagramas proféticos relacionando os acontecimentos atuais com o tempo do fim. Os pastores e evangelistas nos diziam que os sinais eram claros: éramos a "última geração" e o céu se abriria a qualquer momento com o prometido advento de Cristo. Para nós, isso não era problema, já que não queríamos mesmo terminar o ano letivo e enfrentar as últimas provas de matemática. Mas aquela menina suspirou e disse: "Eu quero muito estar pronta para ir para o céu, mas espero de verdade que Jesus aguarde até eu ter a oportunidade de... vocês sabem... fazer sexo, pelo menos uma vez".

O que aquela adolescente queria não era nada imoral. Ela concordava com o compromisso da igreja com a abstinência sexual antes do casamento e planejava cumpri-lo. Sua vontade era ter a experiência de uma união conjugal, marital e perfeitamente moral. Penso que ela desejava mais que sexo. Queria a experiência de se apaixonar e amar, de ter romance e união com alguém. Tenho certeza de que ali, dentro da *van*, havia vários rapazes que se voluntariariam alegremente para ajudá-la a passar pelo apocalipse. Uma vez que me lembro vividamente dessa conversa e acabei fazendo minha pesquisa de doutorado e baseando todo meu ministério na escatologia, não quero levar muito mais longe essa análise psicológica...

O desejo de sentir um orgasmo antes do Armagedom não é nenhum sinal de que aquela adolescente era idólatra e ninfomaníaca. Ela era normal. A sexualidade é uma força propulsora poderosa na vida de todos. Anos mais tarde, quando meus filhos eram adolescentes, lembro-me da expressão horrorizada de um deles enquanto explicava sobre os ímpetos hormonais e os desejos inconvenientes que emergem com a puberdade. Ele parecia pronto para resistir a tudo isso, mas perguntou:

— E isso dura quanto tempo?

Minha resposta:

— Bem, praticamente a vida inteira.

Ele me olhou como se eu tivesse falado que ele se uniria por simbiose a um espírito de lobisomem pelo resto de sua existência mortal. E às vezes parece assim mesmo. O sexo pode ser um desejo tão forte que queremos adiar a eternidade para desfrutá-lo. E pode ser tão assustador que nos perguntamos se acabará nos rasgando pela metade. E tudo isso acontece porque sexo não diz respeito apenas a sexo.

****

Se amor e casamento fossem meramente ligados a afeto, companheirismo e finanças, poderíamos ser levados a concluir, mais do que já o fazemos, que o universo é uma tábua rasa desiludida, pronto para ser dominado conforme a vontade humana e a tecnologia quiserem. A sexualidade é um lembrete contínuo de que há algo dentro de nós muito além de nosso controle. Sim, podemos controlar a expressão de nossos desejos sexuais e praticar as disciplinas que nos ajudarão a fazê-lo. Mas o desejo em si parece surgir do nada. E esse era o plano.

Frederica Mathewes-Green escreve sobre a genialidade incompreensível do ato sexual como um sinal de graça: "De que maneira entenderíamos como dois se tornam um, a união sem aniquilação? Deus criou uma experiência humana que seria universal, comum e agradável, e disse: 'É assim! É para essa direção que você está indo!'".[1] Ela está corretíssima. A união sexual é um lembrete vívido da realidade evangélica de duas pessoas que permanecem distintas, mas, ao mesmo tempo, unidas em um mistério unificado e cheio de êxtase. Uma vez que a sexualidade é envolta por um alegre mistério, torna-se uma arena constante de conflitos espirituais.

Desde a Queda, a humanidade oscila perpetuamente entre trivializar ou endeusar a sexualidade. É só observar a incoerência predominante em nossa era. De um lado, o sexo não é considerado tão importante assim. Já é esperado que as pessoas tenham vários parceiros sexuais ao longo da vida. Não se acha que uma noite casual tem algum efeito permanente depois que passa a sensação do orgasmo. Em contrapartida, ao mesmo tempo, o sexo tem importância crucial. Inúmeros livros e filmes são produzidos sobre técnicas sexuais, e aqueles que acham que não estão sexualmente realizados costumam crer que estão perdendo algo fundamental da vida. A visão cristã da sexualidade não corresponde a nenhum desses extremos. Mas, em um universo sob a ocupação de governantes invisíveis, não devemos nos surpreender ao ver a sexualidade ser desassociada do evangelho, tornando-se, em muitos casos, uma espécie de contra-evangelho.

Em nossos dias, muitos de fora da igreja acusam os cristãos de ser "obcecados por sexo", destacando a "repressão sexual" existente no cristianismo, que, segundo eles, remonta no mínimo a Agostinho. Alguns apontam até para a lei de Moisés, que determina um número de dias no qual a pessoa permanece cerimonialmente impura após o período menstrual, a emissão seminal ou o ato sexual como sinal da rejeição bíblica da sexualidade humana. Contudo, esse código não diz que tais coisas são pecaminosas ou "nojentas". Em vez disso, tais leis desassociam cuidadosamente a adoração a Deus da espécie de idolatria sexual propagada pelas nações pagãs em torno de Israel. Em um mundo de deuses da fertilidade e prostituição cultual, a Palavra de Deus precisava afirmar com toda ênfase que Deus se encontra fora da criação e não deve ser identificado com os ritmos da reprodução, por mais poderosos que sejam.

Existem cristãos obcecados por sexo? Sem dúvida. Há cristãos que defendem pontos de vista sobre o corpo diferentes da Bíblia, vendo o sexo como algo quase que inerentemente vergonhoso? Com certeza. Sempre houve cristãos que defendem falsos ensinos. Mas essa não é a realidade geral. A Bíblia fala recorrentemente sobre a imoralidade sexual não por considerar o lado bom da sexualidade, mas exatamente para reforçá-lo. A visão cristã da sexualidade é tão elevada e positiva que as forças destinadas a distorcê-la causam grande dano tanto para o bem-estar humano quanto para a compreensão das boas-novas do evangelho. Além disso, em uma era obcecada pela sexualidade (como a maioria das eras, em diferentes maneiras), a mensagem cristã precisa inevitavelmente falar sobre como ela difere do espírito da época. Uma mensagem de arrependimento deve nos informar do que precisamos nos arrepender. Uma mensagem de perdão deve nos dizer do que precisamos ser perdoados. Uma mensagem de batalha espiritual deve nos informar contra o que precisamos lutar e por qual motivo.

O conceito de sexualidade como batalha cristã é fácil de ser compreendido pela maioria dos cristãos no caso de combater a tentação espiritual. Isso é, sem dúvida, parte da questão, conforme veremos. Mas há mais elementos envolvidos que apenas evitar o que é negativo. Em sua carta à igreja de Corinto, o apóstolo Paulo recomendou aos casados que não se abstivessem das relações sexuais por longos períodos. Mesmo que o casal se abstivesse por um tempo para orar e jejuar, não deveria fazê-lo de forma prolongada. O casal deve se unir novamente em breve, "para que Satanás não os tente por causa de sua falta de domínio próprio" (1Co 7.5). Essas instruções do apóstolo não dizem respeito apenas ao fato de a abstinência sexual levar alguém a procurar satisfação sexual em outro lugar, embora isso sem dúvida também faça parte. Quando se assume esse ponto de vista limitado, adota-se o pressuposto moderno de que o sexo é transacional, isto é, um "parceiro" agradando o outro em troca do prazer físico próprio. Mas Paulo presumia um vínculo orgânico de aliança entre marido e mulher. O corpo do marido pertence à esposa, e vice-versa (1Co 7.4). Conforme vimos, a união em uma só carne é mais que a relação sexual, mas certamente não é menos que isso. No relato da criação, a união em uma só carne inclui o homem se unir à esposa e "conhecê-la". No princípio, Satanás tentou dividir os polos feminino e masculino, afastando-os um do outro por meio da vergonha e do conflito. A antiga serpente continua a fazer isso. A relação sexual, de acordo com o ponto de vista cristão, é uma reiteração dessa união, uma forma de renovação dos votos. Quando um casal se apega um ao outro dessa maneira, sinaliza mais uma vez que se pertencem. É um sinal do evangelho. E isso inclui até mesmo o prazer que acompanha a união sexual. Em vez de vergonha e conflito, o sexo conjugal demonstra a beleza do amor consumado.

Alguns sugerem que, nas Escrituras, o propósito principal da sexualidade é a procriação, em contraste com a suposta "liberação" moderna que propaga que a sexualidade diz respeito principalmente ao prazer. Não argumento contra o fato de que o relato bíblico da sexualidade mantém a centralidade da procriação no relato de Gênesis e que isso continua ao longo da Bíblia. Mesmo quando não resulta em filhos, o amor sexual aponta para a conexão entre gerações, para a fecundidade encarnada do amor. Nas Escrituras, porém, a união sexual jamais é uma tarefa utilitária realizada apenas para reproduzir. A Bíblia se refere diversas vezes à alegria que acompanha a união sexual, uma alegria cujo objetivo é nos aproximar do cônjuge (Gn 2.22-24; Ef 5.25-31). As Escrituras usam a linguagem de "conhecer" um ao outro em referência à união sexual (Gn 4.1,17; 1Sm 1.19). Não se trata de um eufemismo puritano, mas da revelação sutil do grande objetivo dessa união.

Em alguns casamentos, o marido responde imediatamente à iniciativa da esposa para o sexo, ou vice-versa. Em outros, aprecia-se mais sutileza. Ele aprende se ela odeia fazer sexo antes de tomar sua xícara de café pela manhã, ou a evitar iniciar o sexo quando está combatendo uma sinusite. Ele descobre se ela gosta de ouvi-lo falar durante o sexo ou se acha isso estranho e desagradável. A lista pode prosseguir indefinidamente, mas trata-se de um conhecimento que não se faz presente, *ex nihilo*, desde a primeira vez juntos na cama. Ele cresce à medida que o conhecimento um do outro aumenta com o tempo.

A monogamia e a fidelidade não restringem a liberdade sexual; na verdade, a alimentam. Há algo que eu digo com frequência para noivos cristãos em aconselhamento antes de se casarem: "Se tudo der certo, o sexo da lua de mel será o pior de sua vida". O que quero dizer com isso é que, pelos planos de Deus, a intimidade cresce com o conhecimento um do outro. O envelhecimento sem dúvida restringirá um pouco da intensidade do desejo sexual, mas o tempo juntos, por si só, não diminui a união do prazer. Pelo contrário, deveria aumentá-la. Isso precisa ficar bem claro em uma cultura de suposta liberdade e espontaneidade sexual, na qual as experiências sexuais costumam ser negociadas como contratos do que cada parceiro gosta e precisa.

Um elemento que costuma matar a alegria sexual é a necessidade de ser "sexy" de maneiras nada realistas. Muitos dos que se sentem sexualmente "livres" e veem a experiência sexual quase que como uma caçada ou ida às compras descobrem que, à medida que o tempo passa, perdem tanto a aparência jovem necessária para manter o apelo sensual a pessoas estranhas quanto a autoconfiança. No casamento conforme definido por Cristo, porém, não amamos um ao outro por achar o cônjuge sexualmente atraente; é o contrário. Nossa atração sexual pelo cônjuge aumenta porque sentimos amor e afeto por ele. Quando não tenho medo de que o cônjuge me deixe, perco as muitas inibições que eu poderia ter em outras condições. Quantos homens se sentem sexualmente inibidos porque estão ficando carecas ou ganhando uma barriguinha? Quantas mulheres não se sentem sensuais porque estão aparecendo cabelos brancos ou porque ganharam alguns quilos (coisas comuns para qualquer pessoa em processo de envelhecimento)? No entanto, quando o marido não pensa que está competindo com atletas, nem a esposa acha que está competindo com modelos, quando ambos estão cientes de que se encontram seguros em uma união vitalícia, na qual amam e se apegam um ao outro, a despeito do que aconteça, sentem a liberdade de deixar a luz ligada, caso queiram. Isso não quer dizer "ser relaxado" fisicamente. O casal que cumpre seus votos desejará saber o que o outro acha atraente e procurará se manter assim tanto quanto possível. Isso quer dizer, de fato, que o homem acha a esposa bonita porque a ama; ele não a ama porque ela é bonita. A mulher quer fazer sexo com o marido porque ele é seu esposo; não quer mantê-lo como marido porque quer fazer sexo com ele. Dentro da liberdade da fidelidade, o prazer é despertado.

****

Deus disse a Israel, sua noiva: "Seus filhos se comprometerão com você, como o jovem se compromete com sua noiva. Então Deus se alegrará por você, como o noivo se alegra por sua noiva" (Is 62.5). Conforme um erudito explicou, nas Escrituras a intimidade sexual aponta seu êxtase e sua alegria para a esperança futura, ao passo que sua ausência com frequência é entendida como uma visão da destruição eterna.[2] Uma sexualidade desprovida de alegria não retrata o que o casamento deveria retratar: o tipo de amor exuberante e vivificante que Deus sente por seu povo e que Cristo tem por sua igreja. Quando o apóstolo Paulo exigiu que os "direitos conjugais" de ambos os cônjuges fossem atendidos, não está falando sobre o equivalente a um contrato de um garanhão se acasalando com uma égua, mas sim da atenção que um amante dá ao outro. O prazer resultante do sexo conjugal não diz respeito, em primeiro lugar, à manipulação de terminações nervosas, como se a pessoa fosse um brinquedo sexual feito de carne. Quando o marido descobre o que é prazeroso para a esposa ou vice-versa, o casal aprende a conhecer um ao outro da mais íntima das maneiras — de uma forma que lembra tanto ao esposo quanto à esposa que eles devem viver para agradar o outro, não a si mesmos.

As Escrituras e a tradição cristã são claras em afirmar que a expressão sexual só é permitida dentro da aliança do casamento. Isso não quer dizer que somente os casados foram dotados com a sexualidade. Se assim fosse, os sentimentos e o desejo sexuais só despertariam após o casamento e acabariam na velhice. Mas não é assim que acontece. As escolas de ensino fundamental e médio estão cheias de tensão sexual, bem como os centros de convivência de idosos (às vezes, estes até mais que os primeiros). Quem não é casado não deve esperar estar liberto de sentimentos e impulsos sexuais. Quem foi chamado a se casar um dia deve entender que esses sentimentos apontam para seu futuro marido ou para sua futura esposa. Quem foi chamado a viver solteiro também terá sentimentos e desejos sexuais. Ao contrário do que aconselham alguns, isso não significa que qualquer tensão sexual quer dizer que é preciso se casar. Em vez disso, a experiência quase universal do anseio sexual deve lembrar todos nós, inclusive os não casados, de uma das verdades fundamentais que Deus revela no casamento: não pertencemos a nós mesmos, mas devemos nos derramar no serviço aos outros. O chamado ao celibato não diz respeito somente a ter liberdade de tempo — das responsabilidades ligadas ao cônjuge ou aos filhos — para servir, mas também a canalizar a energia da sexualidade para algo mais: o serviço a Deus e ao próximo por intermédio da missão de Cristo. Isso é difícil em qualquer era, mas ainda mais em uma cultura que enxerga a satisfação sexual como um veículo preeminente de significado e propósito.

A sexualidade é poderosa exatamente porque foi criada para transcender o eu. A palavra êxtase está enraizada na ideia de se colocar fora de si mesmo. Afastado do desígnio divino — como a ordem caída sempre procura fazer — o sexo pode facilmente se tornar uma tentativa não de transcender o eu, mas de escapar do eu. Uma vez que toda distância entre o amante e o amado é apagada — por meio da pornografia ou do sexo casual —, trocamos a proximidade pela superlotação e abandonamos a tensão necessária para o mistério. Logo, o amor, ao se tornar um método para despertar sentimentos positivos, "não representa mais enredo, narrativa ou drama, somente emoção ou excitação inconsequente".[3] O sexo se torna apenas mais uma aspiração de consumo em uma sociedade voltada para conquistas. Tudo isso quer dizer que, reduzido ao contato físico em busca de orgasmo, o sexo acaba perdendo as características que o tornam poderoso e sedutor.

Deus nos adverte contra a imoralidade e distorção sexual não por desejar nos restringir do prazer (essa foi a sugestão de Satanás em Gênesis 3), mas porque ele sabe como o sexo pode vivificar ou destruir. As diversas revoluções sexuais — e a história está cheia delas — sempre prometem o sexo como um escape momentâneo do eu (ao distraí-lo da dor de viver), ao mesmo tempo que ratifica o eu (ao oferecer propósito de vida). Tais tentativas jamais cumprem seu objetivo. Uma união verdadeira e duradoura não pode ser alcançada por meio da superficialidade de relações sexuais isoladas. É o mesmo que imitar a descarga de adrenalina provocada pela coragem em uma guerra andando em uma montanha-russa com imagens animadas de tiros de canhão por todo lado. O sentimento aparece por um instante, mas não consegue se manter. Depois de saber que tudo não passa de ilusão, é impossível reproduzir a realidade. De igual modo, um encontro amoroso às escondidas jamais substituirá a união em uma só carne. O ponto de vista cristão sobre a vida a conceitua como um sacrifício vivo genuíno, não uma série de transações focadas no eu. A fim de ganhar a vida, é preciso entregá--la. Essa é a mensagem da cruz, e a cruz deve moldar nossa vida sexual tanto quanto qualquer outro aspecto dela.

Todavia, o padrão bíblico da sexualidade não é uma mera questão de Deus saber o que será genuinamente satisfatório. Quem acha isso se sente tentado a repetir a velha piada sobre o garoto que foi informado (erroneamente) pelas freiras de sua escola confessional de que a masturbação poderia causar cegueira. Sem pestanejar, ele respondeu: "Posso continuar até precisar de óculos?". Muitos podem concluir que a alegria sexual no casamento é o ideal perfeito de Deus, mas, caso não o tenham, podem viver com um substituto. A Bíblia fala sobre a imoralidade sexual não só em termos de consequências relacionais ou sociais — embora, sem dúvida, elas também se façam presentes, sobretudo na literatura de sabedoria dos Provérbios —, mas também como uma espécie de ocultismo. Os profetas aliaram diversas vezes a idolatria a imagens da imoralidade sexual.[4] É exatamente por isso que a sexualidade é mais que o despertamento dos neurônios para obter prazer. Assim como os profetas falavam dos ídolos como "nada", "sem fôlego" e "outros deuses", ao mesmo tempo que os chamavam de demônios com existência real, também se referiam ao sexo fora da aliança como um nada desprovido de significado, mas, ao mesmo tempo, carregado de sentido oculto. A sexualidade existe para unir duas pessoas que fizeram uma promessa em uma união de aliança vivificante, na presença de Deus. O profeta Malaquias escreveu o seguinte acerca do casamento: "Acaso o SENHOR não o fez um só com sua esposa? Em corpo e em espírito vocês pertencem a ele" (Ml 2.15). De maneira semelhante, o apóstolo Paulo advertiu de que aquele que se une a uma prostituta está unindo Cristo a essa prostituta, uma vez que a união em uma só carne significa uma junção de espíritos (1Co 6.15-17).

O apagamento dos limites na sexualidade é um pecado "contra o próprio corpo" (1Co 6.18-20). Contudo, isso não quer dizer que, assim como a pessoa que come muito açúcar ou fuma, "só está fazendo mal a si mesma". O corpo de quem pertence a Cristo não é de si mesmo; é um templo do Espírito Santo. A imoralidade sexual é a profanação desse templo. Imagine como você ficaria horrorizado (com razão) ao ver um religioso pagão sacrificar uma cabra na mesa de sua igreja onde é servida a ceia do Senhor. Mesmo aqueles que pertencem a igrejas menos tradicionais se sentiriam ultrajados. Algo separado para o serviço de Deus, algo santo seria usado para um objetivo profano e contrário ao evangelho. É isso que significa a imoralidade sexual — ou de qualquer tipo. É por isso que as Escrituras advertem contra esse tipo de imoralidade desde os primeiros capítulos até os últimos, sobre o juízo vindouro. É por isso que o povo de Israel recebeu a ordem de fugir da imoralidade sexual, e é por isso que o Concílio de Jerusalém expressou a mesma proibição para todos os que estavam em Cristo, mesmo sem obrigar os cristãos gentios a passar pela circuncisão ou cumprir outros aspectos da aliança mosaica (At 15.20).

Alguns fogem da conversa firme sobre a imoralidade sexual, dizendo que foi uma das prioridades do Antigo Testamento e de Paulo, mas não de Jesus. Nesse ponto de vista, Jesus é apresentado como sorridente e sexualmente permissivo, contrário a Paulo. Contudo, não é essa a realidade. Antes de mais nada, Jesus não fala somente por meio das palavras de seu ministério pré-ressurreição. A Bíblia foi inspirada pelo Espírito de Cristo (1Pe 1.11; 2Pe 1.19-21). Logo, Jesus não só é afirmado na Palavra de Deus de forma completa nos textos do Antigo Testamento (Mt 5.17-18), como também se comprometeu a dizer ainda mais verdades (Jo 16.12-13), o que fez mediante os escritos inspirados dos apóstolos e profetas (Ef 2.20). Após ressuscitar, o próprio Jesus fez uma advertência direta a uma congregação primitiva, dizendo que a tolerância da imoralidade sexual acarretaria juízo (Ap 2.20-23), chegando a chamar tal permissividade de "as coisas profundas de Satanás" (Ap 2.24). Durante seu ministério terreno, Jesus foi ainda mais duro em relação à imoralidade sexual do que o Antigo Testamento ou as epístolas do Novo Testamento. Ele afirmou que quem tem luxúria no coração já cometeu adultério (Mt 5.27-30). Ao contrário da interpretação que ouvi certa vez de um universitário evangélico pouco discipulado, isso não quer dizer que se um homem tiver desejos sensuais por uma mulher pode muito bem "ir em frente e dormir com ela que é a mesma coisa". Tampouco significa que o ensino semelhante de Jesus sobre a ira no coração tornar o outro culpado de assassinato (Mt 5.21-22) justifica alguém hostil ao vizinho esfaqueá-lo até a morte. Em ambos os casos, Jesus identificou que o pecado começa não em atos externos a nós, capazes de ser manipulados meramente por mudança de hábitos ou regras, mas em nossa psique. E, nas duas situações, ele nos adverte de que, a menos que reconheçamos essas realidades internas, nos arrependamos delas e sejamos cobertos pelo sangue expiatório, acabaremos separados de Deus no inferno (Mt 5.22,30). Isso é duro!

O mesmo Jesus que nos advertiu a não julgar os outros (Mt 7.1-6) também nos falou por intermédio de seu apóstolo que a igreja deve disciplinar o indivíduo sexualmente imoral que se recusa a demonstrar arrependimento (1Co 5.1-5). A Bíblia explica que isso não significa que devemos nos isolar das pessoas sexualmente imorais. Jesus não fez isso e foi criticado. O que as Escrituras dizem é que devemos cobrar a prestação de contas daquele "que afirma ser irmão", ou seja, que faz parte da igreja (1Co 5.11). Por quê? A salvação é somente para pecadores. Quem se recusa a se arrepender de um pecado se nega a confiar que Cristo mediará em seu lugar. Caso a pessoa persista na recusa em se arrepender, demonstra que não foi até a cruz (1Co 6.9-10). A passagem não está, de maneira nenhuma, se referindo àqueles que lutam contra a tentação e caem — em alguns casos, vez após vez. Somos ovelhas pastoreadas com a vara e o cajado. Precisamos ser redirecionados quando estamos à beira do precipício e resgatados quando cobertos por espinhos. A advertência diz respeito a quem se justifica, dizendo que aquilo que Deus chama de errado na verdade é certo e que, no que diz respeito àquela situação, não está pecando ou ama tanto o pecado que não está disposto, pela graça do Senhor e com o auxílio da igreja, a se afastar dele.

Alguns podem achar que sua igreja ou família está segura porque definem pecado assim como Deus e o denunciam de imediato. Mas não é assim que funciona. O apóstolo Paulo escreveu: "Não cabe a mim julgar os de fora, mas certamente cabe a vocês julgar os que estão dentro. Deus julgará os de fora. Portanto, eliminem o mal do meio de vocês" (1Co 5.12-13). Nossa tendência, contudo, é de querer exatamente o contrário: falar com ultraje sobre os pecados de fora de nossa congregação e abafar os pecados de dentro. O mundo exterior é nossa missão, não nosso espelho. Não raro, porém, agimos como se a revolução sexual pudesse ser combatida com guerras culturais, em lugar de uma batalha espiritual.

* * * *

A realidade é que, na maioria das vezes, somos tão contraculturais quanto escolhemos ser. Em vez de guardiães da ortodoxia bíblica, com frequência acabamos nos tornando revolucionários sexuais em ritmo lento, aceitando uma ou duas décadas depois da cultura ao nosso redor o que antes considerávamos imoral. O chamado bíblico à moralidade sexual jamais teve o objetivo de ser comercializado. Até mesmo os discípulos de Cristo se perguntaram como seria possível seguir esse caminho depois de entenderem como era radical o chamado de Jesus à santidade. O testemunho bíblico da batalha espiritual para a integridade sexual aponta não só para nossa superioridade moral, mas também para a proclamação do evangelho. O monge do século 20 Thomas Merton explicou da seguinte maneira: "É teologia de Satanás transformar Cristo no mais perfeito de todos os fariseus, de tal modo que os publicanos se desesperem enquanto os fariseus se aproximam dele e se sentem confirmados em sua justiça própria".[5] Dizemos a verdade acerca dos elevados padrões bíblicos para nossa vida sexual — e para qualquer aspecto de nossa vida — não para nos diferenciar dos outros, mas para anunciar as boas-novas da misericórdia divina a pecadores como nós. Isso não se revela em um mundo de poderes mundanos; revela-se na cruz. O resultado não corresponde a valores familiares, mas a famílias — famílias moldadas pela cruz.

E, no que diz respeito à sexualidade, nossas famílias — e, ao dizer "nossas", estou me referindo à "igreja", não à "nação" ou à "cultura ocidental" — estão em crise. Pense, em primeiro lugar, na fornicação. Não estou falando em pensar no ato de fornicação ou na ideia de fornicação, mas na palavra literal *fornicação*. O ex-presidente Richard Nixon fez uma pergunta abjeta a um jornalista antes de uma entrevista, que ganhou notoriedade: "Então, David, você fornicou este fim de semana?". A pergunta é memorável porque carrega consigo as mesmas conotações que muitos associam ao próprio Nixon. Parece esquisito, obsoleto, censurador, inquisitório, uma tentativa falha de fazer parte do grupo. Se o termo ainda for usado hoje em dia, provavelmente será como parte de uma piada acerca de como os cristãos conservadores conversam. Mas a piada não funciona, pois nem os cristãos conservadores usam a palavra, e não o fazem há muito tempo. "Fornicação" parece esquisito e fora de lugar para os ouvidos cristãos assim como para todos os outros. É claro que falamos sobre pureza sexual e advertimos contra a imoralidade, mas, com maior frequência, ensinamos nossos filhos e membros da igreja a "praticar a abstinência" ou evitar o "sexo pré-conjugal".

Até certo ponto, isso é inevitável. A fim de nos comunicar com as pessoas à nossa volta, precisamos, tanto quanto possível, usar vocabulário e conceitos que elas entendam. Mas "sexo pré-conjugal" e "fornicação" (a palavra usada pelas traduções mais antigas da Bíblia) não têm significado idêntico. É verdade que a fornicação é "pré-conjugal", mas na expressão "sexo pré-conjugal" a ênfase está no tempo. Pressupõe-se que o ato em si é o mesmo. O que muda do "sexo conjugal" para o "sexo pré-conjugal" é o momento em que a pessoa participa do ato. O sexo pré-conjugal é apresentado como uma mera ejaculação antes da hora. Contudo, esse pressuposto está na base da crise da ética sexual do cristianismo ocidental moderno.

A Bíblia é clara, assim como o consenso da igreja há dois mil anos — não importa se em sua ramificação ortodoxa, católica ou protestante — que a atividade sexual deve se limitar à união marital entre um homem e uma mulher. A união sexual não constitui, por si só, um casamento. Jesus reconheceu que a mulher junto ao poço de Jacó "não tem marido", embora vivesse com um homem na época (presumivelmente em contexto sexual; Jo 4.16-18). Além disso, José de Nazaré e a virgem Maria eram legitimamente casados, mesmo sem a união sexual (Mt 1.24-25). No entanto, a Bíblia fala sobre a consumação sexual de uma união por votos como o rumo normal dos acontecimentos e menciona os contatos sexuais fora dessa união como o estabelecimento de vínculos reais, mas, ao mesmo tempo, misteriosamente espirituais — vínculos que apontam para algo bem diferente da união entre cabeça e corpo, em uma só carne de Cristo e da igreja.

Muitas igrejas e denominações tentaram, na última geração, apoiar esse consenso com programas de incentivo para adolescentes e jovens se comprometerem com a adesão a esses padrões até o casamento.[6] Tais programas tiveram algum sucesso em adiar a vida sexual, mas não fica claro se alcançaram algo semelhante a uma contracultura sexual. Certo estudo revelou que os adolescentes protestantes evangélicos tinham *maior* probabilidade de fazer sexo antes do casamento que seus pares judeus, mórmons ou até mesmo protestantes liberais tradicionais. A resposta, nessa pesquisa, não diz respeito a convicção religiosa, mas a mobilidade econômica. Os adolescentes evangélicos têm maior probabilidade de se originar de grupos socioeconômicos mais carentes, ao passo que, em outras comunhões religiosas mais liberais, eles tendem a pertencer a classes mais elevadas. A pressão para os filhos das classes altas terem sucesso elimina certos comportamentos de risco. Eles evitam ter relações sexuais não por não quererem ir para o inferno, mas porque querem fazer faculdade. O estudo prediz que, à medida que os evangélicos conservadores ascenderem mais social e economicamente, é provável que adotem as mesmas formas de controle sexual focadas na viabilidade econômica.[7] Essa pesquisa demonstra ainda que boa parte da "abstinência" praticada por adolescentes e jovens cristãos na verdade não é abstinência nenhuma, mas sim a manutenção de uma "virgindade técnica", na qual o sexo oral ou outras práticas substituem a penetração, não sendo consideradas "sexo".[8] Enquanto essa realidade persistir, nosso orgulho triunfalista em relação às pesquisas que revelam declínio na atividade sexual entre adolescentes e na gravidez na adolescência não será a celebração que nos convencemos ser.

Nossa própria pregação e nossos ensinos contribuem em grande parte com isso. Não é preciso arregalar os olhos e pregar sobre "fogo e enxofre" para ver que os apóstolos nos advertiram de que os envolvidos em imoralidade sexual que não se arrependerem "não herdarão o reino de Deus" (1Co 6.9-10). Com frequência, porém, confinamos a moralidade sexual a "administração de comportamentos de risco", apresentando essas advertências em termos de "valores" terrenos, em vez de falar do juízo que Cristo trará. Discursamos abafadamente sobre "luta" e "responsabilidade" em termos genéricos, mas raras vezes com força profética. A verdade é que, sem perceber, muitos pais cristãos pressionam os filhos à imoralidade sexual quando presumem que o principal problema a ser evitado é casar cedo demais. É verdade que o indivíduo precisa ter idade e maturidade suficientes para cumprir os votos conjugais, mas esse não é o único perigo. O apóstolo Paulo aconselhou: "Se [...] um homem acredita que está tratando sua noiva de forma inapropriada e que seus impulsos vão além de suas forças, que se case com ela, como é desejo dele. Não é pecado" (1Co 7.36), uma vez que "é melhor se casar que arder em desejo" (1Co 7.39). Dependendo da classe social da família, costuma-se presumir que os filhos adultos precisam concluir várias etapas da educação superior, quitar os empréstimos estudantis, obter uma posição segura na escada corporativa e ter uma casa e uma poupança antes de se casar. O pressuposto velado é que seria pior o filho não ter "sucesso" do que pecar contra Deus.

    Outra pesquisa revelou que, assim como ocorreu com o adultério na geração anterior, os adolescentes e jovens que professam o cristianismo não começam rejeitando as ideias do ensino cristão sobre a moralidade sexual. Conforme um estudo descobriu, os membros de igreja entrevistados que praticavam sexo oral com frequência não eram, pelo menos a princípio, moralmente permissivos, mas "seletivamente permissivos". Eles não sentem que estão rejeitando premissas morais, mas sim navegando entre duas premissas morais conflitantes: "o *script* do que namorados ou namoradas apaixonados querem ou devem fazer um pelo outro e o *script* acerca de como deve ser a conduta cristã dos solteiros. Querem satisfazer ambos, mas acabam racionalizando".[9] O fato de que as expectativas culturais (que se tornam, é claro, ainda mais poderosas pela dinâmica biológica) são vistas como premissas morais é revelador, e é exatamente essa a questão. A luta aqui está mais ligada à identidade que à moralidade. A pergunta não é tanto "O que é certo e o que é errado?", mas sim "Quem sou eu?". Se me vejo na mesma proporção como parte do corpo de Cristo e unido a meu grupo de amigos, um precisa ceder ao outro.

Isso se intensifica ainda mais pelo "ciclo de vida" de desenvolvimento da infância e do evangelismo praticado em muitas de nossas igrejas, que praticamente pressupõem que acontecerá atividade sexual antes do casamento. A população amish, nos Estados Unidos, por mais resguardada que seja do restante da cultura norte-americana, tem uma prática pouco conhecida chamada de *rumspringa*, ou "correr por aí". Nessa cultura, as crianças que crescem dentro de uma comunidade isolada recebem "espaço", no final da adolescência, para sair pelo mundo e "vagar", a fim de vivenciar a cultura externa de diferentes maneiras: desde carros, moda contemporânea e cigarros até experimentação sexual, abuso de álcool e drogas. Essa "corrida pelo mundo termina quando o adolescente volta para casa a fim de se tornar amish, concorda em ser batizado e assume suas responsabilidades como membro maduro da comunidade".[10] Devemos nos perguntar se não adotamos uma versão evangélica do *rumspringa*, uma vez que setores da vida eclesiástica tendem a esperar que seus filhos professem a fé novos, se afastem um pouco durante o ensino médio, abandonem a fé durante a época universitária e, após se casar e ter filhos, voltem para a igreja para servir, atuando como diáconos ou líderes de pequenos grupos depois de alguns anos. Os pródigos voltam para o lar? Sim. Mas quando isso se torna um pressuposto implícito, algo de muito errado aconteceu com a expectativa bíblica. Isso "funciona" no contexto de um cristianismo cultural e nominal no qual, antes de mais nada, as pessoas enxergam a igreja como parte do que significa "se estabelecer na vida" e, em segundo lugar, elas se casam e têm filhos jovens, antes de determinar seus hábitos e suas preferências. Mesmo nesses termos, o projeto é falho, uma vez que a secularização dissipa o conceito de que a igreja é necessária para a formação social e as pessoas esperam para se casar cada vez mais tarde.

Além da erosão óbvia da família, o problema mais importante é o obscurecimento da mensagem do evangelho. Nossa cultura ainda não perdeu a noção de que o adultério é errado — exceto, talvez, na esfera abstrata. É possível alguém justificar o próprio caso extraconjugal, mas poucas pessoas diriam que ser traído é moralmente neutro. E não é difícil ver as consequências contínuas da infidelidade, até mesmo nos casamentos que permanecem juntos. Entretanto, a terminologia do "sexo pré-conjugal" pressupõe que o problema é resolvido simplesmente quando se alinha o tempo com a atividade. O casal que fez sexo fora do casamento costuma presumir que tudo ficará bem após a cerimônia nupcial, sem qualquer consciência das consequências duradouras de seu comportamento pecaminoso e, o mais importante, sem perceber que a fornicação cometida apontou erroneamente para o ícone de um Cristo que não possui vínculo de aliança com sua igreja.

Em alguns aspectos, é mais fácil se arrepender do adultério, pois é mais fácil identificar como o arrependimento deve parecer nesse caso. Aquele que descumpre os votos conjugais consegue ver que prejudicou o casamento e precisa trabalhar para reparar a situação. Em contrapartida, no caso do "sexo pré-conjugal", o casamento parece resolver o problema. Com frequência, o marido acha difícil liderar a esposa espiritualmente depois ou conquistar plenamente sua confiança. Às vezes, isso se mostra de imediato, às vezes anos mais tarde. Na raiz desse problema, está uma questão que um autor observou ao estudar o relato de Gênesis sobre o primeiro casal dividido: "Nada afasta mais um casal que pecar juntos". Além disso, ela sabe, especialmente se ele já professava o cristianismo antes do casamento, que a libido dele é mais forte que sua consciência. Se era capaz de justificar o pecado sexual com ela, como pode ter a certeza de que não fará o mesmo com outra? Isso não é irreparável — nada deste lado da vida é irreparável quando levamos em conta a realidade da cruz. Mas a reparação não vem com o tempo, que curaria o pecado, mas sim com a confissão a Deus e um ao outro.

****

A batalha espiritual da desordem sexual antes do casamento vem com a ilusão de que tal pecado é esperado e natural. A batalha espiritual da desordem sexual após o casamento é exatamente o contrário: a ideia de que a infidelidade é algo que o amor pode prevenir. Quando estou aconselhando um casal de noivos, peço um exercício que quase sempre coloca ambos em pânico visível. Peço que façam um dever de casa, longe do outro. Cada um precisa pensar e escrever uma carta para o noivo explicando os seguintes cenários: "Se eu fosse trair você, faria assim..." e "Você pode saber que estou mentindo em relação a um caso extraconjugal se eu fizer o seguinte...".

O mero fato de mencionar uma questão como essa parece estarrecedora e até insultante para a maioria dos casais. Afinal, eles não conseguem se imaginar sendo infiéis um ao outro. Estão apaixonados e tudo que desejam é estar juntos, olhando dentro dos olhos um do outro, no agora eterno do para sempre. É por isso que peço que façam isso.

Eu sei, é claro, que esse exercício não impede a infidelidade. Muitas vezes, não nos conhecemos bem o bastante para prever com grande precisão como agiríamos em um pecado que ainda não cometemos. E já aconselhei diversos casais em crise para saber que, não raro, a negação é profunda demais para o casal nessa situação reconhecer o que está acontecendo com o cônjuge, dentro do casamento, ou mesmo dentro do próprio coração. Entretanto, não é esse meu objetivo. O documento não serve de plano futuro. Seu objetivo é abalar o casal, mesmo que por alguns minutos, levando ambos a refletir que não estão imunes ao pecado sexual. Além disso, é uma tentativa de fazer o casal começar com pelo menos um exemplo de como conversar com o outro acerca de suas vulnerabilidades e tentações sexuais, a fim de lhes mostrar que isso não precisa ser fatalmente estranho ou incendiário. E, acima de tudo, faço isso para que o casal pense em como travar da melhor maneira a batalha espiritual na cama.

Conforme expliquei antes, o apóstolo Paulo advertiu de maneira universal a todos os casais quanto à possibilidade de adultério, não por ser um simples impulso biológico, mas por ser uma tentação do diabo, e explicou que uma vida sexual conjugal contínua é elemento-chave para lutar contra essa tentação. Contudo, ele não orientou assim pelas razões que às vezes imaginamos — que manter o cônjuge sexualmente satisfeito é uma forma de deixá-lo feliz, com menor probabilidade de se afastar. Em vez disso, é porque o cultivo da união sexual é uma maneira de se apegar um ao outro, isto é, usando a linguagem de Gênesis, de "conhecer" um ao outro. A onda de amor hormonal pode muito bem nos unir a princípio, mas não nos mantém juntos. A fim de fazer isso, é preciso manter na lembrança as palavras do compositor Johnny Cash: "Fico de olho neste meu coração, de olhos bem abertos o tempo inteiro". Para nos manter na linha, porém, não podemos lutar sozinhos. A sexualidade do marido pertence à esposa. A sexualidade da esposa pertence ao marido. À medida que passamos a conhecer um ao outro, devemos aprender como o outro responde sexualmente. Mas esse conhecimento continua na luta um pelo outro na arena das dificuldades e tentações sexuais.

Ao longo do meu ministério, já aconselhei centenas de casais enfrentando a destruição da infidelidade conjugal. Até aqui, não conheci ninguém que tenha traído porque o cônjuge não era sexualmente atrativo o bastante. Aliás, para ser honesto, é difícil encontrar uma situação na qual o amante secreto é tão atraente quanto o cônjuge traído, de acordo com a opinião da maioria. E, em todo esse tempo, também foi raro ver a "felicidade" dentro do casamento impedir um caso extraconjugal. A verdade é que é raro encontrar alguém que comete adultério por desejo de fugir de um relacionamento ruim. Em geral, os casos amorosos não decorrem de falta de felicidade ou de sexo. Isso acontece porque o adultério não é uma forma de obter o mesmo tipo de união sexual que no casamento por meio de um canal diferente. Há mais em ação nesses casos. Certa terapeuta observou que, com frequência, o "outro" escolhido pelos adúlteros não é, de forma alguma, o tipo de pessoa que aquele que trai escolheria como companheiro de vida. O que está em ação nesse caso não é a busca por um amante melhor ou cônjuge melhor, mas sim pelo "eu inexplorado". O adultério não diz respeito a orgasmo, mas a nostalgia.[11] Essa terapeuta argumenta que, em geral, a pessoa está em busca de reconexão com quem ela era antes da responsabilidade diária de trabalhar ou cuidar da casa. Quando, por exemplo, a pessoa vai atrás de alguém da época de escola ou faculdade, ou de um emprego antigo, o que está em questão não é o adúltero em potencial buscar essa antiga conexão, mas sim o desejo de ser novamente aquela pessoa com quem o antigo conhecido conviveu. A pergunta é: "Eu ainda sou aquela mesma pessoa de antes?".

Um tema comum que tenho observado nos casos extraconjugais é que quem trai quase nunca está procurando um novo cônjuge para substituir as deficiências do antigo. Ele está em busca de retomar o sentimento da adolescência ou início da vida adulta. A busca é mais por emoção que por sensações sexuais. Por um curto período, o indivíduo é tomado pelas emoções envolvidas no romance do tipo: "Eu te amo; você também me ama?", sem todo aquele fardo de saber quem vai buscar a filha na escola ou qual é o dia de colocar o lixo reciclável para fora. O amante secreto faz o casado se sentir jovem ou "vivo" de novo — até tudo ruir. Quem trai está em busca de um universo alternativo, para ver o que aconteceria se fizesse escolhas diferentes.

Aliás, nossas ideias e expectativas sobre o que torna um casamento "feliz" pode acabar contribuindo com o adultério. Somos instruídos a esperar a "pessoa certa", a "alma gêmea" capaz de suprir todas as nossas necessidades. Conforme essa terapeuta explica: "Invocamos um novo Olimpo no qual o amor permanecerá incondicional, a intimidade será sempre cativante e o sexo muito excitante com uma pessoa no longo prazo. E o prazo é cada vez mais longo".[12] Os casamentos mais seguros e estáveis que conheço não costumam ser os que mais parecem "felizes" no sentido de realização pessoal. Pelo contrário, são os casamentos nos quais, muitas vezes por meio de sofrimento profundo, o marido e a esposa são modelos de sacrifício e cuidado pelo outro. Assim como Cristo e sua igreja, sua união em uma só carne é moldada não por exigências para que um atenda às necessidades do outro, mas por um senso de propósito e missão comuns. Nos casamentos saudáveis, um cônjuge não espera que o outro proporcione sua identidade. Ambos encontram sua identidade em Cristo. Assim, minha vida não entra em risco de ser comparada com outros casamentos que parecem mais felizes ou com uma visão idealizada da juventude, pois está escondida em Cristo. Isso nos dá liberdade para amar e, conforme a Bíblia define, nos alegrar com a mulher (ou o marido) da juventude (Pv 5.18). Um casal, mesmo que seja um casal cristão firme, jamais deve presumir que está imune à infidelidade por amar um ao outro, por ser feliz ou por fazer as mais frenéticas acrobacias sexuais. O diabo sabe que a maneira de derrubar alguém não é com um cônjuge deficiente, mas sim com um eu deficiente.

A união sexual pode ajudar a preservar o casamento não por ser "melhor" que qualquer competidor em potencial, mas por atrair o casal a uma espécie de intimidade que vai além da mera intimidade genital. O poder do adultério está no mistério de tudo, no segredo. Cada cônjuge deve aprender a vulnerabilidade de confessar ao outro, bem no início da tentação, quando está começando a se afastar mentalmente ou a notar outra pessoa. Isso não quer dizer, é claro, que a esposa deve contar para o marido toda vez que tiver uma fantasia sexual com outro homem ou o marido partilhar cada vez que encarar o decote de outra mulher. Mais exatamente, significa que o cônjuge não deve se chocar quando o outro se sentir tentado ao adultério. Isso acontece em todo casamento. A abertura para o cônjuge e a noção de que meu corpo e *script* sexual pertencem ao outro podem quebrar o poder da emoção secreta na qual o adultério prospera. A ofensa que sentimos diante da tentação de nosso cônjuge é sinal de orgulho. O mesmo se aplica à negação quando somos tentados. Por que temos a expectativa de ficar isentos de ataques espirituais sobre o casamento, se nosso relacionamento conjugal não está ligado às nossas habilidades, sendo, em vez disso, um ícone do evangelho? Por que acreditaríamos ser fortes o suficiente por conta própria para resistir ao impulso de cortar a união que poderes espirituais desprezam?

Logo que nos casamos, eu era pastor auxiliar de uma igreja. Embora fosse responsável pelo ministério de jovens, pregava com frequência para toda a congregação. Muitas vezes, após o sermão, certa mulher se aproximava para me dizer como a pregação havia sido brilhante ou para fazer perguntas sobre o texto bíblico. Quando eu não estava pregando, ela se sentava a meu lado antes do início do culto e fazia ainda mais perguntas, ou caminhava junto comigo enquanto eu estava indo embora, sempre discutindo exegese ou teologia. Minha esposa disse:

— Você sabe que ela está a fim de você, certo?

Imagina! Isso não fazia o menor sentido. Protestei com veemência:

— Em primeiro lugar, eu pareço um grilo. Ela jamais teria interesse em mim.

Permitam-me fazer uma pausa para dizer aos jovens maridos que aprendi, por experiência própria, que a pergunta retórica "Você acha mesmo que eu teria alguma chance com ela?" não é a mais tranquilizadora para uma esposa cética.

Opinei então que minha mulher estava julgando aquela doce e piedosa irmã, que só queria saber mais sobre os temas escatológicos de Amós. Minha mulher, porém, não levou a questão para o lado pessoal. Apenas disse:

— Bem, eu posso estar errada, mas eu sei como uma mulher age quando gosta de um homem e só quero que você fique atento.

Ela não guardou rancor. Não fez greve de sexo (minha esposa, não a mulher da igreja!). Apenas passou a garantir que, toda vez que aquela irmã se aproximava de mim, ela estaria bem a meu lado, segurando minha mão. Não sei se minha mulher estava certa ou não. Existe uma reação exagerada bem real à segurança conjugal que tende a ver as mulheres, de modo geral, como "tentadoras", mas minha esposa nunca teve esse problema, pois se mostra bem confortável com minhas amigas e colegas de trabalho do sexo feminino. Mas, independentemente de ela estar certa ou não naquele caso, aprendi uma lição sobre minha esposa que pode muito bem ter salvado nosso casamento de qualquer tipo de tentação futura em potencial.

Algo que percebi ao observar vários casamentos acabarem por causa da infidelidade sexual é que não dá para esperar que as pessoas prestes a cair nesse tipo de pecado ajam com racionalidade. É possível dizer, vez após vez: "Por que colocar seu casamento e seus filhos em risco por causa disso? Não percebe quanto isso terminará em ruína para eles e para você também?". Mas esse apelo raramente funciona, pois o fogo da paixão leva o indivíduo a sentir e agir quase como se estivesse louco. Com frequência, o traidor acusa a parte inocente de estar "louca" e às vezes leva o outro a pensar que isso é verdade, mas o fato é que são os atos do adúltero que estão desconectados com a realidade.[13]

Felizmente, minha esposa e eu até hoje não precisamos lidar com nenhum desafio ligado à fidelidade (muito embora eu não presuma que isso jamais irá acontecer), mas, em outras situações, várias vezes precisamos aprender como não enlouquecer ao mesmo tempo. Carregar os fardos um do outro significa, com frequência, saber que o outro necessita de estabilidade, racionalidade e entendimento paciente. Acho que aprendi isso naquela situação. E mais: descobri que ela não ficaria chocada e ofendida se eu estivesse prestes a enfrentar uma queda em potencial, que não se ressentiria nem ficaria me culpando, mas lutaria bem ao meu lado contra os principados e potestades, mesmo que eu não soubesse o que estava acontecendo ao meu redor. Isso é sabedoria e maturidade. A fim de fazer isso, ela precisava enxergar que nós somos, de fato, vulneráveis. Necessitamos um do outro e precisamos do poder da cruz. Todos os dias.

* * * *

A sexualidade conjugal deve nos mostrar nossa vulnerabilidade, nossa dependência um do outro. É por isso que as Escrituras nos ensinam a nos deleitarmos na união sexual dentro do casamento. Não porque o sexo é um apetite que precisa ser saciado, mas sim porque o sexo existe para nos conectar um com o outro, lembrando-nos de quem somos chamados para amar e servir. Ver essas coisas e saber delas é o que necessitamos para ser o tipo de pessoa capaz de cumprir as promessas que fizemos e permanecer firmes ao lado do cônjuge. Isso significa enxergar o amor não como uma forma de se tornar grande, mas como um meio de se doar ao outro. Amar significa entender que a arena do casamento não é o espelho, mas a cruz.

Não raro, porém, a batalha espiritual não diz respeito a acrescentar um relacionamento físico ilícito à vida, mas à falta de contato físico. Fico fora do sério com a frequência com que casais jovens — cristãos ou não — me abordam, perguntando o que fazer para resolver a falta de sexo em seu casamento. Isso é relativamente comum entre os idosos, que lutam contra as mudanças físicas que acompanham o envelhecimento, ou até entre quem está na meia-idade, normalmente enfrentando uma sobrecarga de agenda lotada e filhos, sentindo-se exausto demais para a intimidade regular. Cada vez mais, porém, identifico isso acontecendo com casais bem jovens, na faixa dos vinte ou trinta, que enfrentam dificuldades para ser íntimos.

Há muitos fatores por trás disso. Às vezes, um dos cônjuges luta contra a culpa ou a vergonha, que não necessariamente foi falha dele, mas que tem a ver com algum trauma do passado. Essa é uma oportunidade para o cônjuge amar e ser compreensivo, a fim de que, trabalhando juntos, ambos cultivem uma intimidade mais profunda. Os casais que se "acomodam" a um casamento sem sexo, vivendo como colegas de quarto, não equivalem, por exemplo, a vegetarianos que decidiram abrir mão do consumo de carne. Excetuando aqueles que têm problemas médicos, eles estão abrindo mão do método bíblico de cultivo da união. É claro que, em muitos sentidos, sua vida sexual é uma questão pessoal. Mas ela tem o propósito de aumentar a união do casal. Isso significa que seus filhos dependem de sua vida sexual (embora não queiram jamais ouvir falar disso!). A igreja depende de sua vida sexual (embora também não queiramos saber disso!). A retirada do elemento erótico do casamento de forma rotineira não deve ser vista com indiferença, mas como um ataque-surpresa do poder inimigo. Na batalha espiritual contra o evangelho, Satanás deseja a desintegração. Em Cristo, Deus integra — une — o que foi dividido (Ef 1.10). Os poderes malignos, em contrapartida, tentam afastar o que deve permanecer junto, e a sexualidade não está isenta desse mal. Às vezes, a forma mais imediata de combater o diabo é ir para a cama juntos.

Como então a igreja pode ajudar a sustentar a aliança conjugal? Assim como alguns defensores do método alegórico no período medieval encontram a Trindade por toda parte em Neemias, alguns pregadores evangélicos populares deslumbram as audiências ao identificar técnicas sexuais exóticas nas páginas de Cântico dos Cânticos. Não obstante isso, a igreja pode promover uma vida sexual saudável sem ficar oferecendo dicas para uma sexualidade mais fervilhante no púlpito (muito embora devamos admoestar uns aos outros a ter uma vida sexual saudável em nossos ensinos e sermões). Em vez disso, podemos demonstrar, dentro da igreja, como renovar nossos votos da aliança.

Em minha denominação, fico frustrado ao ver quantas de nossas igrejas, apesar da clara prática neotestamentária de comunhão semanal, ministram a ceia do Senhor a cada três meses ou, às vezes, até menos. Em justificativa, algumas igrejas dizem que não têm tempo adequado para preparar os elementos ou para explicar durante o culto o significado da ceia. Outros dizem que a ceia é "focada demais nos de dentro" e querem que os cultos sejam mais voltados a alcançar os descrentes. Outros ainda, a maioria, alegam que fazem intervalos mais longos entre as celebrações da ceia para que ela não se torne rotineira, ritualizada ou entediante. É exatamente essa a lógica seguida pelos casamentos sem sexo. Por que se dar ao trabalho e esforço de manter uma renovação física dos votos da aliança? E mais: fazer sexo uma vez por semana não torna a relação íntima mais especial, pelo contrário! Na ceia, Jesus alimenta sua igreja, transporta-a para as bodas do Cordeiro que estão por vir e proclama a cruz, mediante a qual fomos comprados. Como isso aconteceria "com frequência demais" para nós? Logo, seria de se espantar que alguns de nós menosprezem o lado físico de edificação do casamento, quando menosprezamos o lado físico de edificação da igreja por Jesus?

Muitas vezes, porém, descubro que o que está em jogo não é a falta de desejo sexual, nem o desejo sexual redirecionado a outro relacionamento, mas o desejo sexual dirigido para imagens em uma tela ou personagens em um livro. Em certo sentido, a pornografia não é novidade. Jesus nos contou que a luxúria humana por uma sexualidade transgressora da aliança não é algo externo a nós, mas se encontra em nossas paixões decaídas (Mt 5.27-28). Todas as gerações de cristãos enfrentam o problema da pornografia, seja com a arte pagã dionisíaca, seja com dançarinas da era do *jazz*, seja com fotografias de duas páginas retocadas por programas de edição de imagens em revistas. A diferença agora é uma tecnologia capaz de prometer alcance quase universal, com uma garantia ilusória de anonimidade. A pornografia virou arma. Estamos nos excitando até a morte.

A pornografia, por sua natureza, leva à insaciabilidade. Uma imagem, armazenada na mente, jamais bastará para excitar a pessoa. Afinal, Deus planejou o homem e a mulher para que não se satisfizessem com apenas um ato sexual; ele os dotou de um apetite contínuo um pelo outro, a fim de desencadear uma união procriadora e unitiva de carne com carne e alma com alma. Quem busca esse mistério fora da união conjugal, em um harém de prostitutas digitais, jamais encontrará o que busca. Nunca encontrará uma imagem nua o bastante para satisfazê-lo. A pornografia permite que a pessoa use imagens de outro, visuais ou literárias, e então use outra pessoa como substituto, um objeto físico com o qual se masturbar. Isso deixa o usuário entorpecido e vazio, pois a sexualidade humana vai muito além de esfregar partes do corpo um no outro. Além disso, a pornografia ocasiona uma espécie de falso arrependimento. Após ver pornografia, a pessoa sente um tipo de repulsa ou abominação por si própria, ou ainda, conforme é mais comum, um apetite saciado. Compromete-se a "nunca mais fazer isso de novo". Mas não se trata de arrependimento. Parece Esaú, com a barriga cheia de guisado de lentilhas, chorando pela perda da primogenitura, mas descobrindo que era "tarde para que houvesse arrependimento, embora ele tivesse implorado com lágrimas" (Hb 12.17).

Sem arrependimento genuíno, o ciclo recomeça. A resposta para esse problema é a confissão dos pecados. Quem é tentado por sexualidades substitutas deve se habituar, no momento da tentação, a clamar, quem sabe até em voz alta: "Jesus, estou tentado a cometer esse pecado; livra-me!". Além disso, deve se sujeitar à direção da igreja, a fim de encontrar maneiras adequadas de escapar dessa tentação. Os poderes satânicos encontraram uma maneira engenhosa de conduzir a energia erótica humana por uma direção que acaba a exaurindo e, com o tempo, destrói a possibilidade de intimidade humana. Os poderes deste mundo colaboram com os impulsos biológicos para fazer que tais práticas pareçam irresistíveis e ofereçam um pseudoarrependimento. Isso é obra do diabo, e está entre as coisas que o Senhor Jesus veio para destruir (1Jo 3.8).

A sexualidade substituta não busca intimidade, mas mesmice. Não importa a forma, ela se baseia em uma ilusão, seja uma mulher sempre excitada, seja um homem sempre empático. Com frequência, os homens querem a ilusão de uma mulher com o corpo feminino, mas cuja resposta sexual seja igual a deles. As mulheres querem a ilusão de um homem "de verdade", mas, em termos de romance, igual a elas. Tanto no Eros artificial quanto no romance artificial, o que predomina é o amor por si mesmo, não o mistério do outro. Nesses casos, o contentamento é destruído, tanto o contentamento com um cônjuge de verdade, com os pontos fracos e as deficiências de qualquer pessoa real em um relacionamento, quanto o contentamento com uma vida de fiel castidade na presença de Deus. Devemos nos perguntar a todo tempo: "Aquilo que consumo me aproxima de meu cônjuge (ou futuro cônjuge) ou me afasta dele? Aponta para o outro em uma união em uma só carne ou para a personificação erotizada de meus próprios desejos? É mistério ou miragem?".

* * * *

A sexualidade dentro do casamento é difícil, seja para mantê-la dentro dos limites, seja para mantê-la acesa. Isso acontece porque não moldamos a sexualidade dentro do casamento, mas trazemos nossa formação sexual para o matrimônio — a qual é definida por um trilhão de influências e experiências diferentes, sobre as quais não temos controle algum. Logo, quando nos casamos, unimos não só o corpo, mas também esses contextos distintos um com o outro. Isso pode ser bem mais assustador que o pensamento de uma paixão casual e transitória com outra pessoa, com quem não foi preciso comprometer a vida. O linguista Noam Chomsky postulou, certa vez, uma teoria explicando por que existem mais gírias para a morte e para os órgãos genitais que para qualquer outra coisa: "A morte e a genitália assustam as pessoas, e quando as pessoas se sentem assustadas, desenvolvem mecanismos de ocultamento e agressão".[14] E eu acrescentaria mais uma categoria a esse grupo: Deus. Pense em quanto a profanidade de nossa cultura está enraizada na sexualidade, na escatologia (nosso conceito de mortalidade animal, de uma existência corpórea com a morte e a decomposição à espreita) ou nos nomes e ações em potencial de Deus. Todas essas realidades nos assustam porque são maiores que nós. Sentimo-nos vulneráveis diante delas.

A cruz, porém, encontra glória na vulnerabilidade — na morte e no sexo. As Escrituras nos instruem a combater o pecado e a ruína sexual não com culpa e vergonha, mas com alegria e descanso. Isso só acontece pela graça que encontramos em Jesus Cristo. Há um perigo na tensão bíblica da qual milhares de heresias surgiram. O evangelho nos explica como, por meio da cruz, Deus é, ao mesmo tempo, "justo e justificador daquele que tem fé em Jesus" (Rm 3.26, RA). Sempre existem pseudoevangelhos que tentam ocultar um ou outro aspecto dessa boa-nova. De um lado, há um antinomianismo etéreo, o qual presume que a gratuita misericórdia de Deus significa que devemos "continuar pecando para que Deus mostre cada vez mais sua graça" (Rm 6.1). A resposta do Espírito a essa proposta não poderia ser mais enfática: "Claro que não!" (Rm 6.2). Em contrapartida, sempre existe a tentação igualmente perigosa de enfatizar a justiça da lei de Deus sem a misericórdia da cruz. Tal erro evidencia não só um conceito inferior do evangelho, como também um conceito inferior da lei.

A Bíblia nos explica que aquele que quebra a lei em um ponto a transgrediu inteira. Na área do pecado sexual, Jesus nos mostrou que todos violamos essa lei, no coração ou em ato. Deparo com pessoas que perdem de vista essa verdade, enchendo-se de autocondenação, mesmo após terem se arrependido da imoralidade sexual. Elas continuam a se enxergar cheias de vergonha e culpa, como se Deus também as visse desse modo. Olhe para a cruz! Também vejo isso naqueles que se consideram sexualmente morais, em vez de imorais, não se enxergando como realmente somos: perdoados e vulneráveis a cometer qualquer pecado, com exceção da blasfêmia contra o Espírito Santo. Às vezes, isso se revela até naqueles que, pela graça de Deus, lutaram contra o pecado sexual, mas acham que um cônjuge em potencial está automaticamente desqualificado porque não fez o mesmo (embora já tenha se arrependido). Mais uma vez, a resposta é a cruz. Suponho que, se houvesse pessoas "puras" e "impuras", poderíamos dividir o mundo em dois grupos e estipular casamentos entre eles. Mas a pureza é relativa quando julgada no tribunal da justiça divina.

O cristão se apoia na misericórdia. Não é sucesso se orarmos: "Obrigado, Senhor, porque não sou um fornicador como aquele ali". É extremamente possível ir para o inferno com a virgindade intacta. A questão não é se a imoralidade sexual pode levar a pessoa para o inferno — sem dúvida pode! A questão é se é possível reverter a condenação, e a cruz diz que sim, pela crucificação no Lugar da Caveira e ressurreição no Jardim da Sepultura.

O primeiro casamento aconteceu entre duas pessoas virgens; isso é verdade. Mas a primeira união em uma só carne refletiu algo mais, que só foi desvendado anos mais tarde na pregação de Cristo. Jesus era virgem, mas sua noiva, não. E ele nos amou mesmo assim.

O poder libertador da cruz também acontece quando vemos que o sexo não é a experiência humana suprema. Quem não está casado às vezes sente que está perdendo algo fundamental da vida por não vivenciar a expressão sexual. O casado às vezes acha que está perdendo algo bom na vida por não fazer "sexo fenomenal", como anunciam as revistas a caminho do caixa no supermercado. Em comparação, os ritmos sexuais preestabelecidos e os hábitos de um casal que cresce em contentamento mútuo podem parecer tediosos. No entanto, foram as revoluções sexuais que criaram o sexo entediante. Em última instância, o que torna o sexo excitante não são as conexões neuronais, nem a empolgação que acompanha o proibido. Isso passa tão logo a consciência calejada acusa, conforme sabe muito bem qualquer adúltero experiente. O que torna o sexo excitante é o mistério da união sexual — no sentido de que esse ato de união transcende a vida cotidiana, podendo alcançar o âmago de quem somos. A fé apostólica nos revela por que isso acontece. É por isso que as revoluções sexuais começam com tamanho barulho, mas terminam tão insípidas. A busca por excitação sexual não diz respeito a homens e mulheres à procura de sensações bioquímicas. Não estamos, por fim, nem em busca um do outro. Procuramos aquilo para o qual o sexo aponta — algo que sabemos existir, mas que não conseguimos identificar. Ansiamos por fazer parte de um amor tão forte como a morte (Ct 8.6), e até mais forte que ela. Sabendo disso ou não, estamos à procura de Cristo e uma igreja.

* * * *

A visão cristã da sexualidade pode tornar o sexo mais satisfatório, nunca menos, ao tirar a sexualidade do trono da supremacia. Só isso tem condições de restaurar o único elemento capaz de tornar a sexualidade conjugal verdadeiramente boa: o senso de descontração e afeto que só ocorre quando não se sente a pressão da *performance*. Se o sexo não for o melhor da vida, a pessoa fica livre para desfrutar um bom sexo. A Bíblia fala repetidas vezes sobre a alegria sexual, mas, ao contrário de alguns manuais cristãos do sexo, não nos apresenta pontos de vista detalhados, com exceção da orientação de nos deleitar um no outro, ter relações com frequência e manter o leito conjugal imaculado (Hb 13.4).

Não raro, a cultura cristã evangélica trabalha contra isso. Ouço diversas vezes que o cristianismo evangélico, ou a "cultura da pureza" dentro do cristianismo evangélico, tolhe as pessoas sexualmente e as deixa reprimidas, com a sensação de que o sexo é sujo. Suponho que isso possa acontecer, mas dificilmente vejo essa realidade. Na verdade, observo bastante o contrário. A Bíblia toda, porém, aponta para algo melhor: Cristo crucificado. Com essa verdade em mente, quem é casado não precisa viver à altura da comparação imaginária com a vida sexual frenética dos vizinhos. E os que são chamados a viver solteiros, seja por um período da vida, seja por toda ela, não precisam viver à altura da comparação imaginária com seus colegas sexualmente "livres" da mesma faixa etária.

Há uns bons anos, enquanto atuava como pastor de jovens, enchi uma *van* com estudantes para participar de um congresso de evangelismo voltado para adolescentes. O orador, provavelmente escolhido por ser jovem e "impactante", contou ao público reunido sua história de conversão: ele havia se entregado a Cristo após anos de "vida louca", incluindo promiscuidade sexual. Agora tinha encontrado a Jesus e servia no ministério. Ele mostrou a esposa em meio à multidão, disse quanto ela era uma "belezura", e também apontou para os filhos, que pareciam tirados de um comercial de margarina. Então disse: "Deus me deu o testemunho de que eu precisava. Ele sabia que eu precisaria ter a consciência de que não estava perdendo nada, então permitiu que eu tivesse todas aquelas experiências, me salvou e me deu esse casamento incrível". Fiquei fervendo de raiva por dentro, pois eu já tinha sido um garoto no oitavo ano do ensino fundamental e podia ver os balões de pensamento se formando na mente de todos os rapazes de 14 anos do nosso grupo: "É esse testemunho que eu quero! Todo sexo que puder fazer, depois o céu e uma esposa maravilhosa". É a mesma mentalidade que a jovem na *van* da igreja durante os meus dias de adolescente expressou ao admitir a relutância de encontrar Cristo voltando no céu naquela época. Isso se encaixa com perfeição no espírito desta era, um espírito que leva muitos cristãos solteiros ao desespero ou à imoralidade e muitos cristãos casados ao descontentamento ou à imoralidade.

Esse espírito não nos conta a verdade. Se a cruz de fato nos deu o que Jesus ensinou, então o ponto de vista cultural de que a vida de uma pessoa é formada pela multiplicidade de seus orgasmos é falso. Não importa se temos escassez ou fartura sexual, não estamos perdendo nada. Podemos tudo em Cristo que nos fortalece, mesmo se, nesse caso, fomos chamados a não fazer nada.

Sexo é bom, mas não é o melhor da vida. Saber disso pode capacitá-lo, se for casado, a satisfazer seu cônjuge sexualmente e se contentar com essa união. Caso solteiro, esse conhecimento pode capacitá-lo a canalizar seus desejos sexuais ao serviço aos outros. De todo modo, a sexualidade moldada pela cruz pode nos dar poder para combater a tentação e encontrar alegria nesse momento, sem clamar por uma sensação que temenos perder, caso não a experimentemos. Jesus pode voltar a qualquer momento.

9
A estrada rumo ao divórcio (e para longe dele)

As mulheres de hoje em dia são "carnais como o inferno", disse ele, e era por esse motivo que queria um conselho meu sobre namoro. Eu não o conhecia, mas ele chegou a meu escritório a fim de ter a certeza de saber como encontrar uma boa companheira cristã nesse ambiente cultural. Disse que queria encontrar a "mulher de Provérbios 31". Explicou que ela precisava concordar com ele nas questões doutrinárias, sobretudo nas doutrinas da eleição e predestinação. Já havíamos conversado por uns cinco ou seis minutos quando fiz um comentário sobre um texto bíblico, ao que ele respondeu:

— Sim, é isso que minha esposa diz.

Gastei vários segundos para me recompor.

— Sua esposa? — perguntei. — Você é casado?

Ele riu ao perceber minha confusão, e explicou:

— Não se preocupe. Não vou traí-la. Pretendo pedir o divórcio.

Eu não concordava, questionou ele, que era permitido se divorciar em caso de "jugo desigual" com a outra pessoa? Antes que eu conseguisse responder "não", ele explicou ainda que sua esposa não era descrente, mas acreditava que os dois estavam em jugo desigual porque ele era espiritualmente maduro, ao passo que ela, nas palavras dele, era "carnal como o inferno". O principal problema que ele tinha com a mulher é que ela tinha o sobrenome com hífen — o sobrenome de solteira ligado ao dele. E, ao que tudo indica, essa era toda a evidência de que ele precisava para saber que ela não era submissa a ele como "o cabeça do lar". Além disso, disse o homem, a ignorância dela em relação à Bíblia despertava debates teológicos constantes que muitas vezes confundiam os filhos. Assim, ele concluiu que poderia se livrar dela para encontrar uma boa mulher, submissa de verdade e instruída em teologia.

Intrigado, perguntei sobre quais eram as discordâncias teológicas. Ele me falou que tinham a ver com o consumo moderado de bebidas alcoólicas. Conforme já mencionei, faço parte de uma denominação que acha sábia a abstinência do álcool, mas sei que essa prática corresponde a uma minoria na história da igreja e que muitos cristãos agem diferente. Não imaginava que essa seria uma disputa doutrinária que abalaria uma amizade, quanto menos um casamento. Então perguntei como surgiam as discussões a esse respeito.

— Em geral, é quando ela me vê consumindo bebidas alcoólicas de maneira moderada — disse ele.

Pressionei um pouco mais, pedindo que me descrevesse como era esse consumo moderado.

— Bem, toda noite começo bebendo uma garrafa de uísque e depois doze latinhas de cerveja até dormir.

Agora as coisas começaram a ficar claras para mim. Comecei a citar passagens bíblicas sobre a embriaguez e ministérios de várias igrejas para ajudar aqueles que lutam com problemas de dependência. Ele me olhou confuso, como se eu tivesse sugerido uma troca de receitas de salada ou qualquer outra coisa irrelevante para o assunto em questão. Ele levantou a mão e disse:

— Não, imagina! Nunca fiquei bêbado na vida.

Veja bem, não entendo muito de beber, mas já lidei com muitas pessoas que passaram por isso e ouço música *country* desde os 3 anos de idade, então tenho certeza ao dizer que consumir uma garrafa de uísque e tomar doze latas de cerveja até apagar significa bêbado, sim!

— Você está parecendo minha mulher falando agora — o homem retorquiu. — E você sabia que ela manteve o sobrenome de solteira mesmo depois do casamento?

Carnal como o inferno, de fato! O problema não era a esposa, ou, no mínimo, não era só ela. Aquele homem estava tentando usar mandamentos bíblicos relativos ao casamento para agradar seus apetites e "libertá-lo" para violar seus votos conjugais. Ele queria vencer a discussão, não carregar uma cruz. Fico surpreso que a esposa tenha concordado em assumir parte do sobrenome dele — com ou sem hífen! Também pensei por bastante tempo depois que ele saiu de meu escritório: onde fica a igreja dele? Não sei o que aconteceu com esse casamento, mas, a menos que ele tenha se arrependido logo, há uma esposa e filhos em algum lugar com a vida inteira despedaçada, ouvindo, ainda por cima, que essa é a vontade de Jesus. E Deus ajude a mulher de Provérbios 31 que for a próxima da fila! A situação desse homem é extrema, claro, mas foi mais fácil enxergar, estando de fora, do que seria de dentro.

Depois que ele partiu, fiquei me perguntando quantas vezes em meu casamento eu também busquei, com egoísmo, pensar primeiro em mim e em meus apetites. Quantas vezes fiz isso acreditando estar seguro em minha maturidade bíblica? O casamento consegue revelar, às vezes como nada mais, quanto somos voltados para nós mesmos. Admito, mais uma vez, que esse é um caso extremo. A maioria das pessoas não é tão descarada em sua vontade própria, mas a destruição que deixam para trás é bem comum. É fácil para mim considerar esse homem um vilão ou impostor, mas me pergunto o que, em sua vida, o levou a ver o casamento dessa maneira ou o fez construir esse conceito do que seria uma vida significativa. Talvez lá no passado, por trás de tudo, haja alguma mágoa que eu não consegui identificar. De fato, mesmo com o autoengano claro desse homem, pelo menos para mim, ele não era assim tão incomum, exceto, quem sabe, pelo atrevimento. Aliás, boa parte da igreja já trilhou o mesmo caminho que ele: denúncia aberta dos pecados alheios, ao mesmo tempo que se convence de que Jesus está ao nosso lado mesmo enquanto fazemos o contrário do que ele ordenou. Em nenhuma esfera isso fica tão claro quanto em nossas atitudes sobre o casamento. Para deixar claro, não estou me referindo ao nosso conceito idealizado de como o casamento deveria ser, mas sim ao que acontece com nossa convicção cristã quando o casamento passa por uma turbulência ou até mesmo se rompe.

* * * *

Nós, cristãos evangélicos, gostamos de dizer a nós mesmos que somos "contraculturais", fora da corrente principal da sociedade, testemunhando de Cristo. A realidade, porém, é bem diferente quando analisamos dados, em vez de *slogans* que criamos para nós mesmos. Por um lado, a natureza empreendedora do movimento evangélico, centrada na conversão pessoal e na suspeita de instituições, defende a liberdade de criar vínculos com cristãos de pensamento parecido para avançar a causa das missões e do plantio de igrejas de maneiras que jamais seriam possíveis caso fosse seguida a burocracia de outras igrejas, com estruturas bizantinas e ritmo glacial. Por outro lado, essa "eclesiologia de livre mercado" pode se tornar tão vendável a ponto de obscurecer o diferencial distintivo que tem a oferecer ao mundo e que justifica sua existência.

A verdade é que a caricatura popular dos cristãos ocidentais como rabugentos e censuradores, alheios à cultura com uma espécie de separatismo amargo, é negativa, mas não corresponde à realidade. O problema para nós é que a realidade não é melhor. Em alguns aspectos, o cristianismo ocidental não vai na contramão da cultura predominante — nosso ponto de vista sobre moralidade sexual e na prática da caridade, por exemplo. Em outras áreas, como a integridade sexual, os dados mostram que só somos contraculturais até onde nos interessa. Conforme um observador destacou, a guerra cultural é, em grande medida, uma ilusão, uma vez que a igreja se encontra alegremente unida ao mesmo meio terapêutico e consumista do individualismo autônomo que acarretou a revolução sexual.[1] Esse acadêmico argumenta que, em aspectos como pornografia, sexo antes do casamento e diversos outros, se os cristãos evangélicos estão lutando, seu combate é pelo outro lado, quer saibamos disso, quer não. Isso se vê com maior clareza no índice alto e alarmante daqueles que caminham de nossos batistérios para a corte de divórcio. Aliás, alguns estudos mostram que as regiões com mais cristãos evangélicos têm índices de divórcio maiores que as áreas onde eles se fazem menos presentes.[2]

É preciso tomar cuidado, pois algumas dessas estatísticas podem levar a conclusões incorretas. Afinal, em algumas regiões, como o chamado Cinturão da Bíblia, no sul e centro-oeste dos Estados Unidos, perguntar a alguém com mais de quarenta anos se ele é "nascido de novo" ou "cristão evangélico" é o mesmo que perguntar aos norte-americanos de outras regiões se eles são patriotas. Dizer algo diferente corresponderia a uma exclusão voluntária do sistema social, embasado no cristianismo nominal e cultural. Os cristãos evangélicos tendem a se proliferar em lugares onde há uma luta econômica de longo prazo. As pesquisas revelam que tais populações se casam mais cedo, com mais frequência e se divorciam mais vezes. Seria possível invalidar esses dados mostrando outros estudos que demonstram que os cristãos comprometidos com a igreja têm menor probabilidade de se divorciar do que seus pares secularizados na mesma situação, mas isso provaria pouca coisa. O fato de isso ser motivo de debate já consiste em uma derrota da ideia de que o evangelho está transformando nossa subcultura. Não importa qual seja a taxa exata de divórcio entre cristãos, ela é semelhante à da população como um todo, se não pior.

Além disso, não é preciso olhar para as estatísticas para perceber a acomodação cultural a uma cultura de divórcio dentro de círculos que professam o cristianismo. Observe como o divórcio raramente é mencionado na confusão de assuntos que despertam guerra cultural ao nosso redor. Seria porque a Bíblia não fala sobre o assunto? Dificilmente! As Escrituras abordam mais o divórcio que qualquer um dos temas que combatemos em alta voz com nossa "cosmovisão cristã". Líderes da esfera política e até mesmo de dentro da igreja violam os votos conjugais, às vezes de maneira escandalosa, sem praticamente nenhum protesto ou mesmo avaliação moral por parte da igreja. Não é que nesses casos a igreja pondera e agoniza diante dessas questões e chega a conclusões diferentes, mas sim que quase não é feita análise moral nenhuma.

Anos atrás, deparei com uma lista de citações sobre a família, extraída de diversos artigos e sermões de todo o espectro denominacional. A mais impressionante foi de um pastor de minha tradição religiosa, falando em um congresso na década de 1980, realizado pela organização que eu hoje lidero. Esse pastor acusou profeticamente os cristãos evangélicos de relegar a questão do divórcio a "declarações descritivas nas quais estamos afundando", em detrimento de "declarações normativas, uma palavra divina, profética, cheia de autoridade e transcendente da parte de Deus". Esse líder revelou coragem pastoral notável que me impressiona até hoje, ao revelar com clareza a carnificina que o índice alarmante de divórcios deixa nas igrejas, destacando o que isso faz com nosso testemunho global por Cristo. O líder não atacou "a cultura" nem seus adversários políticos. Em vez disso, lamentou que o divórcio era o único assunto importante diante do qual sua denominação religiosa permanecia "de boca fechada", com "um silêncio perturbador". Ao ler tais palavras, fui compelido a refletir sobre como as advertências desse líder continuam verdadeiras, tantas décadas depois. Eu estava prestes a citar seus comentários em um discurso, até que pesquisei o nome do autor e descobri que, na época em que lia suas considerações, ele também havia se divorciado.

Agora que me debruço com maior profundidade na elaboração deste texto, existe uma série de pontos de vista entre os cristãos protestantes conservadores sobre quando e se a Bíblia permite o divórcio ou um novo casamento após o divórcio.[3] Todavia, até mesmo o ponto de vista mais flexível em relação às exceções bíblicas condenaria a maioria dos divórcios na cultura ocidental moderna. Como os cristãos — não importa se tenham uma inclinação direitista ou esquerdista nas áreas cultural e política — podem abordar temas de justiça social e bem comum sem enfrentar aquilo que, sem dúvida, consiste na principal causa de haver "órfãos e viúvas" (Tg 1.27) em nosso meio? Como falar com qualquer credibilidade sobre "valores familiares" ao mesmo tempo que nos silenciamos diante do divórcio e colocamos a boca no trombone em relação a outras questões? Uma pesquisa sobre a pregação em uma denominação cristã bastante conservadora mostrou um "abrandamento" distinto dos sermões sobre o divórcio, que normalmente são ligados a comentários pastorais sobre perdão e "segunda chance" para quem se divorciou e casou de novo.[4] Perdão e segunda chance estão absolutamente corretos e devem ser o centro de nossa pregação. Mas o que precisa ser "perdoado", se não for considerado pecado? Estenderíamos "perdão" aos cônjuges adúlteros de nossas congregações que não consideram o adultério errado, ou, mesmo que errado, necessário em sua situação específica? Não. Proclamaríamos o perdão completo em Cristo, mas faríamos um apelo ao arrependimento, que inclui concordar com Deus que o pecado de fato é pecado. No entanto, no que diz respeito ao divórcio, nossas igrejas falam em termos de ministérios de "cuidado pós-divórcio" ou estudos bíblicos para "solteiros de novo" (ambos são recomendáveis e apropriados na perspectiva missiológica), mas raramente entramos no contexto de pregações proféticas e da disciplina congregacional.

Parte disso consiste em uma reação à atitude censuradora e condenatória de muitos cristãos, sobretudo das gerações anteriores, em relação aos divorciados. Quando o divórcio era incomum, quem passava por esse processo (independentemente se fosse aquele que tomou a iniciativa ou apenas a vítima) era marginalizado e, às vezes, tratado como pária. Conforme me explicou certa mulher que foi abandonada pelo marido: "Eu queria tanto o evangelho! Mas a mensagem velada para mim parecia ser que o divórcio era o pecado imperdoável". Isso está tão em desacordo com o evangelho que uma correção é necessária para qualquer igreja focada na cruz de Jesus Cristo. Devemos oferecer pleno perdão e justificação para qualquer pessoa que se entrega à expiação de Jesus Cristo. Todavia, isso não explica por que não advertimos as pessoas a não cometer um pecado cujo salário é a morte e que traz consigo consequências temporais desastrosas. Tampouco explica por que estamos dispostos a considerar todos nós pecadores, mas não temos coragem de dizer que o divórcio em si — em muitos, se não na maioria dos casos — é um pecado pelo qual Cristo morreu e do qual necessitamos pedir perdão. Parte do problema é de coragem pastoral, ou melhor, de falta dela. É possível notar como os líderes nacionais do cristianismo se esquivam de qualquer consideração moral sobre o divórcio no instante em que alguém de quem "necessitam" em termos de doação de recursos financeiros ou influência política se divorcia e casa de novo sem qualquer arrependimento. O mesmo acontece com frequência nas igrejas locais, somente com menor visibilidade. E isso é trágico, mas fácil de entender. Quem é que deseja falar sobre um assunto, nos termos duros usados pela Bíblia, que afeta quase todas as famílias sentadas nos bancos? João Batista disse a Herodes que ele não podia tomar a mulher de outro homem. Encontrar um perfil de coragem como esse é raro em quase todas as épocas. Dificilmente os formadores de opinião precisam de mais que algumas bandejas de prata para silenciar as vozes que não querem ouvir.

A mudança na atitude evangélica em relação à continuidade conjugal não parece se originar de qualquer tipo de reflexão ou conversa teológica. Em vez disso, nossa abordagem ao divórcio parece ter seguido o rastro do padrão cultural da sociedade, de aceitar "um cônjuge de cada vez" como uma parte triste, mas normal da vida. Acostumamo-nos a uma cultura do divórcio da mesma forma que talvez nossos futuros netos ou bisnetos poderão se acostumar à poligamia ou a robôs sexuais dotados de inteligência artificial. Será que eles serão mais contraculturais que nós? Muitos cristãos não disparam o mesmo alarme quando deparam com o divórcio, em comparação com outros aspectos de declínio familiar, porque veem o divórcio acontecer com tanta frequência que lhes parece quase "normal". É exatamente esse o problema. Um poeta do século passado estava certo ao afirmar: "Quem considera normal a ordem das coisas na qual o forte triunfa e o frágil fracassa, na qual a vida termina com a morte, aceitou o domínio do diabo".[5] O domínio do diabo diz respeito a nós, ao que pensamos sobre a destruição da figura intrínseca do evangelho — a união em uma só carne entre Cristo e a igreja — ao nosso redor. Alguns dizem que, no que se refere à cultura do divórcio, não dá para "voltar o relógio", mas, assim como Neil Postman nos advertiu há uma geração, "em alguns aspectos, o relógio está errado".[6] A fim de trazer uma palavra de libertação, precisamos estar dispostos a dizê-la.

As coisas ficam ainda mais delicadas quando saímos do terreno cultural e passamos para o pessoal. Lembro-me de uma comentarista se posicionar, com ironia, sobre o debate do aborto, diante do aumento do número de norte-americanos contrários ao procedimento. Ela disse: "A maioria dos americanos são pró-vida, com três exceções: estupro, incesto e minha situação".[7] O que ela queria dizer é que as abstrações morais aparecem com mais facilidade em resposta a perguntas de um instituto de pesquisa. Quando, porém, um homem "pró-vida" descobre que a filha adolescente está grávida ou uma mulher "pró-vida" se vê gestante no meio da faculdade, às vezes tais abstrações são facilmente deixadas de lado. O mesmo se aplica nesse caso. Presume-se de imediato o compromisso moral com a permanência do casamento. Em nossa cultura, é raro o casal — mesmo entre incrédulos — que não prometa, ao se casar, permanecer juntos "até que a morte nos separe". Também é verdade que o divórcio costuma ser uma questão profundamente dolorosa para quem não teve nada a ver com os conflitos no casamento. Quantas crianças se encontram hoje indo para lá e para cá, morando alguns dias com a mãe e o padrasto e outros com o pai e a madrasta? E quantos reprimem um senso palpável de culpa — como se, de algum modo, pudessem ter mantido os pais juntos e casados — ou ressentidos, com raiva dos pais que não conservaram unido o lar de sua infância?

* * * *

Então como foi que chegamos até aqui? Alguns sugerem que o problema se encontra no índice de casamento entre pessoas jovens demais. As regiões em que a média espera para se casar com vinte e tantos ou trinta e poucos anos tendem a ter taxas menores de divórcio que as regiões com índices mais elevados de casamento entre muito jovens. Até certo ponto, isso é verdade, sem dúvida. Todos estão de acordo que existem muitas pessoas jovens demais para se casar. Por exemplo, caso algum de meus filhos anunciasse, ainda no ensino médio, que está noivo, eu interviria para vetar essa possibilidade. Contudo, a idade média por ocasião do casamento ao longo da história no mundo inteiro é bem mais jovem que a nossa hoje. E não estou falando lá de Isaque e Rebeca no passado. Minha avó se casou na década de 1940 aos 14 anos. Ela não estava grávida, e o fato não criou nenhum escândalo na pequena comunidade onde ela residia no Mississipi. Ela também fazia parte de uma cultura onde não se viam muitos divórcios, apesar dos muitos outros males sociais, morais e estruturais. Quem não tinha maturidade para se ajustar às dificuldades do casamento — a despeito da idade — não deveria se casar. Contudo, protelar a idade para se casar indefinidamente não parece resolver o problema.

O casamento tardio é uma realidade em nosso sistema cultural. Em alguns aspectos, isso pode ser bom, caso a pessoa esteja se preparando para o casamento e tomando o tempo necessário para ter disciplina e ser um cônjuge fiel. Na maioria das vezes, porém, o casamento tardio ocorre por razões bem diferentes. Até certo ponto, o casamento costuma ser adiado por causa da extensão da adolescência, do medo dos compromissos e responsabilidades de "adulto". No entanto, creio que esse não é o motivo principal para a linha do tempo do casamento ocorrer cada vez mais tarde na escala cronológica. Em vez disso, o motivo provavelmente se deve à idealização do casamento. Em uma cultura na qual se casar significa encontrar a alma gêmea que satisfará todas as necessidades, em uma onda de romance eterno, a busca por alguém assim será eterna, sem jamais encontrar. Somando-se a isso a falta de vínculos sociais que tornam raro o divórcio, acabamos com uma mazela terrível: tentar determinar quem, dentre bilhões de possibilidades, é "a pessoa certa", ao mesmo tempo que garantimos que esse companheiro jamais nos deixará nem nos causará sofrimento. É uma missão impossível. Não é de se espantar que alguém enxergue o casamento, a despeito de quem seja o cônjuge, como uma amarra. Contudo, se entendermos que o casamento é compartilhar a cruz, sofrer juntos e andar juntos em peregrinação rumo à nova Jerusalém, a situação muda drasticamente de figura.

Sim, aqueles que protelam o casamento em nossa cultura têm um índice de divórcio inferior ao dos que se casam jovens, mas isso acontece, com frequência, porque há muitos optando por não se casar ou coabitando, às vezes com diversos parceiros, ao longo do início da vida adulta. Essa prática não elimina o divórcio, só o tira do sistema judicial, uma vez que as pessoas passam por diversos "casamentos" em série, apenas sem o compromisso ou a prestação de contas envolvidos no relacionamento conjugal. Muitas delas passam por casos múltiplos do que podemos chamar de divórcio informal. Logo, as estatísticas são bem confusas! Não posso alegar ter resolvido o problema de acidentes nas estradas simplesmente por apontar para os índices reduzidos desse tipo de colisão em minha cidade se, na verdade, as pessoas pararam de comprar carros. E seria especialmente absurdo se, dentro desse cenário, as pessoas estivessem sofrendo o mesmo número de acidentes de moto. Sim, de maneira literal e técnica, o problema de acidentes de carro estaria resolvido, mas sem, de fato, solucionar a situação. Dá para entender por que aqueles que passaram pelo trauma do divórcio — muitas vezes na vida dos próprios pais — tentam se proteger ao evitar a arena do divórcio e do casamento em si, mas essa não é a solução.

Após sair mais uma pesquisa sobre divórcio mostrando índices mais altos em estados culturalmente conservadores, troquei mensagens de texto com um amigo sociólogo, debatendo os resultados. Ele culpou a música *country*. A princípio, achei que ele estivesse de brincadeira comigo — por saber que sou fã de música *country* à moda antiga —, mas não era o caso. A música *country*, com suas raízes nas canções folclóricas da região dos Apalaches e do sul dos Estados Unidos, ilustra como os sulistas têm uma visão mais "romantizada" do casamento em comparação com os outros americanos. Respondi dizendo que os sulistas têm uma visão mais "romantizada" de *tudo* em comparação com os outros americanos. Para mim, a música *country* era menos problemática que outros tipos de música popular, que não idealizam o casamento e, sim, a experiência adolescente e hormonal do romance. Pelo menos a música *country* de raiz fala sobre o casamento durar até à velhice, e mesmo quando fala (frequentemente) sobre o divórcio, muitas das canções o lamentam, às vezes em termos assustadores. Contudo, precisei admitir que meu amigo não estava completamente errado. A música *country* é mesmo problemática no que diz respeito à cultura do divórcio. E isso não está ligado à sua visão do casamento (que costuma ser extraordinariamente positiva), mas à sua aceitação tácita de um evangelho apenas nominal.

Os evangélicos conservadores secularizados do Tennessee se encontram em situação bem pior que os episcopalianos liberais de Connecticut. Em primeiro lugar, o episcopaliano de Connecticut tem maior sensação de estabilidade econômica e capital social. Além disso, os evangélicos secularizados não sabem que estão secularizados. O episcopaliano nominal de Connecticut se encontra inserido em uma região em processo de secularização desde muito antes de seus avós nascerem, mas isso acontece a partir do puritanismo, com seu forte compromisso com as estruturas sociais e a solidariedade comunitária. O evangélico do sul dos Estados Unidos também está passando por um processo de secularização — aceitando como normal o que seus ancestrais considerariam um escândalo —, mas essa secularização ocorre a partir de uma origem no movimento de reavivamento. A necessidade de um "relacionamento pessoal com Jesus Cristo" é, a meu ver, tanto bíblica quanto necessária. Contudo, se isso for desconectado do sentimento de pertencer a uma igreja, pode muito bem levar a um pseudoevangelho em que se "ora para aceitar a Cristo", sem entender o senhorio de Jesus sobre a vida, nem a prestação de contas à igreja de Deus. Quando se acrescenta a isso a falta de letramento bíblico e o minimalismo teológico, o resultado é desastroso, tanto na esfera pessoal quanto para o casamento e as famílias.

Se a vida cristã diz respeito principalmente à minha experiência emocional individual com Deus, então esse padrão de vida é facilmente traduzido em casamentos que correspondem à minha experiência emocional com o cônjuge. Quando essa sensação de misticismo reavivador é acrescentada à cultura "cristã", na qual nenhuma igreja nota o que faço nem se importa com isso, contanto que eu fale as palavras certas sobre Jesus e vote nos candidatos políticos de direita, parece natural crer — conforme Paulo denunciou em Romanos 6.1 — que meu divórcio é apenas mais uma coisa para Deus perdoar e que perdoar é tarefa dele. O conceito de "cristianismo" sem definição teológica, identidade eclesiológica e prestação de contas à comunidade de fato leva a uma tempestade perfeita para a cultura do divórcio: uma visão idealizada do casamento, na qual meu cônjuge sempre será "a pessoa certa" para satisfazer minhas necessidades, e um conceito individualizado do evangelho, no qual Jesus existe para suprir minhas necessidades, assim como meu cônjuge, com exceção do que diz respeito à eternidade.

Meu amigo sociólogo pode muito bem estar certo ao dizer que a música *country* ilustra o problema, porém não são as músicas sobre divórcio e adultério que o fazem, mas sim, no fim das contas, as músicas evangélicas.

De algum modo, as músicas finais do *show*, que, na esfera popular, são cheias de refrão que celebram ficar bêbado e ser traído, agora representam os melhores aspectos do reavivamento do Cinturão da Bíblia, a saber, que ninguém está longe demais para a redenção. Mas os piores aspectos também são entoados: Jesus é meu Salvador, mas não me diz o que devo fazer. Essa crença se alimenta de um ponto de vista sobre o evangelho e seu símbolo, o casamento, que são incomodamente semelhantes. Esses dois conceitos se originam de uma espécie de compromisso emocional, um no apelo para ir à frente entregar-se a Jesus e outro no altar do casamento, do "tudo entregarei" sem "calcular o custo". O cristianismo nominal fortalece muito mais a cultura do divórcio que o secularismo ou o paganismo, pois no cristianismo nominal existe a pressão social para o casamento, sem uma comunidade e um discipulado fortes. O evangelho não impulsiona a cultura do divórcio, mas um pseudoevangelho sem dúvida o faz.

Para os cristãos, isso vai além de um mero problema social, ou até mesmo de uma questão de sofrimento e crise pessoal. O profeta Malaquias vislumbrou no futuro o dia em que, conforme disse ao povo de Deus: "O Senhor a quem vocês buscam virá a seu templo" (Ml 3.1). Isso pareceria uma boa notícia para um povo decepcionado porque a reconstrução do templo após o exílio não inaugurou a era messiânica que esperavam. No entanto, Malaquias escreveu essas palavras em tom de advertência, não de consolo, perguntando: "Quem poderá suportar quando ele vier? Quem permanecerá em pé em sua presença quando ele aparecer?" (Ml 3.2).

O que teria levado o profeta a dizer palavras tão duras? Ele escreveu que o motivo foi a quebra da aliança por parte do povo de Judá. E isso se manifestou de duas maneiras. A primeira é diretamente espiritual: "Os homens de Judá contaminaram o santuário que o Senhor ama ao se casarem com mulheres que adoram deuses estrangeiros" (Ml 2.11). Conforme aconteceu repetidas vezes, a nação caiu em idolatria. E, como o fez também repetidas vezes, Deus comparou essa idolatria à violação dos votos conjugais. Essa cultura de "divórcio" espiritual estava intrinsecamente ligada a uma cultura de divórcio literal. A segunda frustração de Deus com seu povo era esta:

> Cobrem de lágrimas o altar do Senhor, choram e gemem porque ele não dá atenção às suas ofertas nem as aceita com prazer. E ainda perguntam: "Por

quê?". Porque o Senhor foi testemunha dos votos que você e sua esposa fizeram quando jovens. Mas você foi infiel, embora ela tenha continuado a ser sua companheira, a esposa à qual você fez seus votos de casamento.

Malaquias 2.13-14

Era uma questão de injustiça social, que levou Deus a condenar seu povo de maneira bem detalhada no livro deste profeta e em outros, mas não se limitava a isso.

O divórcio desses casamentos não era apenas uma questão individual de quebrar os votos conjugais, assim como a idolatria no templo não era um mero uso indevido de espaço. O profeta proclamou acerca do casamento: "Acaso o Senhor não o fez um só com sua esposa? Em corpo e em espírito vocês pertencem a ele. E o que ele quer? Dessa união, quer filhos dedicados a ele" (Ml 2.15). Os casamentos não diziam respeito somente ao amor e compromisso pessoal (embora fossem isso também) e não estavam ligados apenas à ruína social (embora fossem isso também). Cada casamento era misteriosamente uma questão de união espiritual. Deus fez esses casais serem um e derramou seu Espírito sobre a união. Logo, era testemunha contra quem havia se divorciado da esposa sem motivo, assim como em outra parte fala sobre o testemunho contra quem maltrata seus trabalhadores ou os pobres (Ml 3.5; Tg 5.4). A mensagem de Deus não era só de juízo, mas também de advertência para os que não se encontravam na mesma situação. "Portanto, guardem seu coração; permaneçam fiéis à esposa de sua mocidade" (Ml 2.15). E Deus pronunciou, mais uma vez, seu veredicto sobre a cultura do divórcio: "'Pois eu odeio o divórcio', diz o Senhor, o Deus de Israel. 'Divorciar-se de sua esposa é cobri-la de crueldade', diz o Senhor dos Exércitos. 'Portanto, guardem seu coração; não sejam infiéis'" (Mq 2.16). De acordo com Deus, essa quebra dos votos conjugais é um ato de violência.

* * * *

Conforme Malaquias prometeu, Deus de fato entrou em seu templo, embora não da maneira esperada por seu povo. Ele providenciou um novo templo — na carne de seu Filho Jesus — por meio do qual habitaria em meio aos seus (Jo 1.14). Alguns acham que Jesus é o "lado mais gentil de Deus", por causa de seus pronunciamentos contrários a julgar ou retaliar.

Certa vez, ouvi um homem ameaçar bater no outro dizendo: "Você vai se ver comigo no estilo do Antigo Testamento!". De fato, Jesus é a encarnação da graça e do perdão de Deus, mas a cruz nos mostra que isso não acontece às custas da santidade e da justiça divinas. Os ensinos de Jesus também são coerentes com isso. Ele ofertou misericórdia à samaritana junto ao poço, pasmando a cultura ao seu redor, mas, ao fazê-lo, expôs os cinco casamentos fracassados da mulher e a situação atual de coabitação (Jo 4.16-17). A fim de atraí-la para sua graça, precisou lhe mostrar por que ela precisava dessa mesma graça. A verdade para nós não mudou nesse aspecto.

Em nenhum tema a realidade de quem foi Jesus choca tanto com a caricatura sentimental que traçam dele quanto em seu ensino sobre a permanência do casamento. Os fariseus se aproximaram e "tentaram apanhar Jesus numa armadilha" sobre a questão do divórcio (Mc 10.1-11). Uma vez que os líderes religiosos faziam "testes" frequentes com Jesus, no intuito de obrigá-lo a ir contra a opinião popular (por exemplo, ao perguntar se deveriam pagar impostos a César ou se haveria ressurreição), alguém poderia concluir que o tema do divórcio era tão sensível no primeiro século quanto hoje. Os fariseus apelaram para as Escrituras, para a lei mosaica que permitia o divórcio (Dt 24.1-4). Jesus, porém, ensinava que a lei de Moisés fora uma medida temporária, cujo objetivo era tomar as rédeas das consequências de corações que estavam endurecidos demais para ouvir a voz de Deus a esse respeito (Mc 10.5). Citando Gênesis, Jesus disse que o plano de Deus era a monogamia e permanência da união em uma só carne de homem e mulher (Mc 10.6-7). "Uma vez que já não são dois, mas um só, que ninguém separe o que Deus uniu", disse (Mc 10.8-9). Isso despertou uma série de dúvidas nos discípulos, que o interrogaram depois, mas Jesus não recuou. Pelo contrário, ele intensificou o argumento: "Quem se divorcia de sua esposa e se casa com outra mulher comete adultério contra ela. E, se a mulher se divorcia do marido e se casa com outro homem, comete adultério" (Mc 10.11-12).

Isso significa que não existe causa nenhuma para o divórcio, ou que os divorciados devem permanecer solteiros, jamais se casando de novo? Alguns cristãos acreditam que sim. Historicamente, a Igreja Católica Romana ensinou que quem se divorcia e casa de novo permanece em estado de adultério perpétuo, a menos que a igreja reconheça que o primeiro casamento não foi genuíno e o anule. Por isso, quem se encontra nessa condição não pode participar da comunhão. Muitos protestantes concordam com esse ponto de vista. Eu não. O relato de Mateus das palavras de Jesus inclui o que muitos consideram uma "exceção" no que diz respeito ao adultério em caso de novo casamento após o divórcio: "o que só poderá fazer em caso de imoralidade" (Mt 19.9). Alguns argumentam que isso significa apenas que, em caso de imoralidade sexual, a pessoa já é adúltera, mesmo antes do divórcio e novo casamento. Penso que isso é presumir demais o que o texto diz, sem ver que, ao longo do Antigo Testamento, a infidelidade sexual realmente rompe a união em uma só carne.

O apóstolo Paulo também escreveu para a igreja de Corinto sobre a dificuldade dos que eram abandonados pelo cônjuge descrente. Dá para entender por que um cristão pode presumir que, uma vez entregue à fé em Cristo, teria motivos para se divorciar do cônjuge que já tinha antes de professar a fé. Ele pode facilmente concluir: "Sou uma 'nova criatura', não é mesmo? Não fui eu quem me casei com essa pessoa, mas o 'velho eu'. E esse velho eu foi crucificado com Cristo e não mais vive". Paulo, no entanto, assim como Jesus, tratou o casamento como uma instituição estabelecida na criação, que deve perdurar até a morte. Além disso, é possível se preocupar de que permanecer casado com um descrente seria o mesmo que se casar com um incrédulo, entrando em um caso de "jugo desigual" (2Co 6.14). Mas não é assim que funciona, explicou o apóstolo. Deus santifica a união por meio do cônjuge cristão (1Co 7.13-14). Não se deve pedir o divórcio porque o cônjuge não é cristão (1Co 7.12). O casamento é real e pode ser, de maneira relativa, considerado santo. Alguns, porém, haviam sido abandonados pelo cônjuge após se converterem a Cristo. Nesse caso, disse Paulo, quem foi deixado "não está mais preso" (1Co 7.15). Isso subentende que agora tais pessoas estão livres, assim como a Bíblia instrui para quem perdeu o cônjuge pela morte que se case de novo no Senhor. Repito que tais exceções não são aceitas por todos, mas creio que são biblicamente corretas. A união em uma só carne pode ser dissolvida em caso de quebra sexual do vínculo conjugal sem arrependimento ou pelo abandono desse elo. Nesses casos, o divórcio não é pecado para a "parte inocente", e a pessoa pode se casar de novo sem pecado. Permita-me ser um pouco mais específico.

A imoralidade sexual não inclui exclusivamente o adultério. A palavra *porneia* tem o sentido mais amplo de impureza sexual. Creio que Jesus *permite* o divórcio em alguns casos de imoralidade, mas não *ordena* o divórcio em nenhum deles. Caso seu cônjuge tenha traído você, o primeiro passo seria reconciliar o relacionamento, assim como acontece quando a igreja enfrenta qualquer tipo de pecado (Mt 18.15-18). Caso o cônjuge que traiu se arrependa, os primeiros anos podem ser difíceis na restauração da confiança e definição de limites, mas o casamento está intacto. Em alguns casos, o cônjuge não aceita a reconciliação e a parte inocente precisa levar a questão à igreja, mais uma vez com o objetivo de chamar quem errou ao arrependimento (Mt 18.17). Somente quando o cônjuge se recusa claramente a se arrepender, em geral após um período prolongado, e a situação é irrevogável, encontra-se justificativa para o reconhecimento formal de algo que já é fato: a dissolução do casamento. Se você encontrar mensagens de texto de teor sexual trocadas entre seu marido e sua melhor amiga, a reação natural pode ser ligar para um advogado que cuida de casos de divórcio. Primeiro, porém, chame seu esposo ao arrependimento. Casamentos que passam por isso podem e devem ser salvos.

Além disso, "abandono" significa, a meu ver, mais que apenas sair fisicamente de casa. Paulo fala de um casamento no qual um dos cônjuges decidiu que o relacionamento terminou. Isso fica óbvio em situações nas quais, por exemplo, a mulher deixa o marido e se recusa a voltar para casa, alegando que está "seguindo em frente". Creio que o abandono também inclui o comportamento abusivo que transforma o lar em um ambiente inseguro para a pessoa ou para seus filhos. Se você está sendo abusado ou se seus filhos correm esse risco, saia de casa imediatamente. Situações de abuso requerem uma reação tanto das autoridades civis (Rm 13.1-4) quanto da igreja. Chame primeiro a polícia para garantir segurança física e justiça temporal. Em seguida, informe a liderança de sua igreja. Em nenhuma circunstância coloque seus filhos em perigo de ser vítimas de predadores físicos ou sexuais. Caso a igreja suspeite de tais abusos, deve alertar as autoridades civis e também agir e responder espiritualmente a essa questão. Esse tipo de comportamento satânico para com os vulneráveis torna o lar um lugar inabitável e, a meu ver, constitui exemplo claro de abandono. Quem foge de situações abusivas não está em pecado quando se divorcia do cônjuge abusivo e, em meu ponto de vista, está livre para se casar de novo.

Alguns dizem que essa exceção do abandono só se aplica ao cônjuge "descrente", todavia o Novo Testamento não categoriza como cristão a pessoa que é apenas formalmente ligada a uma igreja. Quem não se arrepende do pecado pode ou não ser pessoalmente regenerado; não conhecemos o coração. No entanto, quando não demonstra arrependimento, ele deve ser tratado "como gentio ou como cobrador de impostos" (Mt 18.17). Isso não significa irredimível (pense em como Jesus tratava pecadores, gentios e cobradores de impostos!), mas sim que a pessoa deve ser considerada alguém que está fora do povo de Deus. Caso se arrependa, "você terá recuperado seu irmão" (Mt 18.15).

Tais exceções não são determinadas de maneira individual. Não posso, por exemplo, concluir por conta própria, no meio de uma crise conjugal, que a imoralidade sexual de meu cônjuge é irrevogável. O casamento precisa fazer parte da disciplina da igreja. Em uma era de individualismo autônomo gritante, não entendemos como o casamento — ou o divórcio — de alguém deveria ser do interesse de qualquer outra pessoa. Mas as Escrituras declaram que são, sim (1Co 5.1-5)! Conforme explicarei mais à frente, a disciplina eclesiástica não se limita, como costumamos pensar, ao passo final de exclusão do rol de membros (na verdade, tais casos deveriam ser raros). O objetivo da disciplina é formar e restaurar. Isso significa que a igreja deve começar a resistir ao divórcio muito antes que ele comece. Uma das maneiras de fazer isso é só casar aqueles que prestam contas à igreja.

O casamento é uma instituição estabelecida na criação; não se reserva somente aos cristãos. Os descrentes podem e devem se casar, se cumprirem os requisitos estipulados em Gênesis 2. É uma questão de configuração de estado, não restrita à igreja. O estado tem interesse, entre outras coisas, em resguardar as crianças, atribuindo aos pais e às mães a responsabilidade de cumprir seus votos e cuidar da próxima geração. Tais uniões dizem respeito à sociedade como um todo, de maneira diferente dos outros relacionamentos. Quando os casamentos se dissolvem, o estado exerce corretamente sua autoridade. Nossas leis de divórcio, da maneira que se encontram, com frequência são injustas, mas pense na falta de justiça que existiria caso elas nem existissem! As pessoas ainda abandonariam o casamento, mas sem restrições sobre a ruína que poderia ser provocada pela privação financeira, guarda dos filhos e milhares de outros fatores. O advogado familiar que faz propagandas para seduzir as pessoas a se divorciar para o próprio lucro financeiro está errado, mas o advogado que garante que o cônjuge abandonado não seja deixado na miséria ou trabalha para que o cônjuge abusivo não consiga a guarda do filho pode estar trabalhando em prol da justiça. O divórcio só é possível em um mundo falido. Dentro deste mundo caído, porém, existem aqueles que passam pelo divórcio como vítimas, não como culpados. O divórcio lhes é imposto e necessitam de proteção.

A igreja, por sua vez, só detém autoridade sobre os que se uniram a ela por meio do evangelho (1Co 5.9-13). Cada casamento que a igreja realiza deveria ser considerado sua responsabilidade. Quando eu, ainda noivo, assinei a certidão de casamento, estava afirmando que prestaria contas ao estado civil caso quebrasse os votos feitos ali. Quando eu, cristão, me caso dentro da igreja, deveria esperar o mesmo. O problema é que muitos procuram a igreja para começar o casamento — porque se espera que as pessoas sejam casadas por um padre ou pastor, ou apenas porque a igreja é um lugar bonito para tirar fotos —, mas, quando o casamento termina, só procuram a justiça. Logo, a igreja só deveria casar aqueles que concordam em prestar contas do cumprimento de seus votos a ela — assim como ao estado — e às testemunhas reunidas.

O "celebrante" que faz um casamento após o outro, fica onde o cerimonialista instrui, lê o roteiro e assina solenemente a papelada de qualquer casal que aparece deveria abdicar do ministério e trabalhar honestamente como juiz de paz, em vez de mordomo dos mistérios de Deus. Devemos dar com alegria a César o que é de César, mas a imagem impressa na união conjugal não é de César e seu tribunal; é de Cristo e sua igreja. Isso também quer dizer que a igreja deve se esforçar para preparar os casais para as dificuldades do casamento. Se há uma instituição que deveria acabar com a idealização sentimental do casamento, essa instituição é a igreja. Isso é verdade sobretudo em uma era na qual a idealização se torna a principal causa do divórcio. Precisamos falar abertamente sobre o que está em risco no divórcio, não só no âmbito emocional, mas também moral, perante Deus. E devemos oferecer mentores — casais mais velhos, de relacionamento firme, que possam guiar os outros em meio a seus desafios — para quem passa por dificuldades no casamento.

O que aconteceria se as igrejas realmente levassem a sério suas responsabilidades bíblicas de cuidar dos casamentos dentro do corpo e responsabilizar aqueles que fazem outros sofrerem por quebrar os votos? O que aconteceria na igreja local se um casal sentisse liberdade de ir à frente e pedir oração à congregação inteira por seu casamento problemático, sem se sentir constrangido, envergonhado ou julgado? O que aconteceria em cada uma de nossas igrejas se o abuso jamais fosse acobertado, mas, em vez disso, cada caso fosse abordado com justiça civil e prestação de contas eclesiástica? O que aconteceria se as mães solteiras de nossa comunidade — muitas delas abandonadas ou divorciadas por homens — fossem tratadas assim como a Bíblia lidava com as viúvas, recebendo cuidado espiritual, emocional, social e, quando necessário, econômico de toda a congregação? O que aconteceria se demonstrássemos ao mundo exterior que não fomos chamados para ser um clube cívico, nem um reduto político ou uma sociedade de aperfeiçoamento pessoal, mas sim uma comunidade formada pela cruz?

* * * *

O que os casais deveriam fazer para combater a cultura do divórcio que quer se infiltrar em seu casamento também? Novamente, o melhor é que isso comece bem no início do casamento. Acredite de verdade em seus votos; que você não fez apenas um "contrato de amor", mas sim uma união permanente. O divórcio não deve ser uma carta na manga, escondida como último recurso. Se o divórcio é uma opção para você — mesmo que como último recurso —, ele irá acontecer. Nenhum casamento descomprometido com a permanência, consciente ou inconscientemente, é capaz de resistir. Mesmo que permaneça legalmente intacto, tal casamento não prosperará. Isso é verdade sobretudo quando a cultura da escolha nos dá a ilusão de que sempre existe a chance de encontrar um cônjuge melhor, um casamento melhor, uma vida melhor, se tão somente você for atrás dessas coisas. Quando um casal de noivos, durante o período de aconselhamento, me pergunta se deveriam elaborar um acordo pré-nupcial, quase sempre paro para analisar mais de perto o que está acontecendo para que negociem o divórcio antes mesmo do casamento! Se o noivo não pode confiar seu dinheiro à noiva, ou vice-versa, como poderão confiar a vida, os filhos e o futuro um ao outro? Conclua que suas opções não são se casar com esta pessoa ou aquela, mas sim se casar com esta pessoa segundo o padrão da cruz ou segundo o tumulto do eu. Nossa abordagem ao casamento deve se assemelhar um pouco à resposta dada pela esposa de um músico quando os repórteres lhe perguntaram qual o "segredo" para permanecerem casados por tanto tempo: "O principal motivo é que nenhum de nós morreu ainda". Para ela, o divórcio não era uma opção a ser evitada; simplesmente não era uma opção. Esse é, de fato, o segredo para um casamento duradouro.

Lembro-me, no começo do casamento, de conversar com um amigo sobre um casal que conhecíamos, cujo relacionamento terminara por causa de um caso extraconjugal. Eu disse:

— Se Maria me traísse, eu ficaria arrasado, mas não pediria o divórcio. Eu a aceitaria de volta mil vezes, se fosse necessário.

Meu amigo perguntou:

— Por que você não diz isso a ela?

A pergunta me incomodou. Não queria que minha esposa soubesse que eu ficaria com ela mesmo se ela tivesse um caso com outro homem. O que então a impediria de me trair? Bem, pode ser que o que a impediria de trair seria saber que tem um marido tão comprometido com o casamento que ainda a amaria, mesmo depois de ser traído. No relacionamento conjugal, só é possível encontrar o amor necessário para resistir a quaisquer batalhas à frente quando soltamos as armas.

Por trás desse senso de permanência, contudo, existe uma luta contínua para aprender como amar um ao outro. Repito que isso não significa apenas o sentimento de amor, mas sim aquele amor abnegado e voltado para o outro que Deus demonstrou ao enviar seu Filho para morrer na cruz por nós (Jo 3.16). Alguns dizem: "O amor é uma decisão, não um sentimento". Isso não está certo, embora eu concorde com a lição que estão tentando transmitir com essa declaração, isto é, que nem sempre a pessoa se "sente" apaixonada. Mas o amor não é uma decisão no sentido de ser uma mera escolha racional fria. Pense na exuberância de Cântico dos Cânticos! Muitas vezes, é preciso passar por tempos difíceis a fim de o casal construir um futuro mais tranquilo. É preciso escolher ficar juntos, mesmo sem vontade, a fim de "sentir vontade" em um momento posterior. Aliás, somente quando abro mão da necessidade constante de me sentir apaixonado é que consigo amar por mais que um instante passageiro. Isso requer compromisso, fidelidade e o sacrifício pessoal que vemos na cruz.

O casal não deve se unir em matrimônio na expectativa de jamais brigar. Até mesmo Jesus e sua noiva, a igreja, tiveram discordâncias, inclusive acerca da verdade mais central de sua missão, a cruz. Essa analogia não tem 100% de correspondência, é claro, pois na união entre Cristo e a igreja, ao contrário do seu ou do meu casamento, existe um cônjuge sem pecado e infinitamente sábio. Quando Cristo e a igreja discordam, é fácil interpretar a situação: Cristo está certo e a igreja, errada. Não é assim no casamento entre duas pessoas caídas. Com frequência, a solução para um desentendimento não é definir quem está certo e quem está errado, mas sim lembrar que, conforme Jesus explica, não somos dois, mas apenas um. Quando minha esposa perde uma briga, eu não "ganhei", nem vice-versa. Mesmo com as limitações da analogia, podemos compreendê-la, com base na reação de Jesus à sua discordância da igreja — sobretudo com Simão Pedro, uma de suas pedras fundamentais. Jesus não evitou o conflito em momento nenhum, mas também conhecia seu discípulo bem o bastante para não destruí-lo com suas palavras. A conduta de Cristo nos atrai ao envolvimento paciente e nos afasta do comportamento típico de muitos casais: frieza e afastamento ou ira, greve de sexo, ameaças de ir embora e assim por diante. Os casais que se desentendem não devem concluir que isso significa que o casamento necessariamente está em risco. Muitas vezes, o casal está em perigo real quando não há briga nenhuma — porque um dos cônjuges ou ambos não se importam mais o bastante para discutir. Vocês terão discordâncias.

A maneira de avançar é planejar com antecedência como agir em caso de desentendimento. Coloquem os argumentos em cena quando se sentirem mais próximos um do outro. Poucos estão dispostos a fazer isso. Por que arruinar um fim de semana perfeito ao colocar na mesa os sentimentos despertados quando o marido diz "Você é igual à sua mãe!"? Mas esse é o momento certo de fazer isso, assim como o período de colheita é a época em que a formiga sábia armazena comida para o inverno (Pv 6.8-10; 30.25). Os ânimos estão calmos nesses momentos, e os sentimentos, calorosos. Essas conversas não precisam ser em tom de briga, mas até divertidas e brincalhonas — ambos podem rir dos próprios pontos fracos e demonstrar como desejam amar um ao outro ao ler o que se passa na mente ou no coração do cônjuge em determinadas situações. Muitos divórcios poderiam, quem sabe, ser evitados se os casais mudassem o momento de suas sessões de planejamento juntos. Planejem as escapas românticas durante a briga e como irão brigar nas escapadas românticas.

Indo além das discussões, o casal precisa se preparar para momentos de estresse que podem arruinar a união no casamento. A construção de vínculos fortes entre o casal e o aprendizado de pequenos passos a dar quando um dos dois enfrenta uma decepção podem ajudar a construir o tipo de resiliência necessária diante de uma perda gestacional, um câncer no fígado, um filho adulto na prisão ou a demência. Aprender a suportar, perdoar e demonstrar paciência é mais que simplesmente "conviver"; é alimentar um amor forte o bastante para suportar o sofrimento, o tipo de amor necessário para chegar juntos à margem do rio Jordão.

Fique atento aos sinais de alerta. Vigie quando sentir ou demonstrar desprezo pelo cônjuge. Vigie quando se pegar tentando fugir do cônjuge para encontrar conforto no mundo lá fora, em vez do contrário. Vigie quando suas interações sexuais se tornarem menos frequentes e pergunte-se por que isso está acontecendo. E, nessas situações, não tenha medo de pedir ajuda. Não é vergonhoso dizer: "Meu casamento está passando por problemas". O casamento de todo mundo enfrenta problemas em algum momento ou outro. Quem sabe que o casamento está em dificuldades é quem tem condições de lutar para salvá-lo.

Podemos trabalhar para prevenir o divórcio dentro da igreja e podemos buscar reconciliar casais separados ou até mesmo divorciados, mas a realidade é que muitos de nós continuaremos a ser divorciados, e vários dentre esses se casaram com outras pessoas. Como agir com quem já se divorciou? A questão não é se há muitos nessa situação que não tiveram culpa e têm aval bíblico para tomar exatamente as decisões que tomaram. Acredito que há, sim. A questão é sobre as muitas situações, provavelmente a maioria delas, nas quais o divórcio foi pecaminoso e o novo casamento não seria permitido pelas Escrituras. Mais uma vez, precisamos olhar para a cruz. Nós não condenamos o mundo. Mas também não liberamos a consciência — muitas delas pesadas pela culpa após se divorciar sem poder — ao evitar o assunto. Falamos com honestidade sobre o divórcio não só em termos de terapia, mas também de violação da santidade divina.

Entretanto, não paramos por aí. Jesus veio salvar os pecadores, não os justos, e chama todos nós ao arrependimento. Como o arrependimento se manifesta nesse tipo de situação? Peguemos o pior caso possível de um casal divorciado e casado novamente. Ambos cometem adultério no novo casamento

(Mt 5.31-32). O que eles devem fazer agora? Arrepender-se desse adultério divorciando-se mais uma vez? Como podem se arrepender do pecado o repetindo, abandonando mais um cônjuge e quebrando os votos conjugais de novo? Nada disso! Em muitos desses casos, a Bíblia entende que o ato de interromper o casamento e se casar de novo é um ato adúltero. Mas isso não significa que, depois de casado, o vínculo conjugal não é válido. A mulher samaritana junto ao poço tinha cinco "maridos" — e Jesus usa essa palavra.

Quando um cristão se casa com um não cristão, está contrariando uma proibição das Escrituras. Mas o relacionamento é tratado como um casamento verdadeiro. A pessoa que se arrepende de ter feito uma escolha errada ao se casar com um incrédulo não está seguindo a Jesus caso se divorcie do cônjuge, mas sim quando permanece fiel (1Co 7.12-17; 1Pe 3.1-2). Não remediamos os pecados do passado cometendo outros. A pessoa ou o casal que se arrepende do divórcio e novo casamento sem permissão bíblica não pode voltar atrás e mudar o passado. Contudo, é possível seguir em frente e não pecar mais (Jo 8.11), reconhecendo a própria culpa, reivindicando pleno perdão por meio da obra expiatória de Cristo e trabalhando para permanecer, desse momento em diante, fiel aos votos que fez. Muitos desses indivíduos e casais podem servir a Cristo, mesmo tendo falhado antes.

Um autor disse, há muito tempo, que suspeitava "de revolucionários gordos e de terapeutas conjugais recém-divorciados".[8] Que verdade! Mas muitos que passaram pelo divórcio podem, sim, ajudar. Em muitos casos, são as pessoas capacitadas a ensinar e mentorear os mais jovens dizendo: "Não vá por esse rumo que eu trilhei. Mas, se já tiver ido, aqui está o caminho para o lar". Eles sabem o que está em jogo e conhecem, nesse aspecto, aquilo que todos nós experimentamos em diversas áreas: o que significa ser muito perdoado.

* * * *

A cultura do divórcio se baseia no pressuposto de que a separação pode proporcionar um "novo começo". Os divorciados podem dizer que, na verdade, não existe ex-marido ou ex-mulher, mesmo que isso aconteça na esfera legal ou até mesmo moral. É possível se divorciar de uma pessoa, mas não da história que tiveram juntos. É por isso que alguns divorciados que sofrem sentados nos bancos de nossas igrejas lamentam não só o casamento fracassado ou a solidão de ser "solteiros de novo", conforme alguns chamam tão insensivelmente.

Muitos lamentam por terem pensado que o fim do divórcio seria um "recomeço". O casamento seguinte seria aquele que supriria todas as necessidades, mas o velho relacionamento conjugal permanece na psique e na consciência. Não dá para embalar a consciência em caixas e colocar da porta para fora.

A igreja ancorada no evangelho da cruz pode dizer ao casal em crise: "Permaneçam casados. Não se divorciem"; àquele que se divorciou indevidamente: "Arrependa-se desse pecado contra a família e contra seu Deus"; e ao divorciado arrependido: "Deus não está com raiva de você. Você está perdoado" — tudo isso ao mesmo tempo. Só dá para conseguir isso quando famílias, igrejas, pastores e líderes amam mais os divorciados do que temem perder a popularidade junto a eles. E isso só pode acontecer quando entendemos o casamento nos termos da cruz.

Conforme uma pesquisadora do casamento explicou, um dos motivos para o casamento moderno ser tão difícil é o que ela chama de *dilema do porco-espinho*, definido como "o desejo de alcançar intimidade profunda, ao mesmo tempo que se permanece invulnerável à dor".[9] Vemos na cruz que tal intimidade é impossível. Só conquistamos verdadeira comunhão na vulnerabilidade, quando abrimos mão da ilusão de que podemos ser imunes ao sofrimento. A mesma pesquisadora observou que um dos principais fatores por trás do fracasso do casamento é o ideal do "tudo ou nada", ou seja, de que o casamento deve significar tudo para ser "bom". Quando isso não acontece — e toda utopia além do céu decepciona —, tudo que resta é amargura e ressentimento. A cruz deve nos mostrar que o casamento não será e não pode ser tudo isso para nós. Se temos a festa das bodas do Cordeiro em nosso futuro, devemos esperar que o casamento aponte para isso, não que seja isso. O casamento deve nos ensinar a permanecer sedentos pela comunhão do reino de Deus, não substituí-lo.

A cruz nos mostra a permanência do casamento em uma aliança selada com o sangue. A cruz também revela que a natureza do casamento é o sacrifício do eu. Isso significa que nos doamos um ao outro. Não fazemos uma ameaça de divórcio como meio de autoproteção. Em vez disso, construímos casamentos que, da melhor maneira que podemos, refletem a união em uma só carne entre Cristo e sua igreja. E então corremos para esse evangelho moldado pela cruz quando falhamos. A noiva de Cristo não precisa de acordo pré-nupcial. Nem de advogado de divórcio. Nem de sobrenome com hífen.

10
Filhos são bênçãos, não fardos

Eu não entendia por que estava incomodando as pessoas na loja de produtos naturais, mas era isso que acontecia. Enquanto andava pelos corredores daquele comércio de alimentos saudáveis, de produtores locais, preocupado com a sustentabilidade, as encaradas que recebia dos outros clientes eram tão onipresentes quanto a palavra *artesanal* nas placas e rótulos ao redor. Algumas pessoas olhavam e logo desviavam o rosto, como se sentissem vergonha alheia. Por um nanossegundo, eu me perguntei se, assim como naqueles pesadelos estranhos, eu havia me esquecido de colocar roupa. Olhei para baixo e depois em volta para enfim entender por que todo o espetáculo. Eles estavam andando ao meu lado, atrás de mim e à frente do carrinho: meus cinco filhos. Uma mulher, carregando sua embalagem reciclada de ovos caipiras, limpou a garganta e perguntou:

— São todos seus?

Quando respondi que sim, ela suspirou e revirou os olhos. Eu dei de ombros e disse:

— Como posso explicar? Nós usamos um método contraceptivo orgânico.

Eu não posso transformar isso no relato de uma espécie de guerra cultural, um confronto entre caricaturas, embora seja fácil enveredar por esse caminho. Mas não reflete a realidade com precisão. Tais reações não são um contraste entre um cristão conservador paleolítico que deseja encher o mundo de filhos para vencer os adversários políticos por números, e a hostilidade antifamília dos *neohippies* que fazem a própria granola. Antes de mais nada, a caricatura provavelmente não se sustentaria. Existem alguns cristãos (a maioria deles do passado, para falar a verdade) que se opõem a todos os métodos contraceptivos, mas eu não sou um deles. E, mais recentemente, há cristãos que acreditam que confiar na soberania divina significa ter tantos filhos quanto for possível conceber e gerar; também não sou um deles.

Se tudo que aqueles consumidores souberem sobre cristãos e filhos vier de algum *reality show* a que assistiram na televisão, onde as pessoas pedem *minivans* na lista de casamento, poderiam achar nossa prole mais bizarra do que ela realmente é. Ao mesmo tempo, se eu conversasse com aqueles compradores progressistas nos corredores ao meu redor, imagino que concordaríamos com mais coisas sobre família do que seria de se esperar. Além disso, essa atitude em relação aos meus filhos não se limita a círculos progressistas seculares. Já me perguntaram "Você não sabe o que causa isso?" em reuniões de reavivamento, não só em lugares onde usam roupas tingidas manualmente. A verdade é que eu estava errado ao me incomodar com o olhar de espanto daquelas pessoas para todos os meus filhos — pois deveria ter entendido aquelas atitudes. Afinal, no passado, eu também as tivera. E, para ser sincero, às vezes ainda as tenho hoje também.

Existem, é claro, grandes diferenças entre como as pessoas de diversas subculturas enxergam as crianças. Alguns destacam que é possível identificar a ideologia cultural básica e o índice de secularização em uma cidade com base na comparação entre o número de parques infantis e *pet shops*. Tenho certeza de que há um pouco de verdade nisso. Mas nem sempre as regiões ditas "conservadoras" são necessariamente mais "pró-família" e "pró-filhos". Vários dos lugares que têm muitas crianças também têm diversos filhos que nascem fora do casamento ou que se encontram em acordos complicados de guarda, quicando de uma casa para outra todo final de semana. E mais: tornou-se rotineiro os mais velhos, mesmo dentro das igrejas cristãs conservadoras, dizerem aos recém-casados (às vezes até mesmo enquanto os cumprimentam após a cerimônia) que não tenham filhos depressa demais, pois "precisam primeiro aproveitar o casamento". Isso me parecia normal quando me casei. Aliás, meu maior medo durante aqueles primeiros anos de casado era ter um "acidente" e minha esposa e eu acabarmos grávidos antes de estar "prontos". Para garantir que isso não acontecesse, passamos meses usando três formas diferentes de "proteção", para nada dar errado caso alguma falhasse. Duas listras em um teste de gravidez seria tão aterrorizante para mim quando ver um palhaço fumando um cigarro com uma faca na mão fora da janela do meu quarto no meio da noite.

Anos mais tarde, quando minha esposa e eu decidimos que estávamos "prontos" e tínhamos "condições financeiras" de criar um filho, passamos mês após mês sofrendo a decepção de um teste negativo de gravidez depois do outro, e em seguida enfrentamos uma temporada de perdas gestacionais. Por fim, os médicos nos disseram que temiam que não conseguíssemos levar uma gestação a termo. Eu sei disfarçar bem, então provavelmente você nem teria notado caso me conhecesse naquela época, mas eu estava cheio de raiva. Por trás das aparências em minha vida, havia raiva de mim, de minha esposa e de Deus. Todos os meus planos para mim pareciam arruinados. Conforme disse para minha mulher certa noite, após mais um aborto espontâneo: "Estou percebendo que vamos morrer sozinhos". Passei a primeira parte de nosso casamento crendo que não podíamos ter filhos naquele momento, e a segunda parte achando que precisávamos de filhos. Eu estava errado em ambos os casos. Conforme já detalhei em outras ocasiões, Deus interveio em nossa vida, me destruindo e reconstruindo de diversas maneiras, e me fazendo reconhecer como eu teria sido um péssimo pai caso ter filhos tivesse sido tão fácil quanto evitá-los.[1] Mas não posso apresentar um testemunho do tipo "estava perdido e fui achado" no que se refere à bênção de ter filhos.

No fim das contas, minha esposa e eu tivemos os filhos que oramos desesperadamente para não ter rápido demais e depois desesperadamente para ter de qualquer maneira, primeiro pela adoção e depois da forma mais típica. Quando completei 40 anos, eu estava exausto. Eu tinha um emprego cheio de pressão, liderando uma grande instituição acadêmica, além de pregar todo domingo e quarta-feira, ensinando diversas classes, desde a escola dominical até matérias do doutorado em teologia, sem deixar de escrever livros, artigos e fazer palestras pelo país inteiro. Para completar, era esposo e pai de, na época, quatro meninos. Os dois mais velhos tinham necessidades especiais relacionadas às privações que passaram no início da infância em uma orfanato em outro país, e isso nos exauria. Os dois mais novos tinham idade próxima e uma energia inesgotável. Até então, eu parecia confiante de saber o que estava fazendo em meu trabalho e, em certa medida, também no papel de pai. Após uma longa série de reuniões de comissão, cheguei em casa à noite e desmoronei no sofá. Minha esposa sentou na pontinha e disse, quase que pedindo desculpas: "Estava aqui pensando em qual seria o momento menos pior de lhe contar isso, mas estou grávida". Minha resposta foi colocar o travesseiro no rosto e gemer. E não posso deixar de lhe contar que, nessa época, eu já havia escrito um livro e uma estante cheia de artigos sobre a bênção dos filhos. Não se esqueça de que, nessa época, nada me trazia maior alegria que passar tempo com meus filhos. Mesmo com tudo isso, minha reação à minha esposa esperando um bebê "surpresa" foi uma versão daquela rotina "Você não sabe o que causa isso?", que eu tanto desprezava e contra a qual pregava.

* * * *

Em certo sentido, nada parece mais inocente, não ameaçador e carinhoso que a ideia de crianças. Em outro nível, nada pode ser mais assustador que as responsabilidades que temos com crianças em casa. As pessoas que advertem contra não ter filhos cedo demais não são loucas. Um dos maiores desafios que temos na ordem social atualmente vem daqueles que invertem o padrão de vida, que vai da maturidade pessoal para o casamento e depois para a criação de filhos, colocando as crianças antes de um desses elementos ou de ambos. Muitos dos pais que suspiram incomodados quando veem a filha adulta ou nora grávida não são cínicos. Na verdade, eles se preocupam com o que irá acontecer se o casamento acabar, ou se vier uma depressão pós-parto pronunciada, ou se ele tiver uma crise de meia-idade e fugir para a Flórida com uma *stripper*. Os futuros avós se perguntam o que irá acontecer se os pais em potencial não tiverem condições de sustentar a família. Todos acabarão morando aqui, nos quartos de hóspedes? Não são temores descabidos. Além disso, precisamos fazer mais que simplesmente olhar para o declínio da taxa de natalidade e para os índices demográficos antes de concluir se nossa sociedade é amistosa ou não com as crianças. Há uma grande diferença entre o custo socioeconômico real e imaginado de uma família de seis filhos de plantadores de algodão na zona rural de Tennessee em 1926 e o que seria para uma família de trabalhadores intelectuais suburbanos na cidade contemporânea de Nashville. Existe também uma grande diferença do preço pessoal a ser pago. O nível de estresse de uma jovem mãe — sozinha com o marido e os filhos em uma cidade para a qual foram transferidos por causa do trabalho — é bem diferente do que sentia sua vó, que talvez tivesse dificuldades financeiras e até médicas bem maiores, mas, ao mesmo tempo, podia contar com uma grande rede de familiares e pessoas da comunidade, cheia de outras jovens mães a poucos passos de sua casa.

Mesmo quando levamos tudo isso em conta, não podemos negar que a Bíblia parece ter uma visão bem diferente do que significam os filhos, em comparação com o conceito comum em nossa era, seja ele proferido, seja velado. As Escrituras dizem: "Os filhos são um presente do Senhor, uma recompensa que ele dá. Os filhos que o homem tem em sua juventude são como flechas na mão do guerreiro" (Sl 127.3-4). A Bíblia apresenta diversas histórias de pessoas que não podiam ter filhos e são abençoadas por Deus com um bebê. Às vezes, isso resulta de orações angustiadas (como a de Ana; 1Sm 1) ou de uma mensagem surpreendente da parte de Deus (como no caso de Sara e Isaque). Em sua ordem original para a criação, Deus disse que a humanidade deveria se multiplicar e encher a terra. Isso era visto como uma bênção para o mundo, não como uma maldição. É possível concluir que isso se deve à natureza agrária da economia israelita. Os filhos ajudavam com o trabalho nos campos e seriam uma bênção assim como as máquinas agrícolas podem ser consideradas "bênçãos" hoje. Mas não é só isso. Aliás, mesmo em meio à fase mais difícil e sombria da vida de Israel — o período no Egito — Deus entendeu que era uma bênção o fato de que "os israelitas tiveram muitos filhos e netos. Multiplicaram-se tanto que se fortaleceram e encheram a terra" (Êx 1.7). O faraó tinha uma opinião diferente sobre isso. Via os filhos desse povo como um fardo a ser administrado e, no devido tempo, destruído. O fardo econômico esmagador que impôs aos israelitas não os dissuadiu, uma vez que "quanto mais eram oprimidos, mais os israelitas se multiplicavam e se espalhavam", e, por causa disso, "mais preocupados os egípcios ficavam" (Êx 1.12). Mesmo depois que o governo egípcio ordenou uma violência letal contra os meninos que nascessem, o povo não se deteve e as parteiras praticaram desobediência civil contra a destruição das crianças. "Deus foi bondoso com as parteiras, e os israelitas continuaram a multiplicar-se e tornaram-se cada vez mais fortes" (Êx 1.20). Ao contrário do que poderíamos intuir, a bênção de Deus para as parteiras que desafiaram a fúria de faraó ao não eliminar as crianças foi lhes dar filhos (Êx 1.21).

O fato de que os filhos são considerados bênçãos na Bíblia não quer dizer que as Escrituras idealizam as crianças. Em nossa esquizofrenia cultural, nós tanto tememos quanto idealizamos os bebês. Pelo menos nas famílias com recursos, os recém-nascidos ganham um quarto com decoração mais elaborada que a de um sultão do passado. Espera-se que as crianças sejam boas e gentis; em geral, na cultura popular, elas correspondem às vozes de sabedoria que veem aquilo que o adulto deixa de enxergar. Até mesmo relatos chocantes de crueldade infantil, como no romance *O Senhor das Moscas*, de William Golding, são alarmantes exatamente por subverterem a expectativa de uma infância idealizada, sinalizando assim que algo deu muito errado. Conforme Flannery O'Connor observou certa vez, "histórias de crianças piedosas tendem a ser falsas".[2] A Bíblia não fala sobre as crianças pequenas como se tivessem relativa inocência, sem conhecer o bem e o mal (Dt 1.39; 1Rs 3.7-9), e também não se esquiva da possibilidade de elas praticarem pecados e crueldades. Davi, ao olhar para o próprio pecado, expressou: "Sou pecador desde que nasci, sim, desde que minha mãe me concebeu" (Sl 51.5). De Caim e Abel em diante, a chegada de filhos traz consigo a possibilidade não só de alegria, mas também de pecado ou sofrimento. Ainda assim, mesmo com uma visão bem realista da natureza humana, as Escrituras consideram que a chegada de filhos é uma alegria e bênção.

Essa alegria e bênção não se destina somente ao que chamamos de "famílias nucleares". Sim, existem instruções específicas dadas a pais e mães. Quem argumenta que a desvinculação da família nuclear da família estendida é uma inovação moderna está correto. Mas isso não quer dizer que a família nuclear em si é uma inovação antibíblica. Dentro de uma família ampliada, o relacionamento entre o pai, a mãe e os filhos continua a ser a unidade fundamental.[3] Todavia, quando damos instruções para pais e mães, no presente ou no futuro, alguns podem se perguntar: "E os cristãos sem filhos?". A verdade, porém, é que não existem cristãos sem filhos. Você faz parte da igreja, a casa de Deus, uma família à qual o Senhor traz filhos em todas as gerações. Ou você trata esses filhos como parte de sua responsabilidade, parte do corpo de Cristo, ou, pelo menos no que diz respeito à sua obrigação, como órfãos. Isso não quer dizer que todo cristão é responsável por ensinar as crianças na escola dominical; quer dizer que as crianças são um sinal da bênção divina e, se você está em Cristo, essa bênção está à sua volta, quer você tenha filhos biológicos, quer não.

Isso é, de certa forma, fácil para qualquer um ver. Mesmo com todas as diferenças que temos em nossa cultura, o nascimento de um bebê é recebido, pelo menos de forma abstrata, com felicidade e gratidão. Em todas as eras, o nascimento de uma criança também pode ser assustador — talvez ainda mais na época em que a mortalidade materna e infantil era mais elevada que hoje, no mundo industrializado. No entanto, mudanças culturais alteraram nossa forma de enxergar as crianças, às vezes de maneiras que nem nós reconhecemos plenamente.

Em todas as eras, porém, o nascimento de filhos é uma "crise", se entendermos "crise" como um ponto de virada. O nascimento é, sem dúvida, uma "crise" para quem está nascendo — a primeira crise de sua vida. Mesmo sem lembrança desse evento inaugural, nosso aniversário o marca ano após ano, dando destaque a uma época em que ainda não existíamos. O nascimento de um filho também é uma "crise" para os pais da criança. Com as crianças, vivemos uma crise de alegria e temor ao mesmo tempo, a despeito das circunstâncias. Até mesmo o indivíduo mais secularizado e desiludido costuma contemplar o nascimento do próprio filho com deslumbramento e encanto. Quando escuto meus amigos ateus e agnósticos relatarem o nascimento do filho, a palavra mais recorrente é "milagre". Sim, eu sei que meus amigos não estão fazendo uma menção literal a um milagre — afinal, eles não creem em milagres —, mas é essa a metáfora a qual procuramos com mais frequência. À primeira vista, o nascimento de um bebê parece a experiência mais distante possível de um milagre. A reprodução é o que há de mais natural no mundo. As espécies dependem disso, e acontece todos os dias. No entanto, poucos são capazes de olhar para o rosto do filho recém-nascido e não se encher de lágrimas, em gratidão e silêncio maravilhado. Ao mesmo tempo, até nas circunstâncias mais "planejadas", o nascimento de um bebê traz consigo um tom de terror indizível. Quem consegue olhar para um recém-nascido e se perguntar se nós — pais, avós, ou igreja — falharemos de alguma maneira com essa criança?

Os filhos trazem consigo o senso de nossas responsabilidades e, com elas, o temor de que não seremos capazes de desempenhar todas elas. Todas as nossas conversas e debates "pró-família" ou "antifamília", "pró-filhos" ou "antifilhos", não encontram seu real problema na hostilidade às crianças, mas em algo muito mais elementar: o medo. Quase todos admitimos ter uma fobia ou outra: altura, cobras, falar em público. Mas poucos reconhecem uma fobia ainda mais poderosa, embora costume transparecer cheia de conflitos: o medo de bebês. Não é um medo irracional, pois revela o temor de abrir mão da própria vida por outra pessoa.

Durante o nascimento da criança e em momentos cruciais do desenvolvimento do filho, podemos ter essa sensação paradoxal de felicidade e dor ao mesmo tempo. Pense, por exemplo, em quando o filho vai para a escola pela primeira vez, ou quando sai de casa para fazer faculdade, ou quando a filha entra pelo corredor da igreja vestida de branco. É algo semelhante ao que C. S. Lewis chamou de "alegria" — uma espécie de anseio misturado à dor e doçura que podemos experimentar, mas não descrever por completo. Quando prestamos atenção ao que está acontecendo, somos levados do berço direto para a cruz. Aquilo que esperamos no nascimento de uma criança é o que encontramos, em última instância, na cruz. E o que mais temermos, no nascimento de uma criança, é o que encontramos, por fim, na cruz.

* * * *

Conforme já destacamos, a atitude de Jesus em relação ao casamento é complicada, até certo ponto, por seu chamado para tomarmos a cruz. De maneira semelhante, sua atenção para com as mães e os pais se tornou mais complexa pelo mesmo fator. No entanto, sua atitude em relação às crianças permanece sem complicações ao longo da Bíblia. Jesus ama as criancinhas. Mesmo aqueles que não são muito familiarizados com religião conseguem ver, com os olhos da mente, a imagem de Jesus rodeado por crianças, segurando outras no colo, com os braços estendido para as abençoar. Essa imagem vem de um relato nos evangelhos em que a Bíblia diz que as multidões estavam pressionando Jesus, como costumava acontecer, dessa vez com pais em busca do rabino que operava milagres, para que abençoasse seus pequeninos (Mc 10.13-16). Os pais que se acotovelaram em volta de Jesus com os filhos deviam ser do tipo que, a exemplo da maioria de nós, quer o melhor para suas crianças. Deviam ser como os pais de nossa época que entregam o bebê para um político ou atleta pegar no colo e tiram uma foto. Ou talvez fossem pais desesperados. Talvez aquelas crianças estivessem doentes ou feridas. Quem sabe fossem como vários outros pais nos evangelhos que se aproximaram de Jesus em desespero, com os filhos à beira da morte, buscando ajuda daquele que, segundo tinham ouvido falar, dava ordens para demônios, controlava a natureza e até revertia doenças e a própria morte.

Os discípulos quiseram impedir o acesso desses pais e filhos. Mas Marcos escreveu que Jesus ficou "indignado" e os repreendeu (Mt 10.14). A Bíblia não explica em detalhes por que os discípulos não queriam crianças ali, mas provavelmente não era por serem misantropos que odeiam crianças. Na verdade, deviam estar apenas tentando impedir, como costumavam fazer, que as multidões incomodassem o Mestre. Subentende-se, porém, que os discípulos talvez enxergassem as crianças como uma distração da missão. A ira despertada em Jesus só se revela nos evangelhos em duas áreas: diante da hipocrisia religiosa ou na exclusão daqueles que, aos olhos dos poderosos, não importavam (como aconteceu, por exemplo, na ocasião em que Jesus se irou porque o templo havia se transformado em um covil de ladrões, em vez de ser uma casa de oração para todas as pessoas). Além disso, vemos Jesus repreendendo os discípulos diversas vezes por causa de suas ideias sobre poder, posição e força. Parece ser exatamente essa a lição que Jesus quer transmitir nesse caso: "Eu lhes digo a verdade: quem não receber o reino de Deus como uma criança de modo algum entrará nele" (Mc 10.15).

No Evangelho de Marcos, a atenção dada às crianças parece estar inserida em um conjunto meio aleatório de incidentes não relacionados uns com os outros. Na passagem que vem logo antes, Jesus fala sobre a ética do divórcio e novo casamento, justificando a permanência e a monogamia no plano divino da criação (Mc 10.1-13). Logo depois de receber as crianças, Jesus é retratado dizendo a um jovem rico que ele deveria vender todos os seus bens e dar aos pobres a fim de entrar no reino (Mc 10.17-31). No entanto, o final do capítulo acaba ofuscando todos esses episódios, pois retrata Jesus dizendo aos discípulos: "Estamos subindo para Jerusalém, onde o Filho do Homem será traído e entregue aos principais sacerdotes e aos mestres da lei. Eles o condenarão à morte e o entregarão aos gentios" (Mc 10.33). Os relatos anteriores poderiam parecer vinhetas desconectadas do amor de Jesus pelo casamento, pelas crianças e pelos pobres, mas tudo está ligado nos evangelhos pelo objetivo principal da missão de Jesus: "Pois nem mesmo o Filho do Homem veio para ser servido, mas para servir e dar sua vida em resgate por muitos" (Mc 10.45). Jesus recebeu as crianças por causa da cruz. A fim de entender como as crianças fazem parte de nossa vida moldada pela cruz, precisamos compreender como Jesus enxerga as crianças e como os poderes hostis da velha ordem as veem. A fim de entender as crianças, precisamos entender o evangelho.

O que Jesus quer dizer quando afirma que só entrará no reino dos céus quem for semelhante a uma criancinha? Antes de mais nada, ele parece estar afirmando que só é possível entrar na vida espiritual da mesma maneira que nascemos na vida biológica: por um mero presente. Não dá para alcançar o reino de Deus por meio de carne e sangue, Jesus explicou para Nicodemos, mas somente se nascer de novo (Jo 3.3). Nicodemos pode ser perdoado por ter entendido essas palavras de maneira demasiadamente literal, perguntando se era preciso entrar de novo no ventre materno a fim de ser aprovado no juízo. Em alguns aspectos, Nicodemos, mesmo com essa incompreensão absurda, estava mais próximo do que Jesus queria dizer do que nós. Afinal, para muitos, "nascer de novo" é uma simples metáfora para um tipo específico de cristão, que tem aquilo que chamamos de "relacionamento pessoal com Jesus Cristo". Contudo, embora a metáfora seja abrandada pela familiaridade, tinha a intenção de chocar. A conexão entre novo nascimento e nascimento literal é necessária para alcançar a sensação esmagadora de nossa inutilidade em trilhar o próprio caminho até a nova criação de Deus. Nada fizemos para merecer o nascimento, nem para construir o próprio código genético ou momento de concepção. Às vezes, o filho bravo grita para a mãe: "Eu não pedi para nascer!". É verdade, claro, e isso se aplica a todos nós. A vida é um presente.

Mesmo da maneira planejada por Deus para que a raça humana prosseguisse, percebemos, vez após vez, que não somos fabricantes da próxima geração, mas sim recebedores de algo misterioso e incontrolável. Uma criança não é concebida, pelo menos na ordem natural das coisas, por um ato arquitetônico da vontade, mas pela união de dois indivíduos no instante em que provavelmente exercemos o menor controle sobre nós mesmos: na entrega da união sexual.[4] Esse reconhecimento de que a vida é um presente nos leva a realidades ainda mais surpreendentes. Quando Deus desejou comunicar a seus filhos que os conhecia melhor que eles a si próprios, o fez destacando o conhecimento que tinha de cada um desde o ventre. "Eu o conheci antes de formá-lo no ventre de sua mãe", Deus disse a Jeremias. Davi cantou ao Senhor: "Tu me observavas quando eu estava sendo formado em segredo, enquanto eu era tecido na escuridão" (Sl 139.15). O mesmo se aplica à nossa vida no reino. Por meio da cruz de Cristo, os seres humanos recebem, de acordo com João, "o direito de se tornarem filhos de Deus. Estes não nasceram segundo a ordem natural, nem como resultado da paixão ou da vontade humana, mas nasceram de Deus" (Jo 1.12-13). Não importa quem você é nem qual é sua situação, sua história começou com um ato de graça, que você não pode ter feito nada para merecer, pois, antes dele, você nem mesmo existia.

Isso nos traz para o que acredito ser a lição principal da metáfora de Jesus sobre os filhos herdarem o reino: a dependência vulnerável. Essa era uma ideia que Jesus reforçava diversas vezes, isto é, que precisamos aprender a pedir o pão nosso de cada dia e a clamar "Aba, Pai!". A linguagem da infância evoca, de maneira especial, a dependência e a vulnerabilidade. É comum, quando o bebê nasce, os novos pais sentirem medo de deixar a criança cair sem querer. "Ele parece tão frágil", a recém-mamãe pode dizer acerca do filho. "Ela é tão delicadinha! Fico com medo de quebrá-la", o pai talvez fale sobre a filha. De fato, os bebês são frágeis. Uma criança humana é incapaz de existir por conta própria. Precisamos ser "tecidos", para usar a linguagem bíblica, no protetor ventre materno, e depois somos dependentes da mãe para comer, nos agasalhar e ter a proteção básica das intempéries. Nossos primeiros instantes de vida são evidências demonstráveis daquilo que, muitas vezes, passamos o restante da existência tentando refutar: somos criaturas mortais e dependentes, de carne e osso. Não somos deuses; somos homens e mulheres. E nem começamos assim: éramos bebezinhos.

Essa dependência está conectada à nossa vida na cruz. Hebreus diz, em uma das passagens mais importantes da Bíblia, a meu ver, que um aspecto crucial para Jesus ter derrotado o diabo se encontra no compartilhamento de nossa humanidade. Jesus é um ser humano, em solidariedade conosco. Logo, ele pode servir como oferta por nosso pecado, como sacerdote que nos representa perante Deus. O autor de Hebreus retoma a afirmação do salmista de que Deus coloca todas as coisas sob os pés da humanidade e se pergunta como isso pode acontecer, já que fica claro que não vemos todas as coisas ser governadas e dominadas pela humanidade (Hb 2.5-8). Se assim fosse, não veríamos seres humanos desabrigados por furacões, sufocados por uma falha cardíaca congênita ou destruídos célula a célula pelo câncer. "Contudo, vemos Jesus, que por pouco tempo foi feito um pouco menor que os anjos e que, por ter sofrido a morte, agora está coroado de glória e honra. Sim, pela graça de Deus, Jesus experimentou a morte por todos" (Hb 2.9). A glória e o domínio pelos quais tanto ansiamos — na busca por riquezas, fama, habilidade atlética ou persuasão nos argumentos — não são vistos na independência e confiança inabalável, mas na dependência humilde, na crucificação de Jesus.

O momento em que a Bíblia identifica Jesus coroado de autoridade, revelando glória e honra, é o mesmo em que ele se encontra mais dependente, sem poder e aparentemente inútil para o mundo. É o momento em que Jesus precisou ajudar a carregar o instrumento da própria tortura. É o momento em que lhe tiraram a barba do rosto e ele foi espancado por soldados romanos agressivos. É o momento em que foi levantado não pelo próprio poder, mas pela força daqueles que o estavam matando. É o momento em que Jesus disse: "Tenho sede", mas não tinha condições nem mesmo de se hidratar, sendo obrigado a tomar o vinagre em uma esponja no final de uma vara. Esse foi o momento em que Jesus parecia revelar qualquer coisa, menos "glória e honra".

Na cruz, Jesus demonstrou que a fraqueza de Deus é mais poderosa que a força do mundo, e que a dependência de Deus é maior que a independência do esforço próprio. Somos chamados a nos conformar com a cruz da mesma maneira que nascemos: não como produtores autossustentáveis, mas como filhos fracos e frágeis do pó. Não somos promovidos ao reino, nem recrutados para o reino. Nós somos "nascidos" no reino (1Jo 5.1), nascidos de novo para novidade de vida. E chegamos lá assim como no primeiro nascimento, carregados por um poder além do nosso. A fim de encontrar o reino, precisamos encontrar mais uma vez essa fraqueza.

* * * *

Não importa nosso grau de força ou influência, nossas fotos de classe do jardim da infância revelam o contrário. Quando enxergamos a imagem daquela garotinha ou daquele menininho, sentimos, quase que imediatamente, todos os temores e inseguranças daquela época. Se formos honestos, também precisaremos admitir que, em muitos aspectos, continuamos a ser aquela pessoa, nos protegendo para não ser magoados. Essa sensação de vulnerabilidade nos deixa com sentimentos conflitantes a nosso respeito e, por isso, a respeito também das crianças, que nos lembram de onde começamos e onde devemos terminar. Por um lado, a vulnerabilidade é exatamente o que leva a maioria das pessoas a amar os bebês, sejam humanos, sejam animais. Podemos admirar um tigre marchando de um lado para o outro em sua jaula no zoológico, mas o filhote de tigre atrairá uma multidão por um motivo bem diferente, em geral levando muitos a suspirar: "Ele é tão fofo!". É pelo mesmo motivo que os publicitários usam imagens de bebês para cenas que jamais chamariam atenção caso mostrassem adultos. Os bebês não ameaçam. São incapazes de nos machucar, pelo menos literalmente. O mais irônico é que essa mesma vulnerabilidade torna as crianças tão assustadoras. Elas não podem nos machucar fisicamente, mas podem ser machucadas por nós. E sabemos que, mais cedo ou mais tarde, podem partir nosso coração.

Além disso, em um mundo caído no qual os seres humanos, bem como os animais, tentam se proteger uns dos outros com demonstrações de força e agressão, as criancinhas parecem estranhamente fora de sincronia. Sua vulnerabilidade e dependência é usada como arma para as marginalizar e as tornar invisíveis, quando não queremos vê-las. As crianças, em seu estado mais vulnerável, no ventre da mãe, recebem grande importância quando são consideradas "desejadas". Quando vistas como intrusas, tornam-se invisíveis pelo uso de termos clínicos como "embrião", "feto" ou "produto da concepção", a fim de tornar a violência mais palatável para a consciência. Os filhos de refugiados e imigrantes são, de igual maneira, invisibilizados pela linguagem, muitas vezes apresentados cultural ou politicamente como parasitas ou "âncoras" para os pais conseguirem ter acesso aos benefícios sociais de um país mais desenvolvido. Não importa quanto imaginemos ser civilizados, podemos ver o que acontece quando uma criança entra, ao mesmo tempo, nas categorias de impopular e indefesa: os resultados são trágicos. O caminho da cruz é diferente.

Infelizmente, jamais criaremos uma verdadeira cultura de acolhimento das crianças se não mudarmos as prioridades de nossas igrejas em relação ao poder. Por que a igreja é atraída de maneira tão constante ao poder político e econômico? Isso não acontece somente nas esferas mais elevadas da igreja — seja com papas medievais, seja com os guerreiros da cultura contemporânea —, mas também se revela em assembleias locais. Somos atraídos ao testemunho de conversão de atletas famosos, modelos ou participantes de *reality shows* porque eles carregam, em nossos termos, peso e influência — os quais, em nosso ponto de vista, agregam para o evangelho. Em quantas congregações as decisões são tomadas com base em pressupostos ditos ou velados acerca de quem dá mais dinheiro e quem, caso fosse contrariado, deixaria de contribuir com seus recursos financeiros? Em tais casos, podemos ver onde se encontra nossa verdadeira religião, e ela está no dinheiro, o símbolo de Mamom, não na cruz de Jesus. O mesmo princípio está em atuação, às vezes, na "excelência" com que realizamos nossos cultos, como se o mundo exterior precisasse ver nossa habilidade de jamais deixar a peteca cair. Quando a igreja prioriza poder, influência, acesso, especialização, invulnerabilidade, como é que poderíamos nos enxergar como criancinhas? Se todas as ilusões fossem eliminadas e víssemos onde nos encontramos na escala de trilhões de anos à nossa frente, perceberíamos que, na verdade, somos embriões e fetos no reino de Deus. Podemos nos ferir, mas estamos completamente protegidos pelo abraço protetor de nosso Deus. Quando vemos as crianças — sejam as que o mundo considera "impressionantes", sejam as vistas como "defeituosas" —, não enxergamos seu "potencial", como se a vida delas só fosse adquirir importância quando estiverem crescidas, "contribuindo com a sociedade". Em vez disso, vemos o nosso potencial — se colocássemos de lado nossas vãs pretensões à superioridade em relação aos outros e simplesmente estendêssemos as mãos para o céu, clamando: "Aba, Pai!". Precisamos crucificar nossa ambição por poder. Nosso Pai não nos ama por causa do que podemos fazer, nem precisa de nós para cumprir sua vontade, mas deseja que o procuremos como crianças desesperadas e dependentes.

Essa sensação de dependência não só expressa um ponto positivo das crianças, como também define nossa forma de criá-las. Boa parte dos conselhos de criação de filhos em nossa era — na igreja ou no mundo lá fora — corresponde a técnicas. Ficamos sabendo quais estratégias devemos empregar, seja para instalar a cadeirinha no carro, seja para ensinar a usar o peniço, seja para definir limites para o namoro. Muitas dessas orientações são importantes e necessárias, mas podem nos levar, mesmo sem ter essa intenção, a achar que as crianças são mais uma forma de tecnologia, um sistema operacional que aprendemos a codificar. A criação de filhos dentro da abordagem cristã pode, é claro, incluir muitas dessas estratégias, mas a verdadeira criação de filhos cristã começa não quando sabemos o que fazer, mas sim quando não sabemos. Conduzimos nossos filhos de uma maneira moldada pela cruz quando reconhecemos que não sabemos o que fazer e precisamos depender da graça e do poder de nosso Pai.

Às vezes, as pessoas me perguntam qual é, em minha opinião, o melhor conselho bíblico para a criação de filhos, esperando, imagino, que eu cite algum dos provérbios conhecidos sobre disciplina ou talvez a parte de Deuteronômio sobre instrução. Em vez disso, escolho o relato do povo de Judá de pé perante um exército imenso, vindo para massacrá-lo. Josafá, o líder da nação, os lembrou da presença de Deus ao lado do povo na história de sua redenção e também das promessas da aliança. Mas não o fez recorrendo a um *slogan* do tipo: "Nós podemos fazer isso!". Pelo contrário, o monarca ora em voz alta, pedindo a intervenção divina: "Não temos forças para lutar com esse exército imenso que está prestes a nos atacar. Não sabemos o que fazer, mas esperamos o socorro que vem de ti" (2Cr 20.12). As crianças — no lar ou dentro da igreja — não são um exército invasor que nos ameaça (muito embora às vezes pareçam bem isso mesmo!). Ainda assim, essa passagem é muito relevante para a criação de filhos. As Escrituras nos contam o que estava em risco para Josafá e Israel: não só a própria vida, mas também a de "suas crianças de colo, suas esposas e seus filhos" (2Cr 20.13). O que estava em jogo era o bem-estar das famílias, e eles se sentiam sem poder algum para resistir. Isso tem tudo a ver com a criação de filhos. Não importa o número de livros e artigos que lemos, nem os exemplos piedosos que procuramos seguir, todo pai e toda mãe chegará um dia a essa condição de impotência e desespero. Ter consciência disso e buscar a Deus em atitude de dependência é um pouco do que significa se relacionar com ele como uma criancinha. Delas é o reino dos céus.

O constante chamado bíblico à dependência moldada pela cruz foi o que me fez mudar de ideia em relação à "apresentação de bebês" nas igrejas. Muitos talvez não entendam a que estou me referindo, sobretudo se vierem de uma comunidade cristã que batiza os bebês. Minha denominação não adota essa prática. Só batizamos quem professa crer no evangelho e quer se tornar discípulo. Por isso, eu desconsiderava as "apresentações infantis" com cinismo, pois aquele momento em que os pais iam à frente no culto com seu recém-nascido nos braços me parecia uma forma de fazer um "batismo a seco" nas igrejas protestantes menos ritualizadas. No entanto, com o passar do tempo, tenho percebido que esses momentos de dedicação preenchem uma necessidade urgente das famílias e da igreja. Não é algo tão voltado para a criança, mas sim para os pais e para o restante da congregação. Os pais que se acotovelaram ao redor de Jesus queriam uma bênção sobre seus pequeninos. Em nossa era hipernaturalista, tendemos a perder de vista o significado de "bênção", um significado que vai além de uma expressão batida usada ao "pedir a bênção" pelo alimento, na oração feita antes de comer, ou como termo de aspecto espiritual que usamos com o sentido de "sorte". A Bíblia, porém, é cheia de bênçãos, que às vezes são obtidas por meio de luta e mentira e até concedidas no leito de morte. Abençoar é entregar o outro para os bons propósitos do Senhor. Quando corretamente realizada, a apresentação dos filhos pelos pais pode ser sinal de que aquelas crianças não "pertencem", na verdade, aos pais, mas ao Senhor. Além disso, pode ser um sinal, para o restante da congregação, de que a criação daquelas crianças não depende apenas dos pais ali na plataforma, mas de todo o corpo de Cristo reunido.

Há alguns anos, vi uma tirinha em uma revista cristã que mostrava uma mãe ao lado de uma cena criminal, cujo filho havia sido algemado e estava sendo levado preso pela polícia. A mulher retratada chorava e exclamava: "Meu filho, meu filho! Onde foi que o pastor de jovens errou?". O objetivo dessa tirinha era satirizar a negligência do discipulado dos filhos por parte de muitos pais cristãos, os quais acreditam que podem "terceirizar" a formação espiritual da prole para a igreja. Essa é, certamente, uma grande preocupação, e a igreja deve corrigi-la. Mas a tendência oposta também precisa ser confrontada: a ideia de que os pais devem criar os filhos sozinhos e a igreja não tem nada a ver com isso. Não há competência suficiente para tamanho desafio. Necessitamos da graça de Deus e uns dos outros!

* * * *

As crianças retratam o reino de forma diferente. O reino é o domínio de Deus no futuro, invadindo o presente por meio do reinado de Jesus pela cruz. De igual maneira, as crianças representam o futuro, e isso é uma bênção de Deus. Às vezes, ouço cristãos ou outros se questionando se querem ter filhos: "Eu não gostaria que eles crescessem em um mundo como este!".

Cheguei a conhecer um casal que planejava se esterilizar antes do casamento, a fim de não trazer uma criança a um mundo de decadência cultural, catástrofe ambiental ou guerra nuclear. A maioria das pessoas não adota um comportamento tão extremo, mas os temores que enfrentamos por nossos filhos estão ligados aos mesmos motivos que nos levam a ter tanta esperança por eles: somos incapazes de vislumbrar o futuro no qual habitarão. Não queremos que eles estejam em um mundo no qual irão sofrer. Permita-me dizer isto da maneira mais diplomática possível: isso não faz o menor sentido! Somos o povo da cruz. Jesus nos advertiu, com antecedência, que enfrentaríamos tempos de provas e tribulações, não importa quando ou quais sejam elas, mas também que teríamos ao nosso lado a presença do próprio Espírito de Cristo (Mt 28.20).

Podemos falar das preocupações sobre o sofrimento para nossos filhos da maneira contrária também, negando tais possibilidades e dizendo para nós mesmos que o evangelho fará que tudo dê certo para nossos filhos e seu futuro. Essa atitude está resumida em Jeremias 29.11, uma passagem bíblica que meio que se tornou o novo João 3.16 do cristianismo cultural: "'Porque eu sei os planos que tenho para vocês', diz o Senhor. 'São planos de bem, e não de mal, para lhes dar o futuro pelo qual anseiam'". Esse versículo aparece em quadros na parede, artes nas redes sociais e até em tatuagens. Já vi esse versículo ser "reivindicado" com fervor por pessoas que não estão na igreja desde que o Bush pai era presidente, mas, mesmo assim, têm total confiança de que essa é a forma de Deus lhes dizer que seu futuro será brilhante. A ideia de que a prosperidade e o sucesso estarão ao lado combina bem com a cultura ocidental consumista, na qual o otimismo é uma grande estratégia de *marketing*. Muitos acham que esse texto bíblico lhes diz que devem ter confiança em si mesmos e seguir o próprio coração, sabendo que Deus tornará bem-sucedidos seus planos de vida. Qualquer um que encontrar esse tipo de mensagem no profeta Jeremias não leu nenhum versículo desse livro da Bíblia que venha antes ou depois. O grande tema de Jeremias é Deus mudando os planos de seu povo e virando seus sonhos de cabeça para baixo, a começar pelo próprio profeta. Esse versículo diz o mesmo. Os exilados foram carregados de sua terra natal para Babilônia. Deus parecia distante. Era como se tivessem sido levados direto para o julgamento e a bênção divina se reservasse aos que haviam ficado para trás, em Jerusalém.

A profecia de Jeremias explicou exatamente o contrário: Deus abençoaria a nação por intermédio dos exilados.

Era uma boa notícia para o mundo e para a nação, mas não para qualquer indivíduo envolvido na situação. Os que permaneceram em Jerusalém não gostaram dessa mensagem, então encontraram "profetas" para lhes dizer que a paz estava quase chegando (comprovando que o oportunismo religioso empreendedor não é uma inovação do mundo moderno ou ocidental). Para os exilados, a mensagem também não era animadora, pois não se tratava de um futuro visível no curto prazo. Na carta de Jeremias, eles foram avisados de que o retorno do exílio não aconteceria em sua geração. Deveriam, portanto, estabelecer-se na Babilônia. Caso os exilados soubessem que receberiam o que queriam — livramento imediato —, poderiam racionalmente adiar casamento e filhos até voltar para a terra pátria. Assim também, caso ficassem sabendo que não havia esperança nenhuma para seu futuro como povo, poderiam ter desistido de tudo. Em vez disso, Deus lhes disse que deveriam ter filhos pois haveria um futuro e esperança para eles, mesmo que ainda fosse distante demais para ser enxergado. Quando tudo parecia caótico e aleatório, o Senhor tinha um propósito para eles. O exílio não seria permanente.

É nesse sentido que Jeremias 29.11 se aplica a nós. Nós também temos um futuro e esperança, fundamentados na vida de Cristo. Contudo, não temos um Cristo genérico; temos um Cristo crucificado. Nossos planos podem desaparecer. Nossos sonhos podem ser esmagados. Nossa vida pode ser apagada. Mas o evangelho de Deus — as boas-novas para nós, para nosso desenvolvimento, não para nossa destruição — continuará. O futuro que nos aguarda pode não ser o mesmo que a cultura à nossa volta valoriza. Aliás, nosso futuro pode ser do tipo que nos faria tremer caso o conseguíssemos enxergar em uma bola de cristal. No longo prazo, porém, nosso futuro está unido ao de Cristo. Nossos antepassados na Babilônia podiam ter a certeza, pela promessa de Deus, não por observação da própria calamidade, que havia um futuro reservado para eles. Por isso, podiam ter filhos, construir uma família e confiar em seu Deus. O mesmo se aplica a nós.

"As crianças são o futuro" é um chavão tão batido que passa a parecer banal. Todavia, essa é uma das verdades mais difíceis para nós entendermos. Sabemos racionalmente que houve um tempo — uma grande extensão de tempo — anterior a nós, no qual não existíamos. E sabemos que haverá outra grande passagem de tempo depois que partirmos desta vida. As Escrituras, sobretudo em Salmos, incluem muitos textos sobre a brevidade da existência. Precisamos aprender a "contar os nossos dias" (Sl 90.12) a fim de ter sabedoria para o presente. Devemos reconhecer que nossa vida é como "as flores do campo", que desabrocham em um dia e no outro já murcharam (Sl 103.15). A arrogância dos planos que fazemos para nós mesmos deve ser equilibrada com a consciência de que nossa vida não passa de uma névoa que "aparece por um pouco e logo se dissipa" (Tg 4.14). Precisamos ser lembrados disso com frequência porque, quando deixados à própria mercê, imaginamos pecaminosamente que somos independentes, imortais e responsáveis pela própria existência. Em suma, achamos que somos deuses e jamais precisaremos prestar contas perante Deus no juízo. Esse é um dos motivos que leva nossa cultura a valorizar tanto a juventude e a vitalidade. É por isso que as pessoas entram em pânico quando veem um cabelo grisalho ou uma barriga flácida. Não queremos que ninguém nos lembre de que iremos morrer. Essa é uma das razões que leva cada geração a menosprezar a que vem depois. Não queremos ser lembrados de que somos substituídos.

Minha esposa se diverte ao ver a frequência com que, do nada, eu lhe digo: "Você já percebeu que hoje eu sou mais velho que minha mãe quando nós nos casamos?", ou "Você consegue acreditar que somos agora dez anos mais velhos que a professora da escola dominical da nossa igrejinha, aquela que nós considerávamos uma anciã na época?". Às vezes, eu olho para meus filhos de 16 anos e me lembro de quanto meus pais pareciam antiquados quando eu tinha essa idade (embora eles fossem mais jovens que eu hoje!). Quando um amigo meu me contou que seu filho e sua nora estavam esperando uma criança, meu primeiro pensamento foi de alegria por aquela família, mas preciso admitir que o segundo foi me sentir velho, pois um colega meu agora seria avô! Os filhos nos lembram de nossa velhice futura.[5] E isso também é graça. As crianças nos mostram que nosso futuro não se limita a nosso esforço e desempenho. É crucial entendermos isso para ser plenos.

As antigas religiões da fertilidade em Canaã eram extremamente sanguinárias, pedindo às pessoas que sacrificassem os filhos a fim de obter bênçãos. Deviam hipotecar o futuro para garantir o presente.[6] O vale de Geena, usado por Jesus para retratar o juízo do inferno, era um lixão, cheio de queimadas.

Originalmente, porém, era um local de adoração pagã, onde as pessoas sacrificavam os filhos para o deus Moloque (2Rs 16.3; Jr 32.35).[7] A desolação era tamanha, atravessando os testamentos bíblicos, que o local só era adequado para a queima de refugo. Podia até parecer que o sacrifício de crianças traria estabilidade presente, mas acabou levando apenas ao inferno. Em nossa época, muito poucos sacrificariam fisicamente a vida dos filhos, mas muitos o fazem por meio da negligência, do abandono ou de diversas outras maneiras. Quando esperamos que nossos filhos supram nossas necessidades presentes, em vez de entregar tudo de nós pelo futuro deles, não recebemos a estabilidade que procuramos, mas sim um calafrio do inferno.

Por vezes, identificamos isso nas igrejas que se recusam a formar uma liderança mais jovem ou que não querem lidar com o fardo de bebês chorosos, adolescentes barulhentos ou novos convertidos instáveis. Essas igrejas ou denominações acabam se tornando quase que uma gerontocracia, sem se darem conta de que há cada vez menos jovens em seu meio. Em um primeiro instante, isso pode parecer libertador, pois não há tensão sobre o tipo de música que se deve tocar, nem que programas precisam ser realizados. A igreja pode parecer "um lar" por ser um veículo de nostalgia, não de missão. Entretanto, sem nova vida, ela morrerá com seus membros. Não é o testemunho do Cristo crucificado e ressurreto, mas sim da espreita evolucionista de uma leoa que devora os filhotes.

Quando vemos idosos com uma vida espiritual vibrante que dedicam a vida às gerações mais jovens e igrejas que fazem o mesmo, quase sempre há um denominador comum: a geração mais velha se destaca por não revelar amargura e inveja. Os mais jovens aceitam esses mentores não porque os acham "relevantes"; pelo contrário, com frequência são os que menos fingem ser jovens. O que os distingue é que não se sentem ameaçados por quem os substituirá. Têm uma identidade segura em Cristo, por isso estão dispostos a diminuir seu suposto poder e "utilidade", sem se sentir existencialmente ameaçados. Encontramos essa atitude junto à cruz.

* * * *

O futuro trazido pelas crianças é de alegria, mas também de sacrifício; de sacrifício, mas também de alegria. Esse é o paradoxo da criação de filhos na era moderna, que certo jornalista chamou de "só alegria, mas nenhuma diversão", argumentando que a mudança no papel das mães, dos pais e dos filhos significa que os filhos reformulam a vida dos pais de maneiras fundamentais, desde o casamento e a vocação até seus hábitos e passatempos, alterando até o próprio conceito de quem são.[8] Isso é verdade, e embora possa ser aguçado na maneira atual de criar os filhos, não se limita a ela. Atente para o testemunho bíblico dos pontos altos de realização que o filho pode proporcionar ao pai e a mãe, por exemplo, em Provérbios, e das profundezas da agonia, por exemplo, no lamento de Davi pelo filho Absalão. Boa parte disso acontece porque, enquanto criamos os filhos, não temos condições de saber quais serão os resultados da educação que estamos dando.

Certa vez, um casal me pediu que lhes garantisse que poderiam adotar sem "muitos riscos". Quando questionei o que queriam dizer com isso em detalhes, o marido explicou que a adoção e a tutela provisória o assustavam porque "não dá para saber quem vai para dentro de sua casa". Veja bem, sou o primeiro a admitir que adotar traz consigo desafios únicos, e quem resolve se aventurar nessa arena precisa estar preparado. Mas também é verdade que, não importa como a criança entra na família — se por adoção ou reprodução biológica —, "não dá para saber quem vai para dentro de sua casa".

O filho não é uma réplica de um dos pais, nem uma mistura de réplicas de ambos, como se fosse 60% a mãe e 40% o pai. Cada ser humano é único, singular em dons, pontos fracos, chamados, pecados insistentes, tipo de personalidade e assim por diante. Um dos motivos para os pais às vezes se frustrarem com os filhos é que as crianças não são meras cópias suas, com as mesmas tendências, esperanças, aspirações e interesses.

Jesus nos ensinou sobre família quando acolheu as criancinhas, e continuou a nos ensinar até o Lugar da Caveira. Após sua entrada triunfal em Jerusalém, ele disse a seus discípulos: "Se o grão de trigo não for plantado na terra e não morrer, ficará só. Sua morte, porém, produzirá muitos novos grãos. Quem ama sua vida neste mundo a perderá. Quem odeia sua vida neste mundo a conservará por toda a eternidade" (Jo 12.24-25). O tempo de sua glória se aproximava, e ele seria levantado para que, assim, viesse a atrair todos para si. "Ele disse isso", escreveu João, "para indicar como morreria" (Jo 12.33). Ele não atrairia o mundo para si por meio de ensinos ou milagres, mas pelo sacrifício da própria vida. Foi exatamente isso que a cruz fez. Após ressuscitar, Jesus subiu ao Pai e derramou o Espírito, que começou uma operação de busca e resgate para unir pessoas de todas as tribos e nações imagináveis, ao longo dos séculos, juntando todas em uma nova casa, cada um de nós encontrando nova vida no Cristo crucificado. O amor entre Jesus e sua igreja, consumado na cruz, foi fecundo e se multiplicou. A noiva de Cristo não sabia quem iria dar as caras quando a união consumada na cruz começou a frutificar. Aliás, esse foi o motivo da maioria das brigas e tensões do Novo Testamento. Os cristãos de origem judaica estavam aprendendo a conviver com os gentios recém-chegados, e vice-versa. A cruz significa que o futuro está ligado ao autossacrifício, não à autopreservação.

Quem espera que os filhos compensem qualquer coisa que ele sente ter "perdido" na vida — em termos de educação, carreira ou vitalidade espiritual — está fadado à desilusão. Nossos filhos não precisam ser um "sucesso" de acordo com a definição do mundo. O filho não existe para compensar algum tipo de deficiência real ou imaginária dos pais. Alguns pais idolatram os filhos e encontram seu senso de identidade na vida da criança. Outros pais literalmente abandonam os filhos. Alguns os abandonam para ser moldados pelo grupo de amigos, pelo ambiente cultural ou pelos apetites da própria criança. Nenhum desses é o caminho da cruz.

Os filhos também trazem dificuldades porque nada expõe mais o eu que ter a responsabilidade de conduzir a criança até a idade adulta. Quando adolescente, eu era especialista em criação de filhos. Eu jamais diria isto em voz alta, mas seria capaz de lhe dizer tudo que meus pais — sobretudo meu pai — estavam fazendo errado em minha educação. Eu esperava que ele fosse não só maduro, mas também onisciente e onipotente. Quando ele cometia erros (em minha opinião), eu achava absurdo. Agora que sou pai, porém, já me peguei dizendo para meus filhos algumas daquelas coisas que eu achava insensato quando meu pai dizia. Hoje, por exemplo, entendo por que ele precisava de vários dias para se recuperar das férias em família. Na época, eu pensava: "Se ele tem esses dias livres, por que não viajamos o tempo inteiro? Por que precisamos voltar para casa para que ele fique dormindo no sofá?". Hoje eu entendo! O mais importante é que hoje reconheço que a visão infantil do que é ser adulto não é correta.

Com frequência, presumimos que o indivíduo age como adulto porque se sente adulto. Na verdade, a verdade é o contrário. Jamais nos sentimos adultos. Não importa quanto amadureçamos, jamais chegaremos ao ponto de nos sentir confiantes em todas as nossas escolhas e ações. Em muitos aspectos, ainda nos sentimos como crianças assustadas e confusas. No entanto, quando a pessoa se torna pai ou mãe, precisa, de qualquer maneira, tomar decisões e assumir responsabilidades. Devemos entregar a vida pelos filhos que Deus nos deu. Não podemos fugir nem nos ressentir do tempo, da energia, da maturidade e da responsabilidade financeira exigidos de nós pelas realidades da vida adulta ou da paternidade. Entretanto, não devemos agir como se fôssemos capazes de suportar tudo isso pelo próprio poder, em especial porque, conforme vimos, as crianças costumam nos mostrar quanto somos impotentes.

Os bebês são uma bênção, não um fardo. Sim, os bebês podem impedir a pessoa de cumprir todos os planos de realização pessoal. Deus não quer que sejamos realizados; quer que sejamos abençoados. Existe uma diferença. E as igrejas cheias de gente que tem medo de bebês porque deseja mais liberdade para correr atrás de riqueza e sucesso não serão evangelísticas e centradas no evangelho. O interesse próprio que destrói a alegria do nascimento também maculará a alegria do novo nascimento. Jamais devemos igualar fertilidade a espiritualidade. Esse foi o velho erro das religiões cananeias. Deus levará alguns cristãos, talvez muitos, a não se casar, a fim de que, assim como o apóstolo Paulo e muitos dos grandes missionários da igreja, possam se dedicar totalmente ao serviço do evangelho. Outros se casarão, mas não serão abençoados com uma família grande, ou talvez nem sequer terão filhos. Ao mesmo tempo, porém, não devemos insistir que nossa visão acerca das crianças seja ditada mais por Provérbios que por publicitários ou economistas?

Há indícios de que, pelo menos de formas pequenas, o conceito cristão predominante sobre os filhos está começando a se reconectar com mais sabedoria antiga. Parte disso talvez esteja ligado ao lugar do cristianismo dentro da cultura ocidental. Com frequência, a geração anterior de cristãos buscava desesperadamente não se sentir "esquisitos" diante da cultura como um todo, a fim de ganhar a sociedade para Cristo. Assim, via-se grande ênfase no patriotismo do tipo "Deus e a nação", bem como na "relevância cultural", menosprezando alguns dos aspectos mais profundos da doutrina e espiritualidade cristã. No entanto, é cada vez mais difícil não parecer "esquisito" dentro da cultura ocidental da atualidade simplesmente por defender os compromissos mais básicos da ética cristã. Se casar e permanecer casado já marginaliza os cristãos de seus pares, adotar um ponto de vista diferente acerca dos filhos não é um passo grande demais a ser dado. Se você já se encontra à margem do que a cultura à sua volta considera uma "boa vida", talvez não seja tão estranho assim esperar para ter filhos depois do casamento e celebrar os filhos dentro do relacionamento conjugal.

Não temos garantia de que nossos filhos nos seguirão no evangelho. Não raro, Deus dá início a um novo crescimento, trazendo aquelas famílias que nunca conheceram o Senhor, enquanto outras que cresceram ouvindo o evangelho se afastam. Contudo, todos recebemos a ordem bíblica de fazer duas coisas ao mesmo tempo: partilhar o evangelho com todas as pessoas e reconhecer que esse evangelismo inclui criar os filhos no cuidado e na admoestação do Senhor. Se perdermos isso de vista, nossas igrejas e famílias absorverão a mensagem de boa parte da cultura à nossa volta, uma mensagem que coloca o eu no centro e vê as crianças como um incômodo. O crescimento do cristianismo evangélico significa chamar os pecadores ao arrependimento e cuidar dos filhos. Nós defendemos o evangelho tanto na tenda do reavivamento quanto à mesa de jantar.

Comecei a idade adulta com muito medo de ter filhos. Eu sabia que eles custariam caro, mas ainda não fazia ideia do real preço, em termos de dinheiro, ansiedade e energia emocional. Também não conhecia a alegria proveniente de uma mãozinha agarrando a minha. Não conhecia a glória de batizar o próprio filho como irmão em Cristo. Não sabia que criar filhos era uma batalha espiritual e que essa batalha seria tão doce quanto dura. As crianças, quer na família, quer na igreja, representam novidade de vida, a providência contínua de Deus para o futuro. É por isso que os poderes demoníacos atacam os filhos com tanta frequência (de faraó a Herodes, do tráfico sexual à indústria do aborto). Quando abrimos os braços para as crianças, compartilhamos a alegria do futuro. As crianças nos mostram a verdade de que o mundo tem um futuro, e a igreja também. Deus ainda tem mais a fazer pelos filhos de Adão e pelas filhas de Eva. Logo, podemos rejuvenescer, rir e brincar, vendo bem à nossa frente o sinal cheio de graça de que não somos o ápice da vida. Estamos construindo uma ponte para o futuro, e Deus também está ali. Nesse processo, porém, acabamos ficando vulneráveis ao sofrimento. Isso acontece porque criar filhos, dentro da família ou da igreja, não é uma transação econômica.

Criar filhos é um sacrifício vivo de amor incondicional. Abençoamos nossos filhos não quando colocamos sobre eles o peso de uma expectativa que nem nós seríamos capazes de carregar, nem quando os deixamos encontrar o próprio caminho em meio aos espinhos da vida. Abençoamos nossos filhos quando somos exemplos de maturidade e infância ao mesmo tempo. Abençoamos nossos filhos quando cumprimos nossas promessas da melhor maneira que pudermos, mas também ao estender perdão a eles, perdoando uns aos outros e a nós mesmos. E abençoamos o futuro ao mostrar que o amor é maior que o poder, que o choro de um bebê traz mais esperança que a sirene de um exército. Isso acontece porque a cruz é mais poderosa que a multidão. Uma criança pode nos mostrar que a graça é melhor que a vontade, o futuro é melhor que o passado, e Cristo é melhor que o eu. Uma criança pode nos mostrar que entramos no reino não como vitoriosos conquistadores, mas como bebês recém-nascidos. Isso porque não chegamos ao reino por nossos sucessos, mas pela obediência de outro. Jamais mereceríamos esse acesso. Só podemos aceitá-lo. Frederick Buechner perguntou: "Que homem e mulher, se analisassem seriamente o que inevitavelmente envolve ter filhos, algum dia os teriam?". Buechner imaginou como seria desejar que a dor associada a alguém que amamos desaparecesse como mágica. Mas isso não foi possível, "pois a dor é parte tão integrante do amor que o amor seria vastamente diminuído e se tornaria irreconhecível sem ela".[9] De fato, o amor pelos filhos sem dor seria tão irreconhecível quanto o Cristo ressurreto sem as marcas dos cravos.

* * * *

Por mais medo que eu tivesse de me tornar pai "cedo demais" e depois "tarde demais", Deus preparou Maria e eu, em meio a tudo aquilo, para que ouvíssemos do médico, com base no que viu no ultrassom, que acreditava que nosso filho temporão poderia ter síndrome de Down. Nessa época, Deus já havia nos capacitado a ficar em paz diante dessa possibilidade e a estar prontos para fazer todos os sacrifícios necessários para nos alegrarmos com essa nova vida. Não sabíamos o que nos aguardava, mas também não sabíamos disso com os outros. Quando o médico nos disse isso, nós nos entreolhamos com a certeza de que aquela criança seria um presente. Seu valor e sua dignidade não se baseavam em ter "poder" e "sucesso" segundo os conceitos desta era, mas sim no fato de ser um ser humano gerado à imagem de Deus. Oramos para que, por meio de nosso filho, fôssemos capazes de enxergar e testemunhar melhor do evangelho que aceitamos, de um Cristo crucificado em fraqueza, vivendo pelo poder de Deus.

Várias semanas antes da data prevista para o parto, eu estava prestes a pregar em um domingo de manhã quando percebi, durante um dos hinos do momento de louvor, que minha esposa não estava sentada no banco de costume em nossa igreja. Dei uma saída durante o ofertório e a encontrei no saguão. "Ah, eu não queria incomodá-lo antes da pregação", disse ela. "Minha bolsa estourou, mas sei que ainda falta um bocado para o nascimento. Pode ir lá pregar tranquilo e depois vamos para o hospital." Eu disse que ela estava doida, corri para dizer ao ministro da música que ele faria o sermão naquele dia e corri com ela para o hospital. Algumas horas depois, ele chegou. E não tinha síndrome de Down. Os médicos estavam tão enganados quanto na ocasião em que nos disseram que não teríamos filhos. Alguém comentou: "Vocês devem se sentir como se tivessem se desviado de uma bala". Para falar a verdade, não. Ele não tem síndrome de Down, mas um dia terá alguma outra coisa. Talvez ficará doente ou se desviará do caminho e nós estaremos a seu lado, lembrando, o tempo inteiro, que ele é um presente, que um filho já virou nossos planos de cabeça para baixo antes e que quem sabe nós precisássemos mesmo dessa reviravolta. Ele interrompeu um de nossos domingos, mas não nossa vida inteira.

Escrevi anteriormente que os filhos são uma bênção, não um fardo. Mas essa não é toda a verdade. Assim como várias outras coisas na vida cristã, não se trata de "ou isto/ou aquilo", mas sim de "não só/como também". Os filhos são um paradoxo, por serem tanto uma bênção quanto um fardo. Na verdade, eles são bênção justamente por serem fardo e um fardo porque são bênção. O fardo é a bênção. Aliás, o evangelho redefine o conceito de "bênção" no Sermão do Monte pregado por Jesus. Isso se aplica não só a como enxergamos nosso senso de felicidade, mas também a como definimos a felicidade, no que diz respeito às crianças ao nosso redor, sejam as nossas ou a próxima geração dentro da igreja. Como escreveu Eugene Peterson:

Os antigos tinham medo de demonstrar felicidade com medo de que os deuses os punissem. Nós, modernos, tememos demonstrar nossa infelicidade, com medo de que os vizinhos nos desaprovem. O mundo antigo jamais espera ser feliz, e às vezes era surpreendido por pequenos episódios de felicidade. O mundo moderno espera ser feliz o tempo inteiro e se enche de ressentimento quando isso não acontece. Então Jesus aparece e diz: "Bem-aventurados são vocês".[10]

Isso é paradoxal, sem dúvida, mas um paradoxo com o qual já deveríamos estar familiarizados. Afinal, começamos e terminamos a vida em um paradoxo: junto à cruz.

A fim de encontrar um futuro, precisamos parar de fingir e proteger, tornando-nos como criancinhas. Quando o fizermos, descobriremos que amamos as crianças ao nosso redor. Amaremos ver a novidade de vida — os sinais do futuro — que encontramos quando novas pessoas aceitam a Cristo, à medida que carregamos seus fardos e tentamos discipulá-las rumo à maturidade. Ao fazê-lo, poderemos entender que o reino de Deus não é uma cápsula solitária para indivíduos isolados, mas sim, conforme o profeta Miqueias explicou, "como ovelhas no curral, como rebanho em seu pasto. Sim, sua terra voltará a se encher do ruído das multidões" (Mq 2.12). Se entendermos corretamente essa dependência, vulnerabilidade e esperança para o futuro, pode ser que a cultura à nossa volta olhe para essa igreja efervescente e incontrolável e diga: "Vocês não sabem o que causa isso?".

E nós responderemos: "Ah, sabemos sim!".

11
Criação de filhos com o fim em vista

Devo batizar meu filho ou colocá-lo de castigo? Foi com essa decisão que lutei em minha mente por dias. E, por fim, acabei fazendo ambos. Meu filho adolescente havia professado a fé em Cristo e passado pelo processo que antecedia o batismo em nossa igreja. O batismo estava marcado para o domingo seguinte, mas, na sexta-feira anterior, ele quebrou uma regra de comportamento que, em nossa casa, significava a perda de determinados privilégios. A ofensa em questão não era escandalosa, só uma desobediência relativamente típica da adolescência. Ainda assim, fiquei arrasado. Eu sabia que ele deveria ser batizado. E também sabia que ele precisava ficar de castigo. Só parecia estranho e confuso dizer: "Bem-vindo ao reino de Deus, e, a propósito, você está de castigo pelo resto da semana".

Isso foi difícil para mim porque eu tive dificuldades, no momento, de enxergar tanto o evangelho quanto a disciplina dos filhos. Se eu tivesse escolhido uma ou outra dessas opções, teria, sem querer, ensinado uma heresia para meu filho. Caso houvesse ignorado o problema de conduta por ser a semana de seu batismo, provavelmente teria ensinado um tipo de graça barata, na qual se pode usar as coisas sagradas de Deus para escapar das consequências para as ações. Em contrapartida, caso houvesse adiado o batismo, teria sinalizado algo ainda pior: que os cristãos batizados não pecam (e precisaríamos esperar uma semana para ele deixar de ser pecador e ser batizado). Qualquer que fosse minha escolha, depararia com o cenho franzido do apóstolo Paulo, me desaprovando e perguntando que parte de Romanos, Gálatas ou Efésios eu não havia entendido.

No entanto, eu me encontrava em duas esferas bem diferentes de responsabilidade. No papel de ministro do evangelho de Jesus Cristo, eu tinha um conjunto de responsabilidades. No papel de pai de meu filho, tinha outras bem diferentes. A decisão final seria dizer: "Como seu irmão em Cristo, eu o batizarei em novidade de vida. Como seu pai, o deixarei de castigo por três dias". Queria garantir que ele permaneceria alicerçado na fé, mesmo que, nesse caso, ele precisasse passar pela disciplina paterna.

O problema era que eu não conseguiria sair daquele impasse, a menos que parasse de olhar microscopicamente para o momento. Minha raiva por causa do problema de comportamento queria dizer: "Até parece que vou fingir que isso não aconteceu e batizar você!". Minha afeição paterna me fazia querer dizer: "Não vamos arruinar esse marco tão especial com disciplina!". A fim de seguir em frente, eu precisava olhar como que em telescópio para o que eu esperava que aquela semana contribuísse com meu filho como adulto, servo de Cristo e, quem sabe um dia, pai também. A fim de disciplinar da maneira correta, eu precisaria manter o fim em vista. Às vezes, porém, isso é muito difícil de vislumbrar, quando se está no meio do desfraldamento de uma criança pequena ou quando a igreja está tentando ensinar a Bíblia para um adolescente problemático.

****

O apóstolo Paulo escreveu: "Filhos, obedeçam a seus pais no Senhor, porque isso é o certo a fazer" (Ef 6.1). Isso poderia parecer uma abstração atemporal, um truísmo moral. Ainda assim, Paulo colocou essa orientação em contexto: "Honre seu pai e sua mãe. Esse é o primeiro mandamento com promessa. Se honrar pai e mãe, tudo lhe irá bem e terá vida longa na terra" (Ef 6.2-3). Fora do evangelho, isso poderia parecer uma transação: obedeça a seus pais e você conseguirá uma vida longa. Aliás, lembro-me, quando criança, de ouvir essa passagem ser pregada com esse significado. O pastor pediu a uma senhora idosa que se levantasse e dissesse sua idade (pastores, por favor, não façam isso!). Ela já era bem velhinha. "Viram?", disse ele. "A sra. Gertrudes deve ter sido bem obediente aos pais quando era criança. Olhem como ela já viveu muito tempo!" Nós, crianças, sabíamos que aquela mulher era a pessoa mais rabugenta e irritada que conhecíamos, o tipo de gente que não transmite como mensagem geral "Jesus te ama", mas sim, "Saiam já do meu gramado, pirralhos!". Imitá-la parecia uma sentença de morte, não uma recompensa. "Quanto eu preciso ignorar meus pais para quem sabe chegar até a meia-idade, mas viver feliz?", pensei.

É claro que não é isso que a Bíblia ensina. As Escrituras não dizem que esse mandamento de Deus vem com uma promessa, enquanto os outros não, mas sim que esse é o primeiro mandamento em que a promessa vem embutida. Ter "vida longa na terra" não diz respeito a estender a vida mortal na "terra" do meu país. Os mandamentos diziam respeito a Israel — como um povo — viver na terra da promessa que Deus lhes daria após a escravidão no Egito, assim como o Senhor prometera a Abraão. Os mandamentos não eram uma restrição da liberdade ou alegria do povo de Deus. Em vez disso, o Senhor os estava disciplinando para o futuro.

A disciplina que nossos antepassados suportaram e os preparou para a terra incluiu ensino, limites e a intervenção divina para recuperar seu povo quando este estava se afastando rumo à idolatria ou quebra da aliança. A disciplina divina se revelava em sua forma de cuidar dos filhos (ao abrir o caminho para eles pelo deserto, enviando maná e água), mas também de não lhes dar tudo que pediam.

> Sim, ele os humilhou, permitindo que tivessem fome. Em seguida, ele os sustentou com maná, um alimento que nem vocês nem seus antepassados conheciam, a fim de lhes ensinar que as pessoas não vivem só de pão, mas de toda palavra que vem da boca do Senhor.
>
> Deuteronômio 8.3

Mais uma vez, esse não era um castigo de Deus sobre o povo — se fosse, ele os teria eliminado. Essa disciplina moldaria neles as habilidades, os hábitos e os afetos dos quais necessitariam na terra (cientes do senhorio de Deus, de que são dependentes dele e assim por diante). Conforme a Bíblia diz, devemos esperar isso como quem é disciplinado — em vários graus de competência — pelos próprios pais. Mas o contrário também é verdade. Os pais são ensinados a encenar dramaticamente a atuação de Deus quando, por exemplo, instruem os filhos. Ao proferir as palavras de Deus, Moisés disse ao povo: "Repita-as com frequência a seus filhos. Converse a respeito delas quando estiver em casa e quando estiver caminhando, quando se deitar e quando se levantar" (Dt 6.7). Foi exatamente isso que Deus afirmou ter feito, ensinando seus caminhos para o povo, desde o Egito, passando pelo deserto, até a terra prometida e além. Havia e ainda há um objetivo em mente: "para que vocês os cumpram na terra para a qual estão indo para dela tomar posse" (Dt 6.1, NVI).

Na carta aos efésios, Paulo estabeleceu uma conexão entre a importância de honrar pai e mãe não só por ser moralmente correto na esfera abstrata (embora seja), mas também como meio de preparo para o futuro. Afinal, nós também somos preparados para a terra da promessa, para uma nova criação que está por vir. Honramos os pais não por obrigação, mas por causa da glória que nos espera. Assim como nossos pais devem nos capacitar para um futuro na vida adulta que ainda não conseguimos entender previamente por completo, também nosso Deus Pai está nos preparando, em Cristo, para um futuro que nem somos capazes de imaginar. E cuidamos da próxima geração porque desejamos esse futuro para eles também.

Mais uma vez, a estrutura familiar revela algo sobre o mistério do reino de Deus. Hebreus relaciona a disciplina das famílias e dos filhos à de Deus com seu povo. O contexto parece dizer respeito a uma igreja sofrendo tanto ameaças externas de marginalização social quanto lutas internas contínuas com o pecado. Tudo isso despertava a tentação de abrir mão de seguir a Cristo e voltar para a velha vida. O autor da carta citou para eles as palavras do Antigo Testamento: "Meu filho, não despreze a disciplina do Senhor; não desanime quando ele o corrigir. Pois o Senhor disciplina quem ele ama e castiga todo aquele que aceita como filho" (Hb 12.5-6). Um dos motivos para acharmos tão difícil a disciplina dentro do lar é não entendermos direito a disciplina de Deus a nós. O primeiro problema é que costumamos ver a "disciplina" como algo punitivo ou totalmente corretivo. Nesse ponto de vista, a disciplina é uma resposta a algo que deu errado. É o aspecto desagradável da criação de filhos. Às vezes, a mulher reclama do marido: "Ele faz toda a parte divertida com as crianças, enquanto eu sou forçada a cuidar da disciplina". Com isso, ela quer dizer que a passividade do esposo significa que ela precisa ser responsável por corrigir comportamentos inapropriados. E isso lhe dá motivos para ficar frustrada. O mesmo se aplica ao grande corpo de Cristo. O Novo Testamento fala sobre disciplina eclesiástica. Em geral, quando pensamos nisso, se é que pensamos, imaginamos o último passo de Mateus 18.15-20: a expulsão da igreja do impenitente pego em escândalo. Isso pode, sim, fazer parte da disciplina, mas não é tudo. Disciplina é a ordem da igreja, a comissão do povo de Deus para fazer discípulos. A maior parte da disciplina dentro da igreja diz respeito à parte "formativa", em vez de "restauradora", aquilo que podemos chamar de "positiva", em lugar de "negativa". Isso porque disciplina vai além de punição e repreensão. A formação e a correção andam juntas. O mesmo acontece dentro da família.

Talvez você objete ao começar a ler um capítulo sobre criação de filhos e perceber que estamos conversando sobre disciplina. É possível que esteja dizendo: "Criar filhos é mais que disciplina. E o amor, o afeto, o cuidado?". Você está corretíssimo. Mas amor, afeto e cuidado são disciplina. Deixe de lado, por um instante, a conotação punitiva da disciplina e pense em como podemos usar a palavra para o treinamento de uma atleta em competição. Podemos dizer: "Ela tem muita disciplina! Treina toda manhã e tarde; alimenta-se bem e aprende técnicas com outras pessoas mais qualificadas de sua área". Tudo isso é disciplina, desde dormir quando seus amigos estão nas festas a contar com os pais nas arquibancadas, torcendo por ela. Todas essas práticas moldam e guiam seu futuro atlético. O mesmo se aplica à igreja e à família.

Abraçar uma criança é disciplina. Dizer: "Eu te amo" é disciplina. Ler um livro antes de dormir é disciplina. Talvez você pense: "Essas coisas são naturais para mim, pois amo meu filho". Pode ser verdade, mas também é bem provável que você não sinta vontade de fazer tudo isso o tempo inteiro, todos os dias. Às vezes, você precisa reconhecer para si mesmo: "Estou exausto. Quero desmoronar na cama. Mas vou cantar 'Jesus te ama' para meu filho e orar com ele antes de colocá-lo para dormir". Isso é disciplina. Você não está apenas mostrando afeto para seu filho no momento, mas desenvolvendo ritmos e práticas que, no decorrer do tempo, mostram a essa criança que ela é amada e como amar os outros. Talvez seja bem fácil para você dizer "Eu te amo" para o cônjuge ou para seus pais ao fim de uma ligação telefônica. Isso só é verdade por causa da "prática" incontável desse hábito, de modo que agora é natural para você e sua família. Pense, porém, em como é difícil dizer "Eu te amo" para alguém novo pela primeira vez, seja para um novo interesse amoroso, seja para a pessoa que você acabou de conhecer e se sentou a seu lado na igreja, depois que o pastor orienta: "Vire-se para a pessoa que está ao seu lado e diga 'Eu te amo'" (pastores, por favor, também não façam isso!).

Disciplina é discipulado. Por meio da vida juntos, comunicamos o que esperamos um do outro e treinamos uma nova geração com afetos, intuições e habilidades de que eles necessitarão para o futuro. Ensinar a Bíblia é disciplina. Desfraldar é disciplina. Educação ao volante é disciplina. Demonstrar a um adolescente mais velho como participar do processo seletivo para um emprego é disciplina. E, sim, corrigir comportamentos que não são consistentes com a vida em família ou na eternidade também faz parte da disciplina.

Para o cristão, a Bíblia explica diversas vezes que a disciplina que recebemos de Deus Pai é análoga à disciplina que devemos dar e receber dentro da família. Hebreus, por exemplo, inclui uma seção instruindo a igreja que, assim como seus pais terrenos os disciplinaram, Deus também os disciplina. O escritor lhes diz que, se eles não forem disciplinados, não são filhos de fato, mas sim filhos ilegítimos (Hb 12.5-11). Ao fazê-lo, o autor aponta para diversas passagens do Antigo Testamento sobre o Senhor disciplinando seu povo, Israel, assim como um pai disciplina o filho. Mais uma vez, se entendermos essa passagem no sentido punitivo da disciplina, acabaremos com a ideia errada, a qual muitos de nós já estamos propensos a aceitar.

Sempre que um pecado em minha vida fica especialmente óbvio para mim, em geral percebo que paro de orar. Quando analiso a razão para isso, descubro que é porque acho, lá no subconsciente, que Deus está bravo comigo. Parte disso vem do convívio, enquanto crescia, com parentes que, quando irritados, simplesmente paravam de conversar, ao passo que outros faziam longos discursos sobre por que haviam sido injustiçados. Eu aprendi — fui "disciplinado" — a me retirar desse tipo de conflito. A menos que eu preste atenção, pego-me fazendo isso com Deus também. Presumo que meu pecado significa que Deus está bravo comigo e que sua disciplina significa que ele fará algo para "descontar" em mim por minha transgressão. São nesses momentos que eu mais me afasto do evangelho.

Nessas ocasiões, eu não entendo o que de fato é disciplina. É como se eu me enchesse de vergonha, o que é verdade, mas, ao mesmo tempo, de orgulho também. Creio que meu pecado é chocante e decepcionante para Deus e, por isso, ele se afastará de mim, como se, durante o restante de minha vida, eu comparecesse à presença divina sem pecado algum. Não me enxergo como filho amado, mas como um servo que trabalha por seu salário. Quando leio a Bíblia, oro, amo e perdoo adequadamente as pessoas à minha volta e guardo os mandamentos, então acho que posso me apresentar com ousadia perante o trono da graça — é isso que eu penso. Se não, então Deus está zangado em alguma parte do universo, desafiando-me a me aproximar dele só para me derrubar. Mas esse não é o evangelho que eu aceitei e no qual creio. O grande ponto em questão aqui é uma incompreensão da cruz, com a qual preciso batalhar constantemente em meu interior.

* * * *

Se você está em Cristo, Deus não está bravo com você. Não por estar orgulhoso de suas realizações ou obediência. Tudo isso não passa de trapos de imundície na presença de um Deus santo. O Senhor se alegra com você porque sua vida está unida à vida de Cristo. Você é representado por um sumo sacerdote que viveu a sua vida por você e está vivendo a vida dele por meio de você. Deus não está e não pode estar bravo com você. Sim, haverá justiça por todo pecado contra Deus ou contra os outros. Na cruz, isso já aconteceu. Você não está debaixo da ira divina; está na graça. Jesus suportou o dia da vingança de Deus para que você permaneça, agora mesmo, no jubileu eterno, no ano eterno do favor divino. Entender a disciplina do Senhor como uma espécie de "carma" à espreita para o derrubar acabará distorcendo sua maneira de nutrir e guiar a próxima geração. Esse tipo de pensamento também destitui a cruz de seu poder.

Pensamos que Deus é um avô severo que nos deixará em nossos pecados ou então um padrasto agressivo que tenta nos derrubar. Nenhuma dessas imagens é correta. A disciplina não é um castigo, nem uma forma de extravasar a ira. O discurso sobre a disciplina de Deus em Hebreus é um *incentivo*, não uma ameaça. O autor estava demonstrando para as pessoas que elas não estavam sozinhas, mas sim cercadas por uma grande nuvem de testemunhas enquanto corriam rumo ao alvo. Essa passagem ensina que Deus está agindo ao seu redor e, assim como vemos em Romanos, em tudo ele opera para o bem, ou seja, para conformar você à imagem de Cristo (Rm 8.28-29). Se você quer ver a disciplina de Deus em sua vida, lembre-se de uma conversa que teve com alguém que o encorajou a prosseguir quando você já estava pronto para desistir. Isso é disciplina de Deus. Recorde uma situação na qual aprendeu, quem sabe com a ajuda de mentores sábios, como se desviar de hábitos autodestrutivos. Isso é disciplina de Deus. Lembre-se de quando ouviu um cântico ou hino que o encheu de reconhecimento do amor de Deus por você. Isso é disciplina de Deus. E também recorde quando queria muito algo que nunca recebeu, não importa quanto tenha tentado, algo que teria mudado sua vida de maneiras que você não conseguia enxergar na época. Isso também é disciplina de Deus. E tudo isso com apenas um objetivo em mente: Paulo olhava para o longo prazo, com a entrada na terra prometida em mente. Hebreus também vislumbra o curto prazo, ao pensar em santidade e maturidade.

A disciplina de Deus, embora desagradável no momento, "é sempre para o nosso bem, a fim de que participemos de sua santidade" (Hb 12.10). O resultado final é "uma colheita de vida justa e de paz para os que assim são corrigidos" (Hb 12.11), a fim de nos afastar da direção para a qual tantas vezes nos encaminhamos: imoralidade ou amargura, para, a exemplo de Esaú antes de nós, desperdiçar nossa herança por uma única refeição (Hb 12.14-17). Assim como Deus fez com seus filhos israelitas, ele intervém em nossa vida, fazendo-nos passar por áreas de endurecimento e afastando-nos em sua providência de decisões catastróficas que podem parecer corretas no momento. Isso deveria se refletir também na disciplina de nossas famílias moldadas pela cruz. Mas, a fim de realizar isso, devemos ter um objetivo em mente: precisamos de uma visão do futuro.

Primeiro, necessitamos de um objetivo de curto prazo, e ao falar em curto prazo refiro-me aos próximos 75 anos da vida da criança, ou, quem sabe, às próximas gerações à frente. Um aspecto crucial desse objetivo é a maturidade. A Bíblia diz que devemos nos tornar "cada vez mais parecidos com Cristo" (Ef 4.15). O alvo do ministério é apresentar todos "maduros em Cristo" (Cl 1.28). À primeira vista, a maturidade pode parecer uma contradição daquilo que Jesus nos orientou: ser como crianças. Como é que podemos ser, ao mesmo tempo, maduros e infantis? Na verdade, nossa cultura de fato mantém a infantilidade e a maturidade juntas, porém da maneira contrária que Deus deseja. O apóstolo Paulo nos instrui: "Quero que sejam sábios quanto a fazer o bem e permaneçam inocentes de todo mal" (Rm 16.19). A cultura diz o oposto.

Uma geração atrás, um sociólogo advertiu quanto ao "desaparecimento da infância", algo que percebeu ilustrado na mudança da natureza dos esportes infantis. Ele escreveu: "Com exceção dos bairros pobres, onde os jogos ainda estão sob o controle dos jovens que os jogam, as partidas dos jovens norte-americanos se tornam cada vez mais oficiais e semelhantes às profissionais, disputadas com extrema seriedade".[1] Atividade frenética é fácil; a maturidade é dispendiosa. Maturidade significa ter controle sobre os desejos e impulsos imediatos para o bem dos outros. Isso se perde quando os adultos fogem das responsabilidades da vida adulta de criar filhos e formar discípulos. Também se perde quando os pais tratam os filhos como amigões, ou pior, como uma plateia diante da qual representar um papel. Em muitos casos, as crianças assumem as responsabilidades dos adultos para que os adultos possam reviver os sentimentos da infância. A cultura popular de nossa era valoriza a juventude como fonte de autenticidade e relevância, menosprezando a autoridade. Às vezes, isso ocorre por um bom motivo — como aconteceu com o jovem Josias — e a geração mais nova endireita os caminhos endurecidos de uma geração mais velha infiel.

Culturalmente, a reação contrária à ideia de pais "rigorosos" se deve aos excessos e abusos de inúmeros pais. O problema não é nos rebelarmos contra isso, mas sim para onde nos voltamos depois que a rebelião termina. O poeta Robert Bly escreveu:

> Todos nós que ficamos irados com os pais nos alegramos, a princípio, quando eles perderam autoridade, mas o retrato se torna ainda mais sombrio quando percebemos que as forças que destruíram o pai não se satisfizeram e agora estão se voltando contra a mãe. As mães são menosprezadas por toda parte. Quando pai e mãe são desmantelados ao mesmo tempo, criamos uma sociedade de órfãos, ou, para ser mais preciso, uma cultura de adolescentes órfãos.[2]

Seria difícil encontrar metáfora melhor para nossa era do que "Sociedade dos Adolescentes Órfãos".

A Bíblia, contudo, considera os mais velhos — pais, parentes, anciãos e mestres da igreja — responsáveis por cultivar a sabedoria de ver do que os mais jovens necessitam, muito antes que estes de fato entendam a relevância dessas coisas. Por isso, Deuteronômio instrui os pais a ensinar a Palavra do Senhor para os filhos. Provérbios consiste em uma série de instruções de pai para filho. Paulo escreveu para Timóteo, seu filho na fé, orientando-o a fugir das "paixões da juventude" e buscar a maturidade (2Tm 2.22). O objetivo é a maturidade, e o método para chegar lá é a sabedoria.

A sabedoria é definida na Bíblia como uma maneira de andar no mundo e aprender a governar como herdeiro do reino. É uma forma diferente da sabedoria propagada pelo mundo, que busca conhecimento a fim de obter poder ou técnica. A sabedoria de Deus, rumo à qual crescemos em Cristo, diz respeito à "loucura" da cruz (1Co 1.18-31). Isso quer dizer que, muito mais que um depósito de fatos armazenados no cérebro (embora isso também seja importante), devemos nos esforçar para cultivar a espécie de intuição capaz de reconhecer a beleza da santidade e nos afastar da feiura da mera vontade de assumir poder. Pais e igreja não precisam ser especialistas em cultura para educar crianças sábias, aptas a discernir entre o bem e o mal. Sim, precisamos estar cientes do que acontece ao nosso redor e buscar a capacidade de explicar tudo dentro dos padrões do cristianismo; bem mais importante, porém, é moldar a imaginação de nossos filhos de acordo com a narrativa bíblica, assim como nos referir a ela para ver onde nos encontramos em nossa peregrinação pela vida. É menos importante que seu filho tenha uma cosmovisão cristã e muito mais relevante que ele possua um mundo cristão, o mundo do texto bíblico que nos chama ao Cristo crucificado. O que queremos, no fim das contas, não são crianças capazes de desconstruir qualquer argumento, mas sim crianças que digam: "Se eu precisar escolher entre isto e Jesus, eu escolho Jesus".

Não nos esquivamos dos aspectos sombrios da existência humana. Afinal, parte do poder da tentação é mistificar o pecado como algo proibido e, por isso, desejável (confira os questionamentos da serpente em Gn 3). Logo, o pecado é apresentado como algo desprovido de consequências futuras (confira, mais uma vez, as palavras da serpente). A Bíblia faz a abordagem contrária. Deus jamais glorifica o pecado. Ele nos fala sobre ele com honestidade, incluindo o fato de que o erro costuma dar prazer temporário (Hb 11.25), mas depois mostra o salário que o pecado exige. O conselho do pai a seu filho em Provérbios 7, sobre a imoralidade sexual, é dessa natureza. O pai descreve, com detalhes poéticos, o que leva a esse tipo de encontro e por que parece desejável, mas em seguida apresenta uma visão telescópica do pecado, incluindo seu fim mortal. As crianças cristãs depararão com todo tipo de realidade sombria, às vezes bem antes do que escolheríamos, seja em conversas com colegas de classe, seja de diversas outras maneiras. Os pais cristãos não devem ficar constrangidos com perguntas sobre esse tipo de coisa. Em vez disso, no contexto do relacionamento, devem mostrar como a cruz nos aponta um caminho diferente.

Há muitas coisas das quais devemos resguardar nossos filhos antes que eles estejam prontos. Deus preparou seu povo com o "tutor" da lei por séculos antes de revelar, na "plenitude do tempo", o mistério de Cristo (Gl 4.4). Jesus fez o mesmo. Ele disse a seus discípulos no início: "Venham e sigam-me" e "Venham e vejam". Aos poucos, depois disso, foi revelando o mistério da cruz. Em alguns aspectos, porém, nós introduzimos nossos filhos ao ecossistema cultural ao nosso redor como se fosse um livro de Eclesiastes com quatro dimensões: "Sexo. Bebida. Dinheiro. Poder. Tem tudo isso lá fora, mas, no fim, é só vaidade". Queremos tanto protegê-los do mundo! Mas, assim como em Eclesiastes, desejamos deixá-los com mais que isso. Queremos lhes dar a palavra de exortação em relação ao fim que diz: "Não se esqueça de seu Criador nos dias de sua juventude" (Ec 12.1). Queremos treiná-los — formá-los — para andar no mundo com a sabedoria do alto. A formação dos filhos significa ensinar não só para o intelecto ou a vontade, mas também para a consciência. Isso significa conhecer a bondade de Deus, a força de suas promessas, nosso lugar na história, mas também a sabedoria de garantir "que Satanás não tenha vantagem sobre nós, pois conhecemos seus planos malignos" (2Co 2.11).

Sabedoria e maturidade estão envolvidos na capacitação de reis e rainhas para governar. Salomão, filho de Davi, por exemplo, demonstrou dependência de Deus semelhante à de uma criança quando o Senhor lhe disse que poderia pedir qualquer coisa. Salomão escolheu sabedoria, pois disse que era muito novo e precisava "saber a diferença entre o certo e o errado" a fim de "governar sozinho este teu grande povo" (1Rs 3.9). Boa parte disso tem caráter prático. Salomão entendia a natureza humana bem o bastante para saber, por exemplo, qual das mães estava mentindo em um caso de extorsão. Até certo ponto, a sabedoria que transmitimos diz respeito a questões práticas de como se virar no mundo — como ler um texto, como cortar a grama, como desenvolver ética no trabalho, como entender o ritmo de causa e consequência. Boa parte de Provérbios aborda essas questões. Capacitamos para o futuro quando, usando de instruções, hábitos e imaginação, mostramos como se domina, por meio do Espírito, qualquer arena na qual Deus coloca a criança, em lugar de se deixar ser dominado por si mesmo ou pelos poderes satânicos.

Todavia, o objetivo de longo prazo é preparar nossos filhos para o próximo trilhão de anos. A maioria de nossos filhos não será, como Salomão, um oficial do governo de alta patente (embora alguns talvez o sejam). Em Cristo, porém, cada um de nós é o futuro imperador mundial e galáctico, co-herdeiro com Cristo, no acampamento de nossa permanência nesta presente era. Nós sofremos com Jesus a fim de ser glorificados com ele (Rm 8.17). Jesus disse que quem for fiel nas pequenas coisas será colocado sobre coisas grandiosas (Mt 25.23). Em Cristo Jesus, vemos aquele que é "maior que Salomão" (Mt 12.42). No mistério de Jesus "estão escondidos todos os tesouros de sabedoria e conhecimento" (Cl 2.3). Estamos conduzindo nossos filhos a crescer em Cristo. Quando somos disciplinados para o futuro, isto é, para o futuro eterno, podemos nos unir a Jesus em sua disciplina.

Pode parecer blasfemo falar em Jesus ser disciplinado, mas isso só acontece porque imaginamos um Jesus rebelde, recebendo palmadas de José. Não é isso que quero dizer com disciplina. Jesus não foi direto da manjedoura para a cruz; em sua humanidade, ele "aprendeu a obediência por meio de seu sofrimento" (Hb 5.8). Pode ser desconcertante ler promessas do Antigo Testamento que se cumprem em Cristo no Novo Testamento e mencionam disciplina. Deus disse a Davi acerca de seu filho vindouro: "Se ele pecar, eu o corrigirei e disciplinarei com a vara, como qualquer outro pai faria" (2Sm 7.14). É claro que Jesus não teve iniquidade. No entanto, ele foi o início de uma nova humanidade, um representante para todos nós que nos encontramos nele. Jesus não foi corrigido por Deus porque ele se sujeitava a todas as palavras divinas e nelas se deleitava. No sentido formativo, porém, Jesus, em sua humanidade, foi sim disciplinado (moldado, discipulado) por Deus e se disciplinou, ficando pronto para o ápice de seu ministério: a oferta de si mesmo por seu povo.

Jesus era obediente a seus pais. A Bíblia conta que ele ia crescendo "saudável e forte" e era "cheio de sabedoria" (Lc 2.40). Internalizou no coração a Palavra de Deus, provavelmente por meio dos ensinos de Maria, José e outros familiares, de tal maneira que foi capaz de citar de imediato o texto de Isaías na sinagoga e também sabia identificar que aquela passagem se cumpria nele. A fim de entender como Deus nos disciplina, precisamos ver que somos disciplinados *em Cristo*. Deus disse que havia disciplinado o povo de Israel, sobretudo durante o êxodo e a peregrinação pelo deserto. Essa história de Israel se cumpriu no próprio Jesus. Além disso, boa parte da linguagem de disciplina no Antigo Testamento faz referência ao rei vindouro do trono de Davi. Deus disse a Davi que construiria uma casa para seu Filho e lhe daria um reino para sempre. "Eu serei seu pai, e ele será meu filho" (2Sm 7.14). "Se ele pecar, eu o corrigirei e disciplinarei com a vara, como qualquer outro pai faria. Contudo, não retirarei dele meu favor" (2Sm 7.14-15). O mesmo vocabulário é usado em Salmos, quando Deus revela seu parentesco com o rei da linhagem de Davi; parte disso se vê em sua disciplina (Sl 89.30-37).

Logo, a fim de entender o que é disciplina, precisamos compreender quem nós somos em Cristo. O grande objetivo dessas passagens não é expressar a ira de Deus por você ou seu povo. Na verdade, é o contrário. Lembre-se: o Senhor disse que estava disciplinando seu povo — ao prover pão e água quando estavam famintos no deserto e ao permitir que sentissem fome — a fim de que soubessem, quando chegassem à terra prometida, que "as pessoas não vivem só de pão, mas de toda palavra que vem da boca do Senhor" (Dt 8.3). Isso acontece porque Deus os aceitou como filhos e tem um futuro para eles (Dt 8.5-20). Se não os enxergasse como filhos, Deus os deixaria, assim como fizera com outras nações, e permitiria que trilhassem o próprio caminho. Mas, como Deus tinha um futuro para seu povo, ele os treinou — às vezes usando métodos que pareciam difíceis ou inexplicáveis na época. Jesus chegou nesse contexto e resumiu tudo em si. Foi preparado para a cruz por meio da provação no deserto e jamais se afastou de sua identidade ou herança. Quem pensa que é bom demais para ser disciplinado se acha melhor que o próprio Jesus. Quando discipulamos e educamos a próxima geração, nós a chamamos para isso, para ele. Trata-se de um chamado para a cruz.

Se esse é o objetivo final, como chegar lá? Nós o fazemos vendo como Deus cuida de nós como Pai, com o futuro em mente, e procurando fazer o mesmo. Em Cristo, Deus primeiro é Pai ao afirmar o senso de pertencimento. Quando se referiu à formação do Rei vindouro, o Senhor afirmou: "Eu serei seu pai, e ele será meu filho" (2Sm 7.14). A disciplina mencionada por Deus em referência a Cristo está ligada a isso. Ele ama seu Filho. Ele vê seu Filho. Ele se alegra em seu Filho. Deus nos disciplina exatamente por nos tratar como filhos, não como crianças ilegítimas (Hb 12.8). A aceitação da disciplina como filhos e filhas reforça que pertencemos a Deus, que somos membros de sua família. Em nossa família, parte desse senso de identidade e pertencimento se forma com base nas tradições e nos ritmos que partilhamos juntos. Um dos melhores exemplos se manifesta na prática comum de fazer refeições juntos. Jantar em família pode ser algo muito natural em sua casa, mas observe o que acontece quando as agendas se tornam tão frenéticas que a família deixa de se sentar junta em volta da mesa para comer. Antes que você se dê conta, esse tempo precioso vai embora e cada um engole sozinho o alimento, em frente a uma tela. No entanto, reunir-se para comer traz mais benefícios que os apontados por pesquisas que mostram como capacitar as crianças para que sejam equilibradas (embora também nos preocupemos com seu desenvolvimento). Fazer isso é imitar Jesus, que iniciou seu povo em família por meio de uma reunião regular em volta da mesa do Senhor. Nós, pais, buscamos ensinar aos filhos que seu objetivo final é a festa das bodas do Cordeiro, não a refeição solitária e apressada de Esaú.

* * * *

Se nós, pais, somos controlados pelo eu, acabamos esperando que os filhos sejam um espelho de quem somos, em vez de buscar moldar e formar uma identidade própria. A criança se torna uma mera extensão dos pais. No entanto, quem é moldado pela cruz se entrega em prol da geração seguinte e diz para a criança: "Quem você é?" e "Quais foram os dons que Deus lhe deu?". O amor dos pais se manifesta com maior clareza quando eles se esforçam para desenvolver os dons e o chamado do filho, sobretudo quando tais dons são diferentes dos deles próprios. A mãe intelectual que é advogada corporativa demonstra amor pela filha que tem dificuldades na escola quando não espera que a menina seja igual a ela, mas se alegra ao vê-la se encher de vida em um curso de cerâmica ou na quadra de tênis. Esse senso de pertencimento envolve afirmações verbais do tipo "Eu te amo" (assim como Deus fez, diversas vezes, falando do céu durante a missão terrena de Jesus), mas também contar para a criança tudo aquilo de especial que você identifica nela. A mensagem que enviamos não é um "Eu te amo" genérico, mas sim "Eu amo *você*" — eu sei quem você é, eu vejo você e me agrado com você.

No mundo bíblico, esse senso de pertencimento era, em alguns aspectos, transmitido com maior facilidade porque os filhos permaneciam com os pais, trabalhando no campo, construindo uma casa ou pescando no lago. A criança podia ver como pertencia à família, porque não era apenas "consumidora", mas parte integrante do sistema doméstico. Em nosso contexto, normalmente acontece o contrário. Os pais estão ausentes durante a maior parte da vida dos filhos e compensam o sentimento de culpa comprando cada vez mais coisas para eles. É claro que a família ocidental moderna não terá o mesmo tipo de compartilhamento de responsabilidades que uma família do antigo Oriente Médio (e, na maioria dos aspectos, é melhor assim). Todavia, existem inúmeras maneiras de uma família incluir todos os seus membros em sua missão conjunta. Uma criança pequena pode ser responsável por conferir o lixo de um dos banheiros e levar para fora quando estiver cheio. É claro que seria bem mais fácil fazer isso sozinho em vez de ensinar e ter de limpar o que cai pelo caminho quando o pequeno carrega a sacola de um cômodo para o outro. O principal, porém, não é realizar a tarefa, nem mesmo ensiná-lo a trabalhar (embora isso também seja importante), mas sim comunicar: "Você é um de nós. Precisamos de você". Nosso Pai nos disciplina dessa maneira, dando-nos dons para servir à igreja e nos convidando a participar de sua missão. Aliás, um dos aspectos mais importantes da disciplina que recebemos de nosso Pai celeste é aprender a fazer coisas pequenas, a fim de que um dia recebamos autoridade sobre coisas maiores (Lc 16.10; 19.17). Por mais importante que consideremos nossa carreira, vocação ou ministério, o principal propósito disso tudo é nos treinar para fazer no reino vindouro de Cristo aquilo que nem imaginamos hoje. Deus só nos pede que esvaziemos uma lixeirinha, a fim de nos dizer: "Você faz parte desta família. Você pertence a ela".

Isso também inclui garantir que a criança veja que a família está em missão, junto com o Cristo ressurreto. Algumas famílias têm uma "declaração de missão familiar". Isso parece um pouco empresarial para uma casa (mas, se funciona para você, vá em frente), porém é importante que nossos filhos vejam os pais cuidando dos outros — espiritual, física e emocionalmente. A melhor coisa que meus filhos podem aprender comigo é que faço parte de uma igreja e que me vejam cantando em adoração e servindo ao corpo de Cristo e ao mundo com o evangelho. Alguns cristãos se preocupam de maneira obsessiva com seus dons espirituais, fazendo pesquisas e preenchendo formulários de perfis de personalidade. A Bíblia não insiste em dizer que é importante saber quais são nossos dons — pelo menos não como eles costumam ser descritos nessas avaliações, com nossos talentos e habilidades elencados do mais forte para o mais fraco. O importante é servir e que a igreja veja esses dons. Alguns dos servos mais eficazes da igreja de Cristo jamais pensaram em quais eram seus dons; eles apenas se concentraram em edificar os dons dos outros. O mais importante não é se você sabe dizer quais são seus dons espirituais, mas se seus filhos saberiam responder isso a seu respeito. Isso também é disciplina.

Uma das formas de cultivar esse senso de pertencimento é reconhecendo em nosso discipulado e disciplina que nossos filhos não são máquinas, mas pessoas. Isso quer dizer que cada um possui pontos fortes e fracos. No entanto, em uma era tecnocrática, presumimos que tudo é questão de técnica, inclusive na criação dos filhos. Logo, muitas vezes agimos como se, ao colocar os "cinco passos" certos em ação, seremos capazes de redirecionar uma criança de personalidade forte ou desfraldar sem lágrimas (do bebê ou dos pais). Sim, existem alguns princípios gerais que se aplicam a todas as crianças por serem crianças e a todas as pessoas por serem pessoas. Alguns desses princípios gerais são verdadeiros para todos os seres humanos, mas, na maioria das vezes, diversos detalhes — o tipo de rotina de sono ou alimentação, a forma de escolarização escolhida, o tempo de iniciação e assim por diante — podem ser específicos à criança ou à família e, quando universalizados, acabam causando danos.

Não dá para educar José do mesmo jeito que Sansão. Para criar Davi, não se age da mesma maneira que quando se tem Jeremias em casa. Pedro necessita de uma educação diferente da de João. Talvez você tenha um filho mais indiferente em relação a distinções morais, enquanto o outro tem a consciência hipersensível. Um pode agir de acordo com o grupo de amigos rápido demais, ao passo que outro é excessivamente duro ao julgar os pecados próprios e dos outros. Cada um precisa de um conjunto diferente de instruções, limites e correções. Para um dos meus filhos, preciso dizer com frequência: "Isto é importante! Tome cuidado!". Já com outro, devo falar o tempo inteiro: "Pecar não quer dizer que você não é cristão, mas sim que o Espírito o está guiando para se tornar cada vez mais semelhante a Cristo. Você foi perdoado, então supere o que passou". Devemos carregar os fardos de cada filho de maneira única. Isso reflete a paternidade de um Deus que "sabe como somos fracos; lembra que não passamos de pó" (Sl 103.14).

Com esse senso de pertencimento também vem a estabilidade da autoridade. Um de nossos filhos, naquela fase entre 1 e 2 anos, tinha maior propensão a crises de birra. Certo dia, minha esposa e eu estávamos nos arrumando e paramos ao ouvir um programa de televisão anunciar que um especialista em criação de filhos entraria no ar após o intervalo comercial para falar sobre pirraça e o que fazer para dar fim a esse comportamento. Era exatamente o tipo de conhecimento do qual precisávamos muito!

Ouvimos o especialista explicar que os acessos de raiva não eram, em momento algum, uma questão de disciplina, mas apenas um problema de comunicação. A criança tem um ataque de birra quando sente que não está sendo ouvida ou entendida pelos pais. Os pais devem deixar a pirraça acontecer, sem corrigir. O apresentador perguntou como proceder quando a criança faz birra dentro do supermercado, por exemplo, porque os pais não compram a bolacha que ela pediu. O especialista explicou que o mesmo princípio se aplicava. O pai ou a mãe deveria se abaixar até ficar no nível do olho da criança, segurar a cabecinha do filho com as mãos, olhar dentro de seus olhos e repetir diversas vezes, com gentileza: "Você quer bolacha... Você quer bolacha... Você quer bolacha...". Segundo o especialista, a criança logo perceberia que seus pais o entendiam e o ataque de birra pararia, mesmo sem ele ganhar o que queria.

Veja bem, Maria e eu não éramos — nem somos — especialistas em criação de filhos, mas tínhamos o palpite de que o tipo de comportamento que reforçamos quando a criança é pequena — nesse caso, raiva e falta de autocontrole — não pararia com o tamanho da criança; pelo contrário, cresceria, tornando-se, talvez, algo enorme. Nós temíamos que, se seguíssemos o conselho daquele especialista, por mais que parecesse simples e fácil, um dia olharíamos para o rosto barbado de um jovem, repetindo com gentileza: "Você só roubou uma loja de bebidas... Você só roubou uma loja de bebidas... Você só roubou uma loja de bebidas...". Sabíamos que não poderíamos seguir aquele caminho, muito embora ainda não soubéssemos ao certo qual seria nossa alternativa.

O tipo de disciplina que o especialista apresentou na entrevista foi o que muitos chamariam de criação de filhos "permissiva", que enxerga, nas questões fundamentais da natureza humana, apenas falta de informação ou carinho, em lugar do problema mais radical que cristãos e outros reconhecem. Os pais, nesse caso, não são "a autoridade", mas facilitadores que ajudam a criança a se apropriar de recursos próprios já formados para redirecionar seu comportamento. Muitos cristãos, embora ridicularizem esse método de criação de filhos, acabam o praticando. Eles podem se considerar autoridades fortes do lar, mas acabam usando essa autoridade de forma esporádica, inconsistente, ou ainda com visão diferente do que realmente é autoridade. Os psicólogos e especialistas em ciência comportamental traçam uma distinção entre educação "permissiva" e "com autoridade". Em anos recentes, porém, a maioria deles também diferencia corretamente entre criação de filhos "com autoridade" e "autoritária". A educação com autoridade entende que o direcionamento claro da formação moral e espiritual dos filhos é responsabilidade dos pais. Já a educação autoritária, com frequência, apenas parece "manter a autoridade e a ordem", quando na verdade os filhos são coagidos a obedecer. Não é esse tipo de autoridade que encontramos em Cristo.

Nosso problema, porém, é que, longe da cruz, costumamos confundir autoridade com poder. Aliás, quando substituímos autoridade por poder *ou* quando substituímos autoridade por ausência de autoridade, tendemos a chegar ao mesmo resultado. Autoridade não é poder em estado bruto. Se alguém em seu local de trabalho que pertence a outro departamento em posição hierárquica inferior vier lhe dizer como você deve realizar determinado projeto, você pode muito bem responder: "Você não tem autoridade para me dizer o que fazer". Você não está dizendo que a pessoa é incapaz de proferir palavras de instrução, mas sim que ela não tem o direito de lhe dar ordens. Suponha, contudo, que o indivíduo esteja portando uma arma e lhe diz para obedecer ou levar um tiro. Você pode até fazer o que ele mandou, mas isso não significa que ele tinha autoridade para isso. A autoridade, segundo a definição bíblica, não é sinônimo de "poder". Não exprime a habilidade que alguém tem de fazer algo, mas sim o direito e a responsabilidade de fazê-lo.

Autoridade também pressupõe prestação de contas. Quando retiramos a estabilidade que acompanha a autoridade adulta sábia e amorosa — ou quando transformamos essa autoridade em produto de mera força —, logo teremos crianças que idolatram o poder, seja para obter o poder que pensam ser necessário para deter o caos, seja para se posicionar no lugar de importância que viram que o poder representa. As crianças educadas assim vão querer um ditador, ou se tornar um. Se os filhos acreditarem que autoridade diz respeito a quem detém o poder na maior parte do tempo, acabarão percebendo que o diabo tem mais poder que eles. Contudo, Jesus nos conta que nós escapamos do domínio de um homem forte desse tipo. Aliás, ele amarrou esse homem forte e tomou os bens de sua casa (Mc 3.27).

O diabo usa poder para tentar e seduzir. Como, porém, podemos vencer o poder de Satanás? Não é equiparando puro poder com puro poder. Vencemos o acusador por meio daquilo que o mundo pensa ser fraqueza: a palavra de nosso testemunho e o sangue do Cordeiro (Ap 12.11). Autoridade é se entregar pelo outro. Jesus disse que a autoridade foi vista quando ele entregou a própria vida a fim de retomá-la (Jo 10.18). O sinal de autoridade não é tamanho, influência, idade ou título; é a cruz.

* * * *

A visão cristã de criação de filhos nos chama a nos afastar tanto da passividade quanto da dominação. É fundamental entender que as Escrituras ensinam os filhos a ser obedientes aos pais e os pais a não tratar "seus filhos de modo a irritá-los", educando-os, em vez disso, "com a disciplina e a instrução que vêm do Senhor" (Ef 6.4). Na verdade, não existe família "indisciplinada", igreja "indisciplinada" ou mesmo pessoa "indisciplinada". Todos são disciplinados, isto é, treinados, formados e corrigidos rumo a determinadas inclinações e condutas. O questionamento é para que somos disciplinados, não se o somos ou não. Os pais que ignoram enquanto o filho tortura um cachorrinho, sem dizer uma palavra, não estão negligenciando a disciplina. Na verdade, estão disciplinando o filho a entender que crueldade e violência, pelo menos para com animais indefesos, não é algo importante o suficiente para requerer uma intervenção. Essa criança está sendo moldada e formada, por meio da falta de correção, para um futuro esperado, embora seja um futuro terrível!

* * * *

Nós, pais, muitas vezes fazemos exatamente o que nosso Pai celeste jamais faz conosco e nunca o fará. Tiago escreveu: "E, quando vocês forem tentados, não digam: 'Esta tentação vem de Deus', pois Deus nunca é tentado a fazer o mal, e ele mesmo nunca tenta alguém" (Tg 1.13). Paulo escreveu que "Deus é fiel, e ele não permitirá tentações maiores do que vocês podem suportar. Quando forem tentados, ele mostrará uma saída para que consigam resistir" (1Co 10.13). É por isso que o Senhor, por intermédio da lei de Moisés, tratou seu povo como filhos muito bem cuidados por "tutores e administradores até a idade determinada por seu pai" (Gl 4.2). Ele trabalha cuidadosamente conosco rumo à maturidade, garantindo que sejamos fiéis no pouco, antes de nos colocar sobre o muito. De igual modo, os pais devem começar com limites bem restritivos de liberdade e responsabilidade, a fim de, aos poucos, preparar a criança para liberdades e responsabilidades cada vez maiores. Com frequência, porém, os pais desejam dar pouca atenção aos limites quando as consequências não incomodam de imediato sua vida e interferir depois que padrões já foram consolidados ao longo de toda a infância. Outros pais procuram manter os limites restritos, infantilizando o filho. São os pais que ligam para o superior do filho no exército a fim de reclamar do tratamento que o rapaz recebeu durante o treinamento de campo ou para o coordenador do curso universitário da filha a fim de reclamar de uma nota que lhe deram.

Não raro, a falta de limites adequados por parte dos pais tem raízes na pressão de grupo — não na pressão do grupo de amigos da criança sobre ela, mas sim na pressão do grupo de pais sobre os pais.

Os pais ou não querem privar os filhos daquilo que o mundo ao redor diz que as crianças necessitam, ou se intimidam de definir limites por medo de perder o favor dos filhos. Isso não só tem a mentalidade errada, como também uma visão limitada. Seus filhos logo reconhecerão que você não tem uma visão de alcance maior para eles do que eles próprios têm para si mesmos. Se você os treinar a vê-lo como meio para o objetivo final de satisfazer os próprios apetites, acabarão por escolher essas vontades às suas custas. Lembre-se, mais uma vez, do triste exemplo do sacerdote Eli, cujos filhos pegavam a gordura dos sacrifícios e, já maduros, se rebelaram, para a grande tristeza do pai (1Sm 2.12-31; 4.16-18).

Disciplinar os filhos não está ligado apenas a corrigir comportamentos errados, mas também a ensinar-lhes o que deve ser amado e priorizado. Isso significa nos disciplinarmos para nos importar mais com o que é melhor para criança do que para nós. Logo, não devemos nos importar tanto com o que nossos filhos pensam de nós naquele momento, mas sim em como eles nos veem naquilo que é mais importante — ao fazer uma retrospectiva a nosso respeito em seu leito de morte e muito além, quando se apresentarem para ser julgados por Cristo. Esse tipo sacrificial de criação de filhos exige sabedoria, paciência e disposição de, quando necessário, ser impopular. Sim, a princípio, os filhos reclamarão de qualquer limite colocado na vida deles. Assim foi conosco e com todos que nos antecederam quando fomos libertos de nosso faraó e colocados dentro da casa do Pai.

Ao mesmo tempo, porém, alguns são tentados a criar uma imagem incorreta de Deus por meio de uma disciplina severa ou arbitrária. Os pais devem educar os filhos "com a disciplina e a instrução que vêm do Senhor", conforme ordenam as Escrituras, mas também sem irritar os filhos. A fim de se afastar dessa possibilidade de irritação, é preciso começar com uma casa na qual a correção e a repreensão não são as principais formas de interação. A casa de Deus não é sinônimo de severidade e privação; é, isto sim, uma casa cheia de alegria. Alguns pais interagem com os filhos tanto em correção e repreensão que imitam o irmão mais velho da parábola de Jesus, em lugar do pai que se enche de alegria e prepara uma festa para o filho que voltou (Lc 15.11-32). Alguns pais acreditam que são santos, quando na verdade sinalizam para os filhos que o reino de Cristo é um seminário entediante de fariseus, não uma família na qual apreciamos o favor e a liberdade de nosso Pai (Lc 4.18-19). Se o riso e a alegria não fazem parte de nossa família, algo está errado.

Alguns pais veem a disciplina corretiva como o extravasar da raiva ou frustração que sentem. Aliás, muitos são relaxados na disciplina de pequenas coisas, mas depois "explodem" gritando com os filhos quando eles chegam a determinado ponto (por vezes imprevisível). As crianças dificilmente identificam autoridade nos pais quando estes perdem o controle dos próprios impulsos e gritam de modo frenético. Se, assim como a Bíblia ensina, a disciplina está relacionada com o futuro da criança, não com uma expressão pessoal dos pais, então devemos discipliná-los quando estamos mais calmos, em plena condição de autocontrole. Se você é propenso a gritar ou se irar, primeiro discipline a si mesmo. Você pode, por exemplo, dizer para seu filho: "Nós vamos conversar sobre isso, mas primeiro vou fazer uma caminhada". Acalmar-se antes de resolver o problema não é se esquivar da disciplina; é enfatizá-la. Sem dúvida, se houver abuso de uma criança dentro de seu lar, não importa quem seja o abusador, as autoridades civis devem ser chamadas de imediato. O abuso infantil, dentro do lar ou da igreja, não pode ser desculpado, ignorado ou tolerado, nem por uma fração de segundo. Porém, mesmo em situações que não configuram abuso, a ira de um pai pode infelizmente ser a nota predominante de um lar. E não é assim que as coisas devem ser.

Tampouco devemos presumir que, apenas porque os pais não gritam, seu temperamento está sob controle. Às vezes, até mesmo meios perfeitamente legítimos de disciplina corretiva, como mandar a criança para o quarto, podem comunicar algo bem diferente da disciplina paternal de Deus encontrada no evangelho. Essa pode ser uma boa estratégia caso corresponda a um período curto de isolamento, a fim de dar a oportunidade para que o filho se acalme ou reflita sobre a gravidade da situação. Todavia, longos períodos desse tipo de isolamento removem a criança da vida familiar. Esse não é o padrão bíblico de disciplina e restauração. Pelo contrário, trata-se de um meio de excluir a criança do processo de discipulado de que ela necessita tão desesperadamente (e nós também). A disciplina de Deus não tenta isolar e marginalizar, mas sim levar a ovelha errante de volta para o aprisco com sua voz, receber com alegria o filho pródigo ao redor da mesa, não o afastar.

Alguns pais têm expectativas tão rígidas para os filhos que nenhuma criança seria capaz de satisfazê-las. Às vezes isso acontece porque, ao contrário do próprio Deus, os pais não conseguem ver a diferença entre imaturidade e rebeldia. Sim, pequenas questões disciplinares podem levar a grandes problemas mais tarde, mas isso não quer dizer que tudo que a criança faz merece reação imediata. Em muitos casos, Deus repreende seu povo por falta de maturidade. Indivíduos que deveriam ser mestres na igreja primitiva ainda necessitavam de ensino, precisando do "leite" da instrução básica, em lugar do "alimento sólido" dos que são "adultos" e, "pela prática constante, são capazes de distinguir entre certo e errado" (Hb 5.11-14). Entretanto, o autor de Hebreus só os colocou na posição de ensino quando se mostraram prontos e não enfiou comida sólida goela abaixo de bebês que ainda não haviam aprendido a mastigar. Em vez disso, ensinou e tentou conduzi-los à maturidade para a qual haviam sido chamados. E, ao contrário das divindades inescrutáveis de outras nações, Deus revelava exatamente o que esperava de seu povo. Não era necessário especular o que ele achava bom, correto ou agradável.

Deus também não é rigoroso conosco ao nos disciplinar. Seus mandamentos "não são difíceis" (1Jo 5.3). A criança que conclui ser incapaz de descobrir o que seus pais esperam dela logo desistirá de tentar agradá-los.

Lembro-me imediatamente do caso de um pai legalista que brigava o tempo inteiro com os filhos por causa de tudo, disciplinando-os de maneira bem mais drástica do que a infração requeria. Alguns dos filhos desse homem acabaram se rebelando contra tudo que os fazia se lembrar dele, ao passo que outros se encolheram a uma vida tão acuada que mal conseguiam criar coragem para responder ao cumprimento do funcionário de uma loja. É possível, é claro, que a personalidade desses filhos os levaria de qualquer maneira a esses caminhos; Deus não permita, porém, que nossa disciplina rígida e irada catalise ou exacerbe esse tipo de coisa.

A instrução não diz respeito principalmente a transmitir informações ou padrões morais, muito embora desejemos inculcar conhecimento e uma bússola moral. A disciplina não diz respeito a obediência calada, mas sim a arrependimento. A correção é necessária, mas ela envolve arrependimento, não punição. Punição é o inferno. O inferno saiu de cima de nós na cruz, e não o carregamos mais. A disciplina só se assemelha ao inferno em um aspecto: ambos mostram que os atos têm consequência e que precisamos prestar contas de quem somos e do que fazemos. Mas disciplina não é inferno; é graça. A disciplina consiste em uma dificuldade temporária para nosso bem, produzindo "uma colheita de vida justa e de paz para os que assim são corrigidos" (Hb 12.11). A fim de que assim seja, com frequência precisamos abrir mão do conceito do que é "sucesso" para nossos filhos. É necessário orar, antes de mais nada, não para que o filho entre em uma boa faculdade, encontre uma carreira valorizada ou tenha uma família estável um dia. Nossa primeira e principal oração deve ser para que nosso filho tenha um buraco de saída da sepultura um dia, pois aprendeu a ouvir a voz de Cristo.

No entanto, a credibilidade moral não é obtida por meio do ocultamento de nossos pecados e das falhas de nossos filhos, mas sim quando nos arrependemos deles diante dos filhos. Não sacrificamos nossa credibilidade quando dizemos aos filhos: "Eu estava errado" ou "Você me perdoa?". A fim de disciplinar nossos filhos, nós precisamos ser disciplinados. A fim de ser pais de nossos filhos, nós precisamos receber o cuidado do Pai. A fim de levar o evangelho para nossos filhos, nós precisamos nos apegar ao evangelho. Logo, a cruz deve não só ser o foco enquanto ensinamos, capacitamos e disciplinamos, mas também quando tropeçamos. Nunca acertaremos o tempo inteiro. Você se sentirá um fracasso na maior parte do tempo como pai ou líder da próxima geração, mesmo quando não estiver falhando. Ao contrário do Pai, não somos sempre santos, nem onicientes. Embora nosso objetivo seja agir pensando no que é o melhor para nossos filhos no longo prazo, não raro perdemos de vista esse objetivo, ou nem sabemos qual ele é.

É claro que essa é a finalidade de educar e disciplinar os filhos. O grande objetivo não é que nossas crianças se comportem melhor. Aliás, às vezes um sujeito bem-comportado está às portas do inferno. Se a pessoa aprende a se dobrar diante de quem for o mais poderoso no momento... bem, o diabo parece bem poderoso neste momento intermediário em que vivemos. Pior ainda: a pessoa que aprende a obedecer sem aprender a se arrepender é alguém que ou cairá em desespero, ou tentará forjar a própria justiça. Entretanto, sem dúvida isso jamais traz justiça, pois aquele que viola a lei em um ponto é transgressor da lei, e "quem obedece a todas as leis, exceto uma, torna-se culpado de desobedecer a todas as outras" (Tg 2.10). O objetivo da disciplina não é aprender a se comportar, mas aprender a se arrepender. Há um motivo para a admoestação de Paulo sobre pais e filhos estar inserida no contexto da batalha espiritual: a verdade é que "nós não lutamos contra inimigos de carne e sangue" (Ef 6.12). O objetivo da educação dos filhos não é a aquiescência, isto é, crianças que aprendam a ceder a um poder mais forte. O objetivo da educação dos filhos é ensinar o tipo certo de batalha. Queremos crianças que amem o reino que Deus promete e resistam à força invasora das presentes trevas. Disciplinamos não para ensinar nossos filhos o que fazer e o que não fazer, mas para que saibam aonde ir quando falharem, ou, melhor ainda, a quem recorrer. Isso requer um estilo de criação que mantenha o evangelho em vista, no qual justiça, amor, verdade e graça se encontrem no Cristo crucificado.

Talvez a melhor maneira de ver isso é observar como Jesus "educou" seus apóstolos. A disciplina permanece em evidência ao longo de seu ministério, e é por isso que usamos o termo "discípulos" para os designar. Temos a tendência de pensar em paternidade apenas em referência a Deus Pai, mas Deus cuida de nós por intermédio de Cristo Jesus. Assim como os pais terrenos, Jesus é exemplo (porém perfeito) da paternidade de Deus para com aqueles a seu redor. Os evangelhos estão cheios de exemplos disso, mas um episódio que salta imediatamente à lembrança é a interação de Jesus com seus discípulos em Cesareia de Filipe, depois de Simão Pedro confessar que

Jesus é o Cristo, o Filho do Deus vivo. Jesus confirmou a confissão de Pedro revelando o futuro: "Sobre esta pedra edificarei minha igreja, e as forças da morte não a conquistarão" (Mt 16.18), não apenas o grande futuro cósmico e geral, mas em particular o papel de Pedro nele. O mais surpreendente, contudo, é que depois desse ensino triunfante sobre o reino vindouro Jesus se voltou para a cruz, como sempre o fazia, e "começou a falar claramente a seus discípulos que era necessário que ele fosse a Jerusalém e sofresse muitas coisas terríveis nas mãos dos líderes do povo, dos principais sacerdotes e dos mestres da lei. Seria morto, mas no terceiro dia ressuscitaria" (Mt 16.21-22). Nessa ocasião, Jesus tanto elogiou e confirmou os discípulos ("Que grande privilégio você teve, Simão, filho de João!"), quanto os corrigiu, nesse caso categoricamente ("Afaste-se de mim, Satanás!"). Todavia, Jesus não ficou chocado pelo satanismo acidental de Pedro, em sua ignorância, nem por seu pecado futuro. Jesus sabia que Pedro o trairia três vezes. Ele não o levou a pecar nem a esconder, apenas o instruiu: "Quando tiver se arrependido e voltado para mim, fortaleça seus irmãos" (Lc 22.32). Se pais, líderes da igreja e mentores conseguissem entender o que Jesus fez aqui e como seguiu o exemplo do Pai, compreenderíamos o que significa criar filhos com a cruz nas costas e o reino em vista.

* * * *

Queremos que nossos filhos sejam bem-sucedidos no mundo. Queremos filhos que se lembrem de nós no futuro com amor e respeito. Acima de tudo, porém, devemos querer que nossos filhos olhem para trás e vejam que nossa única identidade pessoal era esta: "O que é capaz de lavar o pecado? Nada além do sangue de Jesus". Devemos educar nossos filhos de tal maneira que eles percebam que nossa esperança não está ligada ao "sucesso" que os faça ter uma boa imagem para exibirmos a nossos colegas, nem que sejam bem-comportados o bastante para não nos manter acordados durante a noite, mas sim que, assim como nós, estejam vivos para Deus, por intermédio de Jesus Cristo. Nossa esperança deve ser que eles enxerguem a si mesmos e a nós ao mesmo tempo pecadores e justificados, às vezes de castigo, mas sempre batizados. Para isso, necessitamos da cruz.

12
Tensões e traumas familiares

Um amigo meu, cujos filhos são um pouquinho mais velhos que os meus, recentemente viu seu primogênito sair de casa para fazer faculdade. Meu amigo contou que deixou o filho no quarto do dormitório universitário e chorou copiosamente, mesmo sabendo que a faculdade ficava a apenas alguns quilômetros de sua casa. Um cristão mais experiente se aproximou de meu amigo e perguntou se estava tudo bem. Meu amigo explicou que as emoções não eram causadas tanto por sentimentalismo, embora também houvesse um pouco disso, mas sobretudo por culpa. Ele é músico e passa a maior parte do tempo na estrada.

— Hoje eu percebo como foi pouco o tempo que tive com meu filho. Eu passei tanto tempo fora de casa! Por que não fiquei mais com ele? E, quando estava em casa, por que perdi tempo assistindo à televisão?

O homem mais velho olhou para meu amigo e disse:

— Ah, o Senhor redime tudo isso!

Então ele me explicou que aquela única frase foi libertadora. O homem não fez o que ele esperava, isto é, confortá-lo. "Caso ele tivesse me dito que eu havia sido um bom pai, eu teria ponderado que ele não conhecia bem a situação", comentou meu amigo. "E, se tivesse dito que minha ausência não importava, eu não teria acreditado nele." Em vez disso, aquele estranho sábio apontou para a cruz. Deus é capaz de redimir essa história ao uni-la à obra redentora da cruz. Em lugar de uma palavra de consolo acerca do desempenho de meu amigo, aquele senhor ofereceu algo ainda melhor: uma mensagem de graça.

Escutei com atenção, porque, embora ainda não tenha chegado à fase do "ninho vazio", nem mesmo parcialmente, sei muito bem como é se sentir um fracasso na criação dos filhos. Nenhum de nós passa pela vida sem magoar e ser magoado. Com frequência, essas mágoas acontecem dentro do contexto da família — às vezes, relacionadas a pessoas que infelizmente se foram há muito tempo, e em outras ocasiões, com indivíduos que, para nosso incômodo, persistem em estar por perto.

* * * *

Jesus nos orientou a esperar tumulto e sofrimento. O apóstolo Pedro, de maneira semelhante, disse às igrejas para as quais escreveu: "Não se surpreendam com as provações de fogo ardente pelas quais estão passando, como se algo estranho lhes estivesse acontecendo" (1Pe 4.12). No entanto, o reconhecimento da presença e do propósito de Deus por trás da dor não leva a um fatalismo estoico, nem a uma calma budista diante do mal e do sofrimento. A cruz deixa claro que o mal existe de verdade e requer juízo da parte de Deus. A cruz também deixa claro que nenhum de nós precisa se deixar destruir por aquilo que aconteceu conosco, ou, ainda pior, por aquilo que nós fizemos aos outros.

Todavia, saber aplicar a natureza moldada pela cruz de nosso evangelho à nossa vida e situação familiar por vezes confusa pode ser difícil, sobretudo quando aquilo que nos incomoda varia desde uma pequena tensão até traumas reais. Como saber de que modo caminhar rumo ao futuro que Deus reservou para nós no evangelho quando aquilo que imaginávamos ser o elemento mais seguro de nossa identidade — a família — se quebra ou até mesmo desmorona? Parte disso exigirá passar por cima das tensões comuns da família, e parte dirá respeito a olhar para trás e para a frente, enfrentando traumas bem reais. À medida que Jesus se aproximava da cruz, havia muitos que sabiam quem ele era e tentavam encontrar uma maneira de matá-lo. Havia outros, porém, que não entendiam; não conseguiam enxergam quem ele era e o que estava ensinando. Nenhum desses grupos atrapalhou sua jornada rumo à cruz, tampouco ele confundia um com o outro.

Ao trabalhar bastante com famílias formadas por meio da adoção, ouço regularmente de filhos adotados já adultos as dificuldades que tiveram para compreender a própria identidade. Uma dessas pessoas, cristã, me disse:

— Você não faz ideia do que é se sentar à mesa em frente a pessoas que são um mistério para você e pensar consigo mesmo: "Eu não sou nada parecido com vocês! Como vim parar nesta família?".

Eu disse que, até certo ponto, o que ela vivenciava se devia à adoção, mas que boa parte era bem mais universal. Então comecei:

— Sei muito bem como é! Chama-se reunião de família no Natal.

Por mais que idealizemos a família, esse idealismo tende a desaparecer quando lidamos com atritos bem reais que podem acontecer entre membros de uma família com personalidades e perspectivas diferentes. Em parte, isso diz respeito a escolher os temas de conversa a ser puxados e evitados. Mas há questões mais sérias: parentes que talvez sejam hostis à sua fé, por exemplo. Ou talvez você imaginasse que já estava com o ninho vazio, mas agora precisa lidar com a presença do filho ou da filha de volta ao antigo quarto, quem sabe junto com o cônjuge, ou parceiro, ou filhos à tiracolo. Já é difícil com a família de origem, quando pelo menos já se tem o treinamento de uma vida inteira para conhecer e saber onde estão escondidos os esqueletos no armário. Mas quando se acrescenta a mistura dos parentes do cônjuge, com a própria dinâmica confusa, brigas veladas, tratados de paz e experiências passadas complicadas, a situação se torna ainda mais complexa. Como carregar a cruz quando as tensões se tornam inevitáveis?

Em primeiro lugar, o evangelho nos chama a viver em *paz*. Sim, Jesus nos fala que ele traz uma espada que, às vezes, divide famílias (Mt 10.34-37). Mas há uma diferença entre divisão evangélica e divisão carnal (1Co 1.10-17). O Espírito traz paz (Gl 5.22), e os filhos de Deus são chamados para ser pacificadores (Mt 5.9). Assim, devemos nos esforçar "para viver em paz com todos" (Hb 12.14). Com frequência, as divisões que acontecem entre parentes dizem respeito a visões de mundo conflitantes na esfera espiritual. Às vezes, porém, as divergências não estão ligadas a um familiar incrédulo que persegue um cristão, mas a um cristão que decide separar o trigo do joio ao redor da mesa, bem na reunião de família, em vez de fazer o que Jesus ensinou e esperar o dia do juízo (Mt 13.29-30). Sim, o evangelho expõe o pecado, mas não a fim de condenar (Jo 3.17). O evangelho expõe o pecado de maneira estratégica a fim de apontar para Cristo. Opor-se aos membros da família que não professam o cristianismo porque eles pensam ou agem como descrentes não é seguir o caminho da cruz.

Alguns cristãos acham que a beligerância é, na verdade, um sinal de santidade. Saem da mesa de jantar dizendo: "Veja bem, se você não sofre oposição, é porque não está em Cristo!". É claro que, às vezes, as divisões são inevitáveis. Mas pense na lista de características que Jesus prescreveu para os líderes da igreja: eles não deveriam ser briguentos e deveriam ter boa reputação perante os de fora (1Tm 3.3,7). Isso está na mesma lista que os instrui a não ser hereges nem bêbados. Tanto quanto possível, sua presença deve emanar paz e tranquilidade. É o evangelho em que você acredita que deve causar separação.

Além disso, as Escrituras nos chamam a *honrar*. Devemos temer a Deus, obedecer ao rei e honrar (preste atenção a isso) a todos (1Pe 2.17). Se a prima Lu toma doses de tequila dentro do carro, do lado de fora da reunião familiar, só para reduzir os efeitos da cocaína, bem, ela ainda foi criada à imagem do Deus que você adora. Não dá para cumprir a vontade do Senhor se opondo a ela! Ou seja, não é impossível evangelizar o pai e a mãe descrentes enquanto os desrespeita. Deus nos manda honrar aqueles a quem a honra é devida. Isso significa demonstrar, sempre que possível, respeito e gratidão.

Também é necessário ter *humildade*. Parte da razão para muitas das tensões com parentes acontece porque interpretamos nossas diferenças em relação a Jesus da mesma maneira que vemos nossas diferenças sobre a política externa no Oriente Médio, a possibilidade de nosso time do coração ganhar o campeonato ou quem merece mais gratidão por ter preparado o jantar. Nós, cristãos, não podemos ser como os antagonistas profissionais da cultura ao nosso redor, valorizando ter a última palavra. Jesus jamais tentou provar que estava certo. E ele foi acusado de tudo, desde ser bêbado a endemoninhado. Ele rejeitou a tentação satânica de forçar uma vindicação visível — lançando-se do pináculo do templo para ser resgatado por Deus de maneira teatral. Em vez disso, esperou que o Senhor o vindicasse na tumba vazia.

Muitas vezes, aproximamo-nos do satanismo nas conversas com nossos parentes — sobretudo com aqueles que são cristãos nominais ou descrentes — porque nos orgulhamos de conhecer a verdade do evangelho. É por isso que ficamos com raiva quando o tio Beto afirma que "muitos caminhos levam a Deus". O tio Beto está errado, mas não devemos sentir maior vontade de provar que estamos certos do que querer que ele ressuscite. Nós nos encontramos aqui justamente quando esquecemos como foi que chegamos a Cristo. Isso não é mérito nosso, como ser aceito em uma universidade de prestígio, tampouco é um ato de expressão da vontade, como ganhar uma partida de xadrez por estratégia. O apóstolo Paulo indagou: "O que vocês têm que Deus não lhes tenha dado? E, se tudo que temos vem do Senhor, por que nos orgulharmos como se não fosse uma dádiva?" (1Co 4.7).

Satanás quer destruir você por meio de um defeito primordial: o orgulho (1Pe 5.7-9; 1Tm 3.6). Ele não liga se o orgulho se manifesta quando você olha em volta da mesa da família e imagina quanto ganha a mais que seu primo de segundo grau ou quando olha em volta e diz consigo mesmo: "Eu te agradeço, Deus, porque não sou como as demais pessoas" (Lc 18.11). O resultado final é o mesmo (Pv 29.23). A menos que você faça parte de uma família excepcionalmente santificada, haverá casamentos que deram errado, crises na criação dos filhos e milhares de outras formas de maldição (você também sofrerá com algumas delas). Se sua reação for se encher de orgulho ao se comparar com os outros, existe um satanista em sua reunião familiar — e é você mesmo!

Isso também requer *maturidade*. Se nós trilhamos o caminho da cruz, devemos seguir o caminho que Jesus percorreu: da tentação para o sofrimento, do sofrimento para a crucificação e, por fim, da crucificação para a glória. Com frequência, vemos esses testes como coisas grandiosas, monumentais, mas raras vezes é assim. Deus pode levá-lo a alcançar a maturidade em Cristo enfrentando leões na presença do imperador ou segurando uma placa com João 3.16 em frente a tanques de guerra nas ruas de Pequim. O mais provável, porém, é que esse teste aconteça em meio a pequenas tentações — como nas ocasiões em que você precisa suportar com paciência seu cunhado mal-educado no final da mesa que quer explicar como os cubanos mataram o presidente Kennedy ou como pode torná-lo rico se você entrar para o negócio de venda de laxantes naturais, um claro esquema em pirâmide. Uma das perguntas que precisamos nos fazer é se a tensão que sentimos deve ser atribuída à própria imaturidade, e às vezes a resposta é afirmativa.

De todo modo, enxergue as tensões ao seu redor como mais que algo que você desfaria se fizesse parte de uma família diferente. Sempre haverá pontos de atrito. Não se esqueça também de que a cruz aponta para o dia do juízo, no qual prestaremos conta de cada palavra, cada ato e cada pensamento, por menor, insignificante ou menos memorável que ele seja. Veremos então que o Espírito nos levou a carregar nossa cruz a todas as arenas possíveis nas quais vivemos o evangelho, inclusive na mesa de jantar da tia Gertrudes.

Estou usando a palavra *tensão* para me referir a todos os atritos cotidianos que exigem paciência e sabedoria, mas que não costumam ameaçar a família em si. Já "traumas" seriam aquelas experiências negativas de sofrimento que colocam em risco o conceito que a pessoa tem de si mesma e o senso de comunidade. Às vezes, a linha que separa os dois é tênue, sobretudo quando diz respeito ao relacionamento entre pais e filhos afastados. Não gosto muito da expressão "filho pródigo", pois tende a presumir que foi o filho quem partiu para uma terra distante, ao passo que os pais ficaram em casa. Mas não era essa a ênfase de Jesus. Todos nós somos pródigos. Apenas nos encontramos em pontos diferentes de nossa história de redenção. Assim, seria correto falar em "pais pródigos", "irmãos e irmãs pródigos" e "igrejas pródigas". É claro que há um espectro amplo naquilo que entendemos como "filhos afastados", que varia desde famílias intactas que se amam, mas cujos filhos não aceitaram a tradição de fé dos pais, até situações em que os filhos expressam ressentimento e ódio em relação aos pais e até estão envolvidos em comportamentos perigosos ou socialmente destrutivos. Há uma agonia especial quando os pais — literais ou espirituais — veem o filho se afastar do caminho que ensinaram e ir rumo à autodestruição. Se, como o apóstolo João escreveu, "eu não poderia ter maior alegria que saber que meus filhos têm seguido a verdade" (3Jo 1.4), então, sem dúvida, o oposto diametral dessa afirmação também é verdadeiro.

Às vezes, essa mágoa é intensificada por um conceito inadequado de pecado e graça, não da parte dos "pródigos", mas daqueles que desejam que eles voltem. Alguns pais podem se sentir meio traídos, como se a descrença do filho fosse um ato de ódio contra eles, uma vez que o filho deve à família sua conversão e seu discipulado. Os pais podem ficar chocados quando o filho se rebela: "Como ele é capaz de fazer isso depois da maneira que foi criado?" ou "Que ingratidão ela tem por nós depois de tudo que fizemos por ela!". Se você está pensando dessa forma, perceba o que está acontecendo. Você perdeu de vista aquilo que Deus nos revelou na cruz. A realidade é que não é só você lidando com um "filho pródigo", mas sim Deus lidando com um "cosmo pródigo".

* * * *

O pecado e a rebeldia contra Deus são universais (a única exceção é Jesus) em todo o decorrer da raça humana, e isso inclui você. Todas as nossas histórias incluem nossa consciência de quem é Deus, nossa consciência de sua revelação em nossa consciência e, mesmo assim, nosso afastamento em ingratidão rumo ao eu e aos ídolos que podemos construir (Rm 1.18-23). Saber disso a nosso respeito é essencial para nos relacionarmos bem com aqueles que nos desapontam com sua descrença ou rebeldia. Ficar chocado quando nosso filho ou mentoreado comete algum pecado ou se desvia do caminho é um sinal de que não entendemos de verdade o que a cruz nos ensinou sobre o pecado e o coração humano.

Por vezes, existe um sentimento — normalmente velado — de traição por parte do próprio Deus, por não intervir para salvar o filho. Com frequência, isso está enraizado em uma visão transacional do que significa criar filhos. Conforme observamos antes, alguns pais em nosso meio contemporâneo pensam que educar filhos é o equivalente a criar gados ou digitar códigos de programação em um computador, uma questão relativamente simples de causa e efeito, entrada e saída. Às vezes, os cristãos adotam o mesmo ponto de vista, desde o início da vida, e julgam os pais de um bebê que está chorando por não enquadrar o pequeno em um regime de sono que garanta o contentamento. Essa tendência fica ainda mais acentuada quando os cristãos fazem o mesmo com um mecanismo espiritual, em vez de técnico. "Ensine seus filhos no caminho certo, e, mesmo quando envelhecerem, não se desviarão dele" (Pv 22.6) é uma passagem que muitos pais de filhos afastados "clamam" como uma "promessa" de que Deus irá, por fim, salvar seu filho. Mas é claro que não é isso que Provérbios ensina.

Não existe evangelho da prosperidade na criação dos filhos. O texto, assim como muitos dos provérbios, fala sobre um princípio geral: o direcionamento dos pais na vida dos filhos é formativo, de alguma forma, pelo resto da vida deles. Sem dúvida, isso é verdade. No entanto, isso não quer dizer que a criança educada em um lar cristão inevitavelmente se tornará cristã, mesmo que tenha sido criada em um excelente lar cristão. Em muitos casos, filhos que cresceram em meio a Bíblias, hinos e todo o ensino caloroso do evangelho se afastam mesmo assim de tudo isso. Às vezes, como na parábola do filho pródigo que Jesus contou, isso acontece por um curto período, enquanto ele tenta encontrar uma identidade separada da dos pais. Às vezes, porém, é pela vida inteira.

Isso não quer dizer que a instrução e o exemplo evangélicos deixados pelos pais não deu em nada. Para o bem ou para o mal, todos somos confrontados com nossa origem, às vezes cada vez mais à medida que envelhecemos ou nos momentos que menos esperamos. Muitos dos que crescem em lares cristãos não são cristãos, mas sim, como explicou Flannery O'Connor, "assombrados por Cristo". Isso quer dizer que seus sentimentos e suas intenções ocultas os atraem para um confronto com o Cristo que não querem encontrar. Às vezes, esse processo de ser "assombrado por Cristo" se torna um fantasma que faz barulho na consciência e relembra as memórias incrustradas de antigos cânticos da escola dominical, ou leituras da Bíblia com a família reunida, ou o exemplo do pai ou da mãe que oravam à noite. Às vezes, isso leva à conversão, quem sabe muito depois que os pais já morreram. Às vezes, não. O conhecimento dos fatos e até a imersão nas coisas de Deus não garantem o novo nascimento. Mateus nos conta, em uma das passagens mais sutilmente incômodas de toda a Bíblia, que os guardas que testemunharam a ressurreição receberam uma "grande soma de dinheiro" para negar o que haviam contemplado com os próprios olhos. O evento mais grandioso da história cósmica havia acontecido. Que "soma de dinheiro" seria grande o bastante para mentir sobre isso? Sabemos, porém, que o Espírito é capaz de convencer qualquer um do pecado e de trazer qualquer pessoa para a fé em Cristo, mesmo após anos de fuga. O Espírito sopra onde quer, e não podemos saber onde ele está. Só conseguimos ver as folhas espalhadas em seu rastro (Jo 3.8).

Às vezes, os pais não sentem merecimento de algo diferente, mas sim uma culpa mal-direcionada. Ou passam o tempo inteiro questionando as decisões, falhas e omissões de um passado bem distante na criação dos filhos, ou se sentem culpados pela maneira como lidam com a situação atual de um filho em rebelião ativa ou passiva. Jamais me esquecerei de um homem experiente, um cristão impressionante e dedicado, que veio ao meu escritório e se debulhou em lágrimas, dizendo que temia ir para o inferno. Estava claro que ele seguia o evangelho, então lhe perguntei por que achava isso. Ele disse que sabia que Jesus dissera que quem o negasse perante os homens seria negado por ele diante do Pai no céu (Mt 10.33). E aquele homem acreditava que negava a Cristo com regularidade.

Quando lhe pedi mais detalhes a esse respeito, ele explicou que sua filha adulta não era cristã e estava envolvida em um relacionamento de longo prazo com um homem, com quem morava junto sem ser casada. O casal tinha um menininho resultante dessa união. Cheio de culpa, ele me contou que a filha sabe o que seus pais acham sobre a moralidade do casamento e da sexualidade, mas que ele nem sempre aborda esse assunto quando eles estão juntos. Também explicou que visita a filha com frequência e tem conversas "normais" de pai e filho com ela, por vezes cheias de risos. Também descobri que ele era envolvido quase que diariamente na vida do neto. Aquele homem não percebia que estava vivendo heroicamente. Era um modelo cristão de criação de filhos e relacionamento com os netos, mas sentia que estava negando a Cristo porque não transformava todos os diálogos com a filha em uma batalha por causa dos textos bíblicos sobre a moralidade sexual. Esse é o triste resultado da cultura adversária, na qual a igreja, em nosso zelo por defender a fé, por vezes pintou o quadro, mesmo sem ter essa intenção, de que nossas interações com os descrentes devem ser discussões constantes. Não é assim que Deus lida conosco.

Na verdade, pode até acontecer de pessoas voltarem por perder uma discussão, mas isso é bem raro. Em geral, uma palavra é dita de forma estratégica, testemunha-se com uma vida semelhante a Cristo e então aquele que deu a mensagem tem a paciência de esperar o Espírito aplicar a palavra. Conforme Jesus nos ensinou: "O reino de Deus é como um lavrador que lança sementes sobre a terra. Noite e dia, esteja ele dormindo ou acordado, as sementes germinam e crescem, mas ele não sabe como isso acontece" (Mc 4.26-27). Isso pode parecer devagar e trabalhoso demais para alguns. Queremos ganhar a discussão, ver nossos filhos salvos e prosseguir com a vida. Contudo, não é assim que Deus opera. Há muitos anos, passei pelo rompimento de um relacionamento com um amigo (que foi tanto minha culpa quanto dele, ou mais da minha parte), mas, na época, ele não respondeu às mensagens que eu mandava pedindo desculpas por minha parcela de responsabilidade em nossa divergência.

Ao conversar com um sábio homem mais experiente, confessei quanto era assombrado pela culpa por causa desse conflito não resolvido. Ele disse: "Acho que o problema é que você pensa por meio de narrativas e quer uma resolução narrativa para essa questão. Você deseja uma solução para um enredo, mas precisa reconhecer que sua vida não é um livro. Talvez você nunca encontre uma 'solução' para este caso e precisa confiar o enredo a Deus". Ele estava absolutamente certo. Pouco depois de aceitar isso e dizer ao Senhor que entendia o fato de que talvez essa minha amizade jamais fosse reconciliada, meu velho e agora novo amigo entrou em contato comigo, aceitando meu pedido de desculpas e se desculpando também. Essa não é uma receita forçando Deus a agir, pelo contrário! Mas, em meu caso, acho que o Senhor queria crucificar minha necessidade de ter uma vida com "consistência no enredo" antes que me fizesse experimentar a graça da resolução.

A maioria das pessoas — inclusive os membros pródigos da família — contendem com o evangelho, como todos nós, por longos períodos antes de caminharem rumo a Cristo, se é que o fazem. Em muitos casos, o fator que precipita isso não é a perda de uma discussão, mas exatamente o que ocorre na parábola do filho pródigo: uma crise.

Algum tempo atrás, um grupo de pesquisadores fez um experimento no qual a parábola do filho pródigo foi lida para povos de vários lugares ao redor do mundo: Ásia, África, Europa Oriental, Oriente Médio e América do Norte. Em seguida, os pesquisadores pediam que as pessoas de cada um desses contextos lhes contassem de volta a história. Havia um detalhe que as pessoas do mundo em desenvolvimento sempre mencionavam e que era esquecido pelos pertencentes a nações desenvolvidas: a fome. Você deve se lembrar de que o filho pegou sua herança e foi para um país distante, onde gastou e desperdiçou seus recursos. Jesus conta que ele só "caiu em si" e voltou para casa depois que "uma grande fome se espalhou pela terra, e ele começou a passar necessidade" (Lc 15.14,17). Quem vinha de um contexto mais abastado não se lembrava dessa parte da história porque lhes parecia apenas um pequeno detalhe. Mas para quem vivia regularmente diante da ameaça da fome, esse parecia um componente essencial da história.[1] E é mesmo. Quando lidamos com aqueles que se afastaram da fé, precisamos reconhecer que, às vezes, eles só começarão a avaliar as questões mais profundas da vida quando se encontrarem em uma situação na qual não sabem o que fazer. Precisamos ser o tipo de pais, avós e igrejas que mantêm aberto todo tipo de conexão, a fim de que nossos pródigos saibam como voltar para casa e tenham a certeza de que os encontraremos ainda no caminho, já preparando a festa de boas-vindas.

Para isso acontecer, porém, é necessário morrer para o eu. A dor por um filho desviado é real e deve estar presente na vida dirigida pelo Espírito. Jesus chorou por Jerusalém (Lc 19.42-44). O apóstolo Paulo disse que preferia ser mandado para o inferno e ser excluído de Cristo "por meu povo, meus irmãos judeus" (Rm 9.3). No entanto, essa dor não deve ser confundida com a exigência carnal de exibir para o mundo à nossa volta a família "abençoada" e "bem-sucedida" que temos. Em muitos casos, a verdadeira tragédia em uma família com filhos rebeldes não são pais que sofrem por eles, mas sim pais que sentem vergonha deles. Se "bons" filhos fossem mero resultado de técnica, poderíamos de fato nos gabar de nossa retidão manifesta na vida dos filhos. Mas não é assim que funciona.

O mesmo se aplica à situação contrária. Se pensamos que há algo em falta ou vergonhoso com uma família que tem pródigos, então precisamos concluir que há algo em falta ou vergonhoso com a família de Deus. No entanto, as famílias não dizem respeito a nós e a como nos apresentamos para o mundo. Às vezes, para que o filho veja a cruz na vida dos pais, ele precisa ouvi-los dizer: "Não importa o que você faça. Não importa para onde vai. Você sempre será nosso filho e sempre ficaremos felizes de dizer isso. Podemos não gostar do que você está fazendo, mas não sentimos vergonha de você". Afinal, esse é o mesmo tipo de bondade que nosso Pai nos demonstra, a mesma bondade que nos conduziu ao arrependimento (Rm 2.4).

Mesmo quando tais histórias terminam com final feliz, raramente acontece uma transição óbvia e definitiva das trevas para a luz, e assim é conosco também. Deus perdoa de imediato quando a pessoa demonstra fé e arrependimento. Então, passa o resto de nossa vida nos moldando e formando, nos afastando de velhos hábitos e antigas tendências a fim de adquirirmos novos. O Senhor tem paciência, bondade e gentileza infinitas para conosco. Nós devemos fazer o mesmo. Por exemplo, o filho ou a filha que passou algum tempo no país distante do vício em drogas pode de repente não sentir mais desejo de fazer uso dessas substâncias, mas isso é improvável. Em geral, o que se segue é uma longa luta por santidade, normalmente com algumas pancadas e deslizes ao longo do caminho. Não devemos nos desesperar por causa disso, nem sobrecarregar o filho arrependido questionando por que ele fez isso "conosco". Se realmente cremos no evangelho da cruz, então tudo ficou crucificado e para trás. Devemos, em vez disso, demonstrar paciência e o mesmo tipo de esquecimento do passado que Deus nos estende. "De nós ele afastou nossos pecados, tanto como o Oriente está longe do Ocidente", cantou o salmista ao falar de Deus (Sl 103.12).

Na primeira das crônicas de Nárnia, o irmão Edmundo se revolta contra o rei Aslam e contra seus irmãos, aliando-se à perversa Feiticeira Branca, atraído por seus doces. Depois de um tempo, é claro, Edmundo volta. As outras crianças veem o leão andando e conversando com o antigo rebelde, mas não ouvem a conversa. Aslam se aproxima dos outros três com Edmundo e diz: "Aqui está seu irmão. E não é preciso falar sobre o passado".[2] Essa é a história de todos nós. Todos somos Edmundo. Portanto, devemos estender a mesma graça àqueles que nos decepcionaram ou pecaram contra nós, mesmo — talvez até especialmente — se forem nossos filhos.

* * * *

Às vezes, os cristãos dizem que são "pró-família" e que têm "fortes valores familiares", como se isso pintasse, para todos, uma imagem positiva do cristianismo. Para muitos, porém, a ideia de "família" é aterrorizante. Muitas pessoas sofreram da maneira mais profunda — até mesmo grandes traumas — nas mãos de membros da família. Certa mulher que havia sofrido gravemente nas mãos do padrasto me disse que achava que jamais poderia ser cristã, por causa da cruz. Ela ouviu uma pregação evangélica sobre o relato de Jesus exclamando: "Pai, perdoa-lhes, pois não sabem o que fazem" (Lc 23.34). Se isso é cristianismo, ela falou, então não queria ter nada a ver com isso! Ela sabia o que havia passado e não poderia simplesmente ignorar tudo, como se não significasse nada. Entendo o que ela quis dizer. Se eu achasse que isso é evangelho, também não acreditaria. Mas não é assim.

Ao longo dos séculos, muitos tentaram proteger a reputação de Deus tentando disfarçar sua ira. Até certo ponto, é um impulso positivo, pois muitos têm um conceito falso de uma divindade sempre irada, carrancuda e punitiva, não do Deus que transborda amor, revelado por Jesus a nós. A ira de Deus não é um acesso de raiva. Em contrapartida, os que desejam ignorar a ira divina correm o risco de ocultar uma revelação que o próprio Deus faz de si mesmo, como santo e justo, que não absolve o culpado (Êx 34.7). O apóstolo Paulo escreveu que, na cruz, Deus "condenou o pecado na carne" (Rm 8.3, NVI). É importante que saibamos disso, sobretudo aqueles que precisaram sobreviver a coisas terríveis no passado.

A mulher cética com quem conversei estava certa em suas intuições. Ela não era vingativa. Mas sabia que alguém disposto a acobertar o que havia acontecido com ela era injusto. E Deus concorda com essa senhora. Ele inculcou em nossa consciência a compreensão de que quem absolve "o culpado" é mau, bem como quem condena "o inocente" (Pv 17.15). De fato, um dos grandes obstáculos para a crença em Deus é exatamente o que aquela mulher pressentia: o medo de que muitos atos terríveis de injustiça são acobertados e nunca se faz justiça por eles. Isso deveria nos incomodar mais. Nosso senso inato de justiça e a disposição em se opor à injustiça fazem parte de nossa humanidade mais básica, não por causa da queda, mas por termos sido criados à imagem de Deus. Isso se aplica até mesmo aos que afirmam ficar horrorizados com a ideia de um Deus irado.

A letra original do cântico da era da Guerra Civil norte-americana, "The Battle Hymn of the Republic" ["O Hino de Batalha da República", conhecido em português como "Vencendo vem Jesus"], é direto, trazendo imagens bíblicas de Deus "pisoteando a vide onde as vinhas da ira foram armazenadas" e manuseando uma "espada terrível e veloz" contra o mal da escravidão. Isso é importante porque, enquanto os norte-americanos cantavam esse hino, lembravam-se de que a escravidão não era uma mera questão de conflito regional, mas sim de responsabilidade moral, uma responsabilidade que imploraria por solução, mesmo que a guerra fosse perdida. De igual modo, o movimento em prol dos direitos civis justificou sua resistência não violenta à maldade inerente ao conjunto de leis racistas nos mesmos termos. Martin Luther King Jr. falou contra a violências das forças policiais do Alabama nos seguintes termos: "Nós os deixaremos de pé perante seu Deus, com o mundo salpicado de sangue e impregnado com o mal-cheiro dos cadáveres de nossos irmãos negros". Ele estava apontando para o trono do juízo, no qual todo mal será julgado. Estava dizendo aquilo que, na mesma época, a cantora de música *folk* Odetta entoava para as forças terroristas da Ku Klux Klan: "Vocês podem prosseguir por muito tempo, mas deixem-me dizer: o Deus Todo-poderoso vai derrubá-los!". Tudo isso está baseado na própria Bíblia, tanto no Antigo quanto no Novo Testamento. Deus não fecha os olhos para o mal. Pelo contrário, a cruz reafirma isso.

Infelizmente, é provável que a visão dessa mulher magoada quanto ao evangelho venha de cristãos professos que representam a Deus erroneamente, como ela descreveu. Para nossa vergonha, muitos fazem isso sobretudo por meio dos atos mais escondidos e aterrorizantes de horror físico ou psíquico contra crianças indefesas. Quantas vezes ficamos sabendo do silêncio diante de algum ato chocante de abuso infantil, ou de um cônjuge ou outra pessoa sendo acobertados por pessoas religiosas e, às vezes, até por igrejas, pois o predador foi "perdoado pelo sangue de Cristo?". Esse tipo de graça barata não corresponde às boas-novas de Jesus.

Sempre que há abuso de indefesos por parte de quem está no poder, a igreja deve exigir prestação de contas. Quando tais atos incluem violações da lei civil, a igreja deve alertar de imediato aqueles que receberam a ordem, dada por Deus, de "castigar os que praticam o mal" (Rm 13.4), isto é, as autoridades civis. Além disso, a igreja deve fazer tudo que estiver ao alcance para garantir que os predadores não usem o disfarce espiritual do nome de Cristo para cometer seus horrores. Isso inclui a revelação de qualquer ato potencialmente danoso e a cooperação diligente com as equipes de investigação sempre que houver suspeita de algum mal causado a uma criança, cônjuge ou qualquer outra pessoa. Mesmo fazendo isso, sabemos que existem pessoas por aí, quem sabe até mesmo nos bancos de nossas igrejas, que presumem que fugiram da prestação de contas, uma vez que nunca foram pegos em seus atos de abuso físico, sexual ou psicológico. Somos nós que devemos lembrar tais indivíduos de que "tudo que está escondido será revelado, e tudo que está oculto virá à luz e será conhecido por todos" (Lc 8.17), se não nesta vida, então na futura. Na cruz, a ira e o amor de Deus se unem. Eles não se cancelam.

O falecido pastor anglicano John Stott dizia que jamais poderia crer em Deus, não fosse a cruz. Conforme ele explicava, em um mundo de tantos horrores — crianças queimadas, mulheres espancadas, campos de concentração e genocídios —, como acreditar em um Deus que ignora tudo isso? Stott escreveu que havia visitado templos na Ásia, nos quais ficou em frente a estátuas de um Buda plácido, olhando para o nada, com os braços cruzados, sorrindo discretamente. Sua imaginação era forçada a se voltar para outra direção e contemplar

> aquela figura solitária, distorcida e torturada na cruz, com pregos atravessando mãos e pés, as costas dilaceradas, os membros em dor excruciante, a fronte sangrando por causa da coroa de espinhos, a boca seca com sede intolerável, afundado em trevas, abandonado por Deus. Isso é Deus para mim![3]

De fato, esse é o Deus que se faz presente. Na cruz, Jesus se alinhou com quem é abusado, difamado, envergonhado e desamparado. Ele permaneceu conosco, pendurado ali. E, nesse ato de impotência, também deu o golpe mortal no poder vil por trás do mal que cada um de nós já vivenciou. Jesus não está distante de sua dor; ele foi crucificado por ela — com ela e com você.

No entanto, se você já sofreu coisas terríveis, é possível que se pergunte qual é o caminho para seguir em frente. Quem sabe você se questiona como terá condições de adorar a Deus como Pai se jamais viu em um pai nada além de raiva, violência ou abuso. Contudo, pode ser que o Senhor esteja preparando você para ser a pessoa mais capaz de comunicar para os outros o que significa tê-lo como Pai. Você sabe o que Deus *não* é. E, em meio à sua dor, você pode muito bem ansiar por um pai que o ame, aceite e proteja. Frederick Buechner escreveu certa vez que o cristianismo é, em sua maioria, pensamento criativo. Ao falar isso, não quis dizer que o cristianismo não é verdadeiro; pelo contrário. Explicou que até mesmo aquela parte de nós que, quando algo indizível acontece, anseia por algo semelhante ao julgamento ou inferno, "reflete o desejo de que, em algum lugar, o placar esteja sendo marcado". O desejo de ter um pai que não seja como o terror que você conhece não é mero fruto de sua imaginação. Você sabe a diferença entre o que deveria ser e o que foi em seu caso. "Às vezes, a imaginação é a asa na qual a verdade sai", conclui Buechner. "Às vezes, a verdade é o que nos leva a imaginá-la e desejá-la."[4]

Aquilo que aconteceu conosco em nosso passado nos molda, e isso é verdade sobretudo quando coisas terríveis ocorreram dentro do que deveria ser nosso principal reduto de segurança, a família. Alguns concluem que isso significa que sua vida foi destruída em caráter permanente ou até mesmo eterno, pelo medo, vergonha ou raiva resultantes daquilo que você suportou. Lembre-se mais uma vez de que você segue a um Cristo crucificado. Não há como saber por que Deus permitiu que você passasse pelo que enfrentou. Não existe resposta para esse tipo de mistério, e provavelmente não ajudaria muito se tivéssemos todas as respostas para todos os nossos porquês. Às vezes, as pessoas interpretam mal a célebre passagem: "E sabemos que Deus faz todas as coisas cooperarem para o bem daqueles que o amam e que são chamados de acordo com seu propósito" (Rm 8.28). Presumem erroneamente que não passa de mais uma maneira de dizer: "Tudo acontece por um motivo" ou "O que não mata, fortalece". Nada disso! As Escrituras não dizem que tudo que lhe acontece é bom, de maneira nenhuma. O que a Bíblia afirma é que, em meio a todas as coisas, *Deus* está agindo para o seu bem, a fim de torná-lo semelhante a Cristo. A crucificação não era algo bom. Contudo, mesmo na cruz, Deus estava em ação, voltando o mal contra si mesmo e o derrotando com as próprias armas. Não dá para saber por que você enfrentou o que enfrentou. Mas é possível ter a certeza de que você sobreviveu. Você tem feridas? Sim, e elas fazem parte de quem você é. Quando você encontrar o Senhor Jesus durante a ressurreição, observe suas mãos e seu lado. Eles ainda terão as marcas dos espinhos e da lança romana (Jo 20.24-29). Mesmo assim, ele não é uma vítima. Ele é o triunfante Leão de Judá, aquele que é herdeiro do universo. E nele você também é.

* * * *

Entre esses dois momentos, porém, como lidar com as feridas de um trauma familiar? Talvez você tenha o conceito incorreto mencionado anteriormente sobre o que significa perdão. O perdão à luz da cruz não significa, de maneira nenhuma, que os pecados são isentos. Pelo contrário, a cruz garante aquilo que Deus já tinha dito: todo pecado e injustiça serão julgados na cruz ou no inferno. Parte da confusão sobre o que significa perdoar é alguns dizerem que o evangelho fala que devemos perdoar a todos, ao passo que outros dizem que não, que devemos perdoar assim como Deus: somente aqueles que se arrependem e pedem desculpas. A divergência, nesse caso, não está ligada tanto ao que as Escrituras nos ordenam, a saber, perdoar para ser perdoados (Mt 6.14), mas sim sobre qual é o sentido da palavra "perdão" para nós. Quem diz que só devemos perdoar quem nos causou dano, mas se arrependeu, embute a ideia de reconciliação dentro do perdão, em lugar da mera não retaliação. Concordo que você não deve necessariamente se reconciliar com alguém que lhe fez mal. Para começar, dependendo das circunstâncias, tal reconciliação poderia ser danosa para você ou para outras pessoas. Ou, às vezes, o preço da reconciliação, para a outra pessoa, seria basicamente que você ajudasse a acobertar o que ocorreu. É claro que você não pode fazer isso, tanto para manter sua consciência íntegra quanto por amor ao próximo que poderia sofrer o mal. A Bíblia nos orienta a viver "em paz com todos", mas acrescenta uma ressalva: "No que depender de vocês" (Rm 12.18). Às vezes, isso não é possível, pois nem tudo depende de você.

O perdão, de acordo com o conceito bíblico, nem sempre resulta em reconciliação. Sim, Deus se reconciliou conosco quando nos arrependemos, cremos e nos unimos a Cristo. Ainda antes disso, porém, Deus "é bondoso até mesmo com os ingratos e perversos" (Lc 6.35). Embora não inclua reconciliação, o perdão envolve a recusa em exigir justiça pelas próprias mãos, ou seja, garantir que os pecados contra mim são vingados por *mim*. Isso não significa que a justiça não deve ser feita. Quando somos perseguidos ou difamados, a Bíblia nos instrui: "Nunca se vinguem; deixem que a ira de Deus se encarregue disso, pois assim dizem as Escrituras: 'A vingança cabe a mim, eu lhes darei o troco, diz o Senhor'" (Rm 12.19). Isso não quer dizer não buscar a justiça, mas sim que não pagamos "o mal com o mal" (Rm 12.17). Chamar a polícia quando aconteceu um crime não é pagar mal com mal. Manter a criança afastada da casa de um avô abusivo não é pagar mal com mal. Uma igreja que disciplina um pai ou marido negligente não está pagando mal com mal.

Muitos acham que estão libertos do passado simplesmente porque não sentem raiva de quem falhou com eles ou os feriu. Às vezes, isso acontece porque a própria dor entorpece. Talvez você esteja mais irado do que pensa, com uma raiva profundamente submersa. Em primeiro lugar, saiba que a ira em si não é pecado, mas a retaliação pessoal, sim. Com frequência, a ira não contradiz uma atitude misericordiosa para com os outros, mas é parte do que significa estender misericórdia.

Um conselheiro me contou que a frase que mais ouve daqueles que sofreram negligência ou abuso severos por parte dos pais é: "Bem, eles fizeram o melhor que sabiam". Isso parece louvável e até espiritual, mas, na maioria dos casos, não é perdão; é autoproteção. A pessoa não quer encarar o fato de que teve um pai ou uma mãe tão cruel e desprovido de amor, então é mais fácil racionalizar o que aconteceu. Contudo, essa atitude não leva à cura, pois esconde a realidade por trás de uma imagem idealizada.

Se você passou por uma experiência de decepção ou trauma, mesmo que profundo, não é necessário esconder essa realidade sombria. Na cruz, Deus demonstrou e absorveu as possibilidades mais assustadoras da existência humana caída. Não dá para voltar atrás e desfazer o passado. Às vezes, quem deseja jamais ter vivido situações familiares assustadoras ou traumáticas relembrará as cenas na mente vez após vez, perguntando-se: "O que eu poderia ter feito diferente?" ou "E se esse detalhe tivesse sido diferente? Será que eu teria conseguido evitar essa catástrofe?". Às vezes, isso traz culpa por coisas que a pessoa sabe, no nível racional, não ter sido culpa sua (como o filho que se culpa pelo divórcio dos pais ou a esposa que se culpa pela traição do marido). Você pode lamentar seu passado, mas não pode mudá-lo. Contudo, saiba também que, embora seu passado o molde, ele não o define. Quem o magoou feriu você de verdade, mas não o derrotou. Você sobreviveu. Sua vida está escondida em Cristo. Seu futuro não é de vítima, mas de co-herdeiro com Cristo. O poeta Christian Wyman escreveu sobre a "leve e misericordiosa amnésia" de sua vida ser interrompida pelo reconhecimento do que suportou no passado: "Como é que agora, como ruínas desenterradas para a ruína, minha infância vem à tona? Senhor, faze-me cantar essas feridas pelas quais fui formado e marcado".[5] É possível que você também se sinta marcado por suas feridas, mas ouça atentamente o que sua vida lhe diz e reconheça também como foi formado por elas. Cante as feridas. Não estou dizendo que você deve cantá-las com alegria, mas do mesmo modo que Jesus entoou o salmo 22 na cruz: com lamento honesto diante da aparente ausência de Deus, enquanto também se apegava a vislumbres de lembrança de sua presença.

A visão da realidade moldada pela cruz significa que a igreja deve saber lamentar, inclusive quando falamos sobre família. Seria fácil cantar juntos em adoração com o profeta Jeremias: "Grande é sua fidelidade!" (Lm 3.23), mas dificilmente cantaríamos qualquer outra passagem de Lamentações. Quem consegue imaginar um louvor congregacional entoando as seguintes palavras: "Tu te escondeste numa nuvem, para que nossas orações não chegassem a ti. Como refugo e lixo, nos lançaste fora, no meio das nações" (Lm 3.43-45)? Em vez disso, com frequência praticamos uma alegria forçada que é parte integrante da liturgia de muitas igrejas evangélicas. O culto começa com um pastor ou ministro de louvor sorridente e animado dizendo: "Que maravilha ver vocês hoje!" ou "Estamos contentes porque vocês estão aqui!". Quando o culto se aproxima do fim, a mesma face sorridente diz: "Vejo vocês no próximo domingo. Tenham uma ótima semana!". Então dizemos a nós mesmos que isso acontece porque somos "alegres no Senhor". Todavia, muitos dos que sofrem se perguntam se esse tipo de felicidade fácil que associamos à vida cristã lhes escapou. Pessoas — inclusive aquelas que foram abandonadas ou magoadas pelos mais próximos — presumem que ser "cristão" é aprender a suportar tudo com um sorriso. A cruz, porém, apresenta uma mensagem diferente.

Jesus disse: "Felizes os que choram, pois serão consolados" (Mt 5.4). No reino, recebemos consolo de maneira diferente do que a prescrita pela cultura moderna, e sem dúvida isso não acontece fingindo que estamos felizes. Somos consolados quando vemos nossa ruína, nosso pecado, nossas circunstâncias desesperadoras e lamentamos, choramos e chamamos por livramento. É por isso que Tiago, irmão de nosso Senhor, parece tão descompassado com o *éthos* cristão contemporâneo. Ele escreveu: "Que haja lágrimas, lamentação e profundo pesar. Que haja choro em vez de riso, e tristeza em vez de alegria" (Tg 4.9). O que aconteceria se um líder da igreja terminasse o culto dizendo: "Tenham um dia triste" ou "Espero que sua semana seja cheia de choro"? Pareceria maluco! Jesus sempre parece maluco, pelo menos a princípio (Jo 7.15,20). A verdade, porém, é que poucos de nós são tão felizes quanto parecem. Talvez o melhor que tenhamos a oferecer para a família é mais lágrimas, mais gritos de ajuda, mais confissão de pecados, mais orações de desespero, profundas demais para ser expressas em palavras. É possível que então os solitários e desesperados em nosso meio vejam que o evangelho não veio para os felizes, mas para os de coração quebrantado; não para os saudáveis, mas para os doentes; não para os achados, mas para os perdidos.

* * * *

Pode ser, contudo, que você não tenha sofrido tantos traumas, mas consegue olhar para trás em sua vida familiar e enxergar a dor dos arrependimentos que sente por coisas que fez ou deixou de fazer.

Há alguns anos, senti os joelhos tremerem quando me ajoelhei para conversar com um garotinho de 4 anos enquanto o hino final era cantado na igreja. Ele segurou minha mão e disse: "Você pode por favor orar para minha mamãe e meu papai não se divorciarem?". Contive as lágrimas enquanto ouvia em sua voz e enxergava em seu rosto a sensação de impotência que tomava conta dele. Indignei-me por dentro, cheio de ira contra aqueles pais. Como eram capazes de colocar as próprias implicâncias — por qualquer motivo que fosse — acima da segurança e identidade de seu filhinho indefeso? Mas então um senso de horror me assolou não muito depois, quando percebi que, em meio à ocupação frenética de meu ministério, havia mais de uma semana eu não estava em casa para orar com meus filhos na hora do jantar, nem para os colocar na cama. Eu era um fracasso. Precisava de arrependimento e o busquei, mas necessitava de mais que uma mera correção de rumo. Precisava de misericórdia.

Talvez você olhe para trás e se lembre de um de seus pais, hoje falecido, e gostaria muito de poder dizer que o amava. Quem sabe se lembre de palavras que preferiria jamais ter dito. Talvez tenha quebrado os votos conjugais em uma traição ou abandonado seu cônjuge. É possível que tenha se esquecido dos filhos ou os deixado de lado enquanto dedicava todas as suas energias ao trabalho. Não dá para desfazer o passado. Se a pessoa que você decepcionou ou magoou estiver viva, você pode se desculpar e pedir perdão. Contudo, não espere que ela o perdoe de imediato. Uma mulher que havia rompido o casamento por ter um caso com outro homem pediu desculpas aos filhos adultos por aquilo que foram forçados a enfrentar durante a infância. Quando eles não aceitaram o pedido de desculpas de imediato, ela ficou irada, citando textos bíblicos para eles sobre a falta de perdão. Isso não demonstra arrependimento, mas sim convencimento de ter direito inquestionável ao perdão. Não podemos controlar cada detalhe da formação espiritual do coração das outras pessoas. Podemos pedir perdão, mas em seguida é necessário dar espaço para a pessoa estender esse perdão ou não.

Pode ser que seu passado, seja como a pessoa ferida, seja como aquele que magoou outros, o leve a concluir que está fadado a repetir todos os seus próprios antigos padrões ou os velhos padrões que lhe foram impostos. Talvez olhe para sua família e, por ter sofrido com um lar despedaçado, se pergunte se está predestinado a despedaçar o próprio lar agora. Não é assim que funciona. É possível que você sinta, até agora, o impulso de ir embora. Talvez pareça difícil demais, sobretudo se você não teve bons exemplos para ser um irmão ou uma irmã fiel dentro da igreja, um marido ou uma esposa fiel, um pai ou uma mãe fiel, um avô ou uma avó fiel, um filho ou uma filha fiel. O impulso em si não é sinal de que você está fadado a acabar com sua família. É, na verdade, um chamado a uma batalha espiritual, um clamor pelo Espírito, para andar no caminho da cruz. Conforme J. R. R. Tolkien escreveu certa vez para seu filho, que estava se tornando crítico da condição da igreja, é um chamado para exercer "a virtude da lealdade, que só se torna, de fato, virtude quando a pessoa está sob pressão de deixá-la".[6]

Mais uma vez, não dá para voltar atrás e desfazer o passado, mesmo que você se reconcilie com o ex-cônjuge, volte a falar com um filho que não conversava mais com você ou retire o processo contra seus pais por causa do testamento de sua avó. Às vezes, o que o deixa paralisado é a culpa, o remorso e o arrependimento que você sente ao olhar para trás e ver como falhou no cumprimento de seus deveres para com os outros da família, e até mesmo como, em seu egoísmo, você acabou se privando de uma alegria duradoura. Olhe para a cruz.

Isso é muito mais doloroso do que parece. Quando os israelitas estavam no deserto, vagando entre a terra da escravidão e a terra da promessa, desobedientes ao Deus que os libertara, foram assolados por um ataque de serpentes venenosas. Em meio à dor e ao sofrimento, o profeta Moisés, líder do povo, interveio junto ao Senhor, que proporcionou um instrumento de cura na forma de uma serpente de bronze no alto de uma estaca. Para ser curadas, as pessoas olhavam justamente para a imagem daquilo que as afligia: uma serpente, erguida à sua frente (Nm 21.4-9). Jesus disse: "Como Moisés, no deserto, levantou a serpente de bronze numa estaca, também é necessário que o Filho do Homem seja levantado, para que todo o que nele crer tenha a vida eterna" (Jo 3.14-15). Para ser libertos, precisamos olhar para o que mais nos assusta, para aquilo que expõe quem realmente somos, em todo nosso pecado e fragilidade. Olhamos para o Cristo crucificado, suportando a maldição que trouxemos sobre nós mesmos e sobre ele também. Isso é verdade em cada aspecto de nossa vida, mas talvez seja especialmente doloroso e difícil quando diz respeito a nossos fracassos dentro da família, revelando a grande distância entre quem somos e quem pretendemos ser.

Conforme observou corretamente Fleming Rutledge, às vezes a pessoa pressupõe que chega ao arrependimento pela própria força e só então a graça de Deus é ativada. Ao fazer isso, tal pessoa se esquece de que é pela graça do Senhor que se desperta, em primeiro lugar, a consciência do pecado. Ela escreveu:

Quando nos damos conta desse reconhecimento, *já estamos dentro* da graça divina. Não fosse pela misericórdia de Deus à nossa volta, não teríamos perspectiva alguma para enxergar o pecado, pois seríamos completamente sujeitos a ele. É por esse motivo que se pode afirmar que toda vez que o pecado é desmascarado e confessado, *o poder redentor de Deus já está presente e em ação*.[7]

É exatamente assim que funciona. Se você anseia por libertação das mágoas que causou ou do sofrimento que suporta, não está esperando que a graça divina o encontre. Ela já está ao seu lado. Como aquele homem sábio disse para meu amigo cheio de culpa por causa do ninho vazio: "O Senhor redime tudo isso".

13
A família durante o processo de envelhecimento

Meu filho Samuel, com cerca de 3 anos na época, queria ter uma conversa teológica comigo e temo dizer que eu não estava com coragem para fazê-lo. Samuel carregava consigo uma surrada corujinha de pelúcia, com manchas de sujeira grudadas nos pelos desfiados. Ele chamava a corujinha bebê de "Pingui", confundindo a ave com um pinguim. Nunca o corrigimos, pois quem é que quer debater ornitologia com uma criança pequena? Esse brinquedo era o companheiro constante de Samuel desde que ele dormia no bercinho. A maciez da pelúcia parecia confortá-lo, pois, muitas vezes, esfregava o Pingui pelas bochechas enquanto se acalmava após chorar.

Naquele dia, nós é que estávamos chorando, por causa da morte de uma pessoa próxima à família. Ao nos ouvir falar sobre a morte, Samuel começou a fazer perguntas sobre o assunto. Respondi a todas as suas dúvidas, cheio de confiança, com base na Bíblia. Consigo relembrar com nitidez como foi ver aqueles olhinhos castanhos tentando acompanhar enquanto eu falava sobre a promessa da ressurreição para todos aqueles que têm fé em Jesus e, de repente, observar que eles se encheram de lágrimas.

— Papai — disse ele —, se eu for para o céu, posso levar o Pingui comigo?

Fiquei quieto por uns instantes, com os pensamentos correndo à minha frente, tentando achar uma maneira de responder àquela pergunta sem traumatizar meu filhinho justamente sobre o céu. A ideia de esquecer o Pingui em uma viagem parecia infernal para Samuel, quanto mais passar a eternidade inteira sem ele! Por fim, eu disse:

— Bem, Samuel, o céu é um lugar de felicidade perfeita na presença de Deus. Se, no mundo futuro, Deus souber que ter o Pingui vai fazer você feliz, então tenho certeza de que o Pingui vai estar lá.

Olhei para minha esposa e dei uma piscadela, como se quisesse dizer: "É assim que se faz!". Entretanto, mais ou menos uma hora depois, Samuel me entregou uma folha de papel com desenhos rabiscados. Parecia muito com as listas que ele nos dava para explicar os presentes de aniversário ou Natal que ele queria, pensei. E estava quase certo.

— O que é isso? — perguntei com aquela voz animada do pai que recebe um projeto de arte do filho.

Samuel explicou:

— São todos os brinquedos da loja que também quero levar para o céu comigo quando morrer.

Não pude pensar em nada para dizer. Mais tarde, naquela noite, não conseguia dormir e disse para minha esposa: "Você percebeu que sou um fracasso tanto como pai como quanto teólogo? Eu basicamente menti para meu filho sobre escatologia, ao mesmo tempo que o ensinei a armazenar tesouros terrenos que quer levar para o céu. É exatamente o contrário do que Jesus explicou! Isso significa que, em se tratando de educar filhos, sou o próprio anticristo". Maria riu e disse que eu poderia apagar o "666" imaginário da testa. Ainda assim, tive dificuldade de pegar no sono, sabendo que toda minha autoimagem de ser um homem munido de coragem evangélica não havia resistido a uma corujinha de brinquedo.

O que mais me incomodou não foi a teologia confusa que eu havia transmitido. Isso sairia logo da memória. O que me perturbou foi ter usado o cristianismo não para testemunhar da verdade, mas sim para acalmar os questionamentos de um pequenino. Isso pode parecer insignificante, mas foi esse mesmo motivo que, durante a adolescência, me fez sofrer com uma crise de fé espiritual. Quando adolescente, ao olhar em volta para o cristianismo cultural do Cinturão da Bíblia, comecei a me questionar se as pessoas ao meu redor realmente criam em tudo isso ou se a fé cristã cujas pregações eu ouvia e citava o tempo inteiro também não passava de um esteio da cultura do sul dos Estados Unidos ou da política conservadora.

Um dos fatores que provocou essa crise em mim foi o fato de ter ido, naquela época, a uma série de funerais. Nesses enterros, várias vezes vi dentro do caixão na frente da igreja uma pessoa que eu nunca havia visto ali, conhecida por seduzir muitas mulheres, embriagar-se ou tratar mal os outros. Apesar disso, nessas cerimônias fúnebres, todo mundo parecia dizer coisas previsíveis do tipo: "Ele está em um lugar melhor" ou "Agora ele está com Jesus". Isso era muito confuso! No apelo de todo culto de domingo, éramos adeptos do reavivamento, falando do fogo e enxofre do inferno. Mas a cada funeral, éramos adeptos do universalismo. Aos poucos, percebi que eu não era o único que não acreditava no que meus vizinhos estavam dizendo sobre a condição espiritual dos mortos. Eles também não criam nisso! Para eles, essas frases sobre o céu e a vida eterna, pelo menos em um funeral, eram o esperado a se dizer para quem ficava, junto com: "Ele parece tão tranquilo!" e "Se precisar de alguma coisa, é só falar!". O cristianismo era um meio para chegar a um fim. Sobrevivi à noite escura da alma e encontrei Jesus do outro lado. Mas ali estava eu com meu menininho, fazendo a mesma coisa: tentando encontrar um evangelho útil o bastante para ajudá-lo a dormir tranquilo à noite.

* * * *

Em cada conversa sobre o evangelho, e na verdade em cada conversa sobre qualquer coisa, a sombra da morte permanece à espreita. Como nossa vida pode fazer sentido se vamos envelhecer, definhar e morrer? Essa verdade se apresenta com intensidade ainda maior quando nos defrontamos com a mortalidade e fazemos exatamente o que uma criança pequena faria: nos apegamos ainda mais a nossos brinquedos mais queridos. Paulo escreveu para a igreja de Colossos: "Pensem nas coisas do alto, e não nas coisas da terra. Pois vocês morreram para esta vida, e agora sua verdadeira vida está escondida com Cristo em Deus" (Cl 3.2-3). A fim de me convencer de que sou invulnerável e imortal, com frequência me apego à minha estabilidade financeira, ou à tranquilidade familiar, ou a uma carreira de sucesso, para desviar o foco do fato de que tudo ao meu redor é passageiro e temporal, uma névoa que se dissipa. Essa realidade tem tudo a ver com a família — inclusive como cuidamos de nossos idosos e como caminhamos para a terceira idade.

A dificuldade de falar sobre família como uma maneira de carregar a cruz é presumir que "Família" é uma realidade única, estática. Não estou me referindo apenas às diferenças entre as famílias e como elas são estruturadas nesta era caída. Quero dizer que a família — a nossa e o nosso lugar dentro dela — muda ao longo de nosso ciclo de vida, às vezes de maneiras que nos desorientam. Todavia, se prestarmos atenção, conseguiremos ver que tais mudanças podem nos lembrar de nosso chamado no presente e para uma vida além do véu da morte, independentemente do ponto da vida em que nos encontremos.

Até certo ponto, isso é mais fácil ao se ver as transições da infância para a idade adulta. Nós reconhecemos quando amadurecemos, pois os adultos à nossa volta parecem se maravilhar o tempo inteiro com a rapidez de nosso crescimento, dizendo coisas do tipo: "Da última vez que o vi, você era um bebê! Olhe só como como já está grande!". Quando somos crianças, não conseguimos imaginar por que o tempo parece passar tão rápido para os adultos e engatinhar para nós! Quem tem filhos sabe que as pessoas de mais idade se aproximam de nós e dizem, quando ainda temos bebezinhos: "Aproveite cada minuto! Passa rápido demais". Isso parece só mais um clichê, mas, com o tempo, aprendemos que, a exemplo da maioria dos clichês, ele se torna uma verdade óbvia simplesmente por ser real. Damos um passo para trás e perguntamos: "De onde veio essa mulher? Até ontem era minha menininha!" ou "Como ele se tornou homem assim tão de repente? Onde está meu garotinho?". Ao mesmo tempo, vemos as pessoas ao nosso redor — pais, avós e sogros — um ou dois passos à nossa frente no ciclo da vida. Temos a tendência de ignorar isso até que os vemos tropeçar e entrar em declínio. Então passamos pela tensão e pelo estresse de cuidar daqueles que sempre cuidaram de nós e, com isso, somos lembrados do que também nos espera: a velhice e a mortalidade.

Alguns estudos sugerem que os "quarenta" são a década de vida mais difícil para a maioria das pessoas. Alguns cientistas falam sobre uma "curva em U" em termos de felicidade pessoal, que é alta durante os vinte e trinta anos, despenca aos quarenta e, em algum momento dos cinquenta, volta a subir. Alguns sugerem que isso acontece porque, na meia-idade, começamos a ver que aquilo que esperamos e planejamos para nós não irá acontecer da maneira que imaginamos. Já outros sugerem que isso se deve ao estresse absurdo de lidar, como muitos, ao mesmo tempo com a educação dos filhos e os problemas de cuidar dos pais idosos. O problema que enfrentamos nesse caso é a invasão da morte. Notamos isso quando a mãe começa a se esquecer das coisas ou o pai leva um tombo e quebra o quadril no banho, mas, na verdade, nossos familiares mais distantes nos preparam o tempo inteiro para o processo de envelhecimento, mesmo sem o reconhecermos.

Os parentes são um sinal tanto de vida quanto de morte. Se você for casado, dê uma olhada nas fotos de seu casamento. É possível que você encontre não só seu cônjuge, mas os seus pais e os pais dele também. Se não for casado, veja outra fotografia de um momento importante (formatura, aniversário etc.). É bem provável que haja várias gerações de membros da família ao seu redor. Se você for como eu, talvez pare para calcular a idade desses parentes naquela ocasião. Meus pais pareciam tão velhos para mim quando me formei no ensino médio e quando me casei! Mas, quando olho para as fotos desses eventos, deparo com rostos jovens — e reconheço que, embora me sinta internamente da mesma maneira que aos 19, apenas com algumas cicatrizes emocionais a mais e lições aprendidas no caminho, hoje sou mais velho do que eles eram naquela época.

Ao pensar sobre isso recentemente, percebi que, no intervalo entre a idade de meus pais quando me casei e a que eles têm agora, eu estarei aposentado. Esse período pareceu passar tão rápido! Mas é nesse tempo que terminarei algo que hoje me parece tão importante, movendo-me rapidamente para aquela idade na qual o salmista nos diz o que esperar: "Passamos a vida debaixo de tua ira e terminamos nossos dias com um gemido. Recebemos setenta anos, alguns chegam aos oitenta. Mas até os melhores anos são cheios de dor e desgosto; logo desaparecem, e nós voamos" (Sl 90.9-10). Existem muitas maneiras de Deus sinalizar para nós que não somos supremos, que viemos de um lugar e, mais rápido do que pensamos, voltaremos para a terra. Uma dessas formas é nos colocar em uma família ampla, além do núcleo, contendo pessoas de todo o espectro de gerações. Se escolhermos prestar atenção, poderemos ver o que é necessário para amadurecer e também o que nos aguarda na plenitude do tempo.

Em alguns aspectos, a família de três ou quatro gerações está em perigo. Em uma sociedade globalizada e cada vez mais móvel, são raros aqueles que conhecem os avós ou outros parentes da mesma maneira que as gerações anteriores. Algumas famílias não contam com avós e sogros como no passado porque essas figuras precisam assumir o papel de pais, por vezes heroicamente. Não consigo nem contar o número de avós fiéis que conheço que criam os netos dentro de casa (e, em um caso, os bisnetos). Às vezes, isso acontece por causa da incapacidade dos pais da criança ou porque os pais morreram. Mas há ocasiões em que isso ocorre porque os pais abandonaram os filhos, estão presos ou viciados em drogas que os tornam incapazes de cuidar de uma criança. Em outros casos, porém, vivemos separados da família por diversos municípios, estados ou até mesmo fusos horários.

Percebi esse fenômeno em minha vida ao chegar em casa depois de passar o Natal em minha cidade natal com a família e notar que meus filhos pareciam indiferentes e deprimidos. Eles haviam passado mais de uma semana com os avós (a quem eles amam de paixão), correndo pelos bosques da região onde cresci, em Biloxi, no Mississippi. Eles pescavam no lago atrás da casa de meus pais e, assim como eu, passaram horas explorando a região de Pirates' Alley, em New Orleans, e comendo *beignets* quentinhos no Café du Monde. O clima dentro do carro, a caminho de casa, enquanto viajávamos por quase doze horas, era fúnebre, não porque as férias estavam acabando, mas por estarem deixando os avós para trás, sabe-se lá por quanto tempo.

Não posso dizer que sei como eles se sentem. Minha avó morava na casa ao lado quando eu era criança. Meus outros avós não viviam longe, e eu passava horas sem-fim com eles, caminhando pela praia perto da nossa casa, acampando às margens de um riacho em algum lugar na floresta, ou andando de montanha-russa no parque de diversões. No Natal, meus avós realizavam os mesmos rituais todas as vezes. Meu avô abria os presentes enquanto preparava um ensopado de ostras. Ele sempre ganhava camisas e colocava uma por cima da outra. A maioria dos meus dias "normais" eram passados na companhia de minha avó, colhendo feijão-fradinho ou amoras, ou, é claro, indo e voltando da igreja. Meus filhos conhecem os avós, mas não têm essa experiência diária. Cada vez menos crianças têm.

O mundo ocidental industrializado mudou o modo como quase todas as culturas anteriores operavam: vilarejos agrícolas, com grandes tribos que cuidavam da mesma terra, com pais, mães, avôs e avós. Não há uma fórmula fácil para resolver isso. É impossível desfazer essas mudanças. Contudo, é possível saber o que perdermos e buscar maneiras de amenizar essas perdas.

Uma igreja que conheço tem um ministério bem diferente de qualquer coisa que eu já tenha visto. O objetivo é ministrar às mulheres que trabalham em um clube noturno da região. E funciona bem por causa das várias vezes que falhou. Inicialmente, a igreja enviou mulheres mais ou menos da mesma idade das que trabalham nesses clubes, e o projeto foi um fracasso. As *strippers* presumiram que aquelas mulheres da idade delas se considerariam superiores, já que pertenciam à classe média e tinham uma vida "respeitável". O passo seguinte foi um desastre ainda pior. A igreja treinou e capacitou mulheres mais velhas para entrar nos clubes noturnos, cultivar relacionamentos, evangelizar e servir. As *strippers* tiveram reações negativas em relação à maioria dessas mulheres, pois elas se lembravam da própria mãe, com quem quase todas tiveram, na melhor das hipóteses, um relacionamento conflituoso. Ainda assim, a igreja não desistiu desse campo missionário e enviou um terceiro grupo de mulheres ainda mais velhas, e então o ministério prosperou. As mulheres que trabalhavam no clube noturno, algumas delas também prostituídas por cafetões predatórios, confiavam nessas irmãs idosas. As mulheres mais velhas se tornaram amigas. Algumas das *strippers* se entregaram a Jesus por meio do testemunho dessas senhoras. Muitas conseguiram encontrar uma saída do tráfico da indústria sexual. Os líderes da igreja me contaram: "Vimos uma mudança quando enviamos mulheres que não tinham a idade da mãe das *strippers*, mas sim das avós. A maioria teve conflito com a mãe, mas todas amavam e sentiam saudades de uma avó. Sentiam que uma mãe substituta as julgaria, mas nunca uma avó substituta". Há muita sabedoria nisso. E não é verdade apenas para quem dança nua para ganhar dinheiro, mas, até certo ponto, para quase todos nós.

* * * *

Existe um motivo para pais e filhos, até nas melhores situações, terem certo grau de atrito. Afinal, os pais recebem a responsabilidade principal de proporcionar "a disciplina e a instrução" dos filhos no Senhor (Ef 6.4). Quem sugere que temos exagerado a ênfase na família nuclear e subestimado a família estendida na cultura ocidental contemporânea está correto. No mundo bíblico e em praticamente todas as culturas pré-modernas, as famílias eram estendidas e multigeracionais. O cálculo de datas na Bíblia não é uma tarefa tão simples, visto que a expressão "filho de", nas Escrituras, nem sempre significa literalmente o filho de um pai, mas sim o descendente de um ancestral. Jesus, por exemplo, é chamado de "filho de José" (Jo 6.42), mas também de "filho de Davi, filho de Abraão" (Mt 1.1, RA). Dito isso, a Bíblia traça uma distinção clara entre a dinâmica entre pais e filho e da família mais ampla, assim como diferencia com clareza a família mais ampla da tribo ou nação. Como explica um teólogo do Antigo Testamento, a família bíblica não era um "dormitório cheio de beliches".[1]

Com frequência, o pai e a mãe se espantam ao ver quanto seus pais são mais flexíveis com o mau comportamento dos netos do que eram com eles quando crianças. Isso é natural. Afinal, os avós não são responsáveis imediatos pela disciplina e podem ter um relacionamento de natureza diferente com os netos, reservando aos pais a responsabilidade de ser mais rígidos com eles. Assim que me tornei pai, presumia que esse jeito mais relaxado dos avós era causado pela exaustão da idade ou por terem menos contato com as necessidades cotidianas da educação dos filhos. Suponho que isso seja verdade em alguns casos e em alguns aspectos, mas provavelmente é mais verdadeiro que a idade e a experiência ensinam a diferenciar melhor entre imaturidade e desobediência.

Conheci uma mãe que estava em pânico porque seu filho ainda fazia xixi na cama aos 8 ou 9 anos de idade, correndo de um lado para o outro, sem saber o que fazer. A avó da criança sugeriu: "Por que você não conversa com um adulto que conviva com esse problema de fazer xixi na cama?". A mãe disse que não conhecia ninguém assim, ao que a avó respondeu: "Exatamente. Ele vai superar isso, mais cedo ou mais tarde. Relaxe!". É possível haver avós relaxados demais? Claro que sim. É por isso que muitos deles, quando precisam se tornar o principal cuidador, mudam quase que de imediato para o *modus operandi* de "pais". Contudo, a criança precisa de ambos — alguém a quem precisa prestar contas de imediato, pai ou mãe, para formação e correção pessoal, bem como um familiar com vínculo e afeto semelhantes aos dos pais, mas com menos responsabilidade. Aliás, necessitamos disso não só em nossa família natural, mas também em nossa família pela graça, que é a igreja.

Um ditado popular em minha tradição batista é: "Deus não tem netos". Essa é apenas outra maneira de dizer: "É necessário nascer de novo" (Jo 3.7), ou seja, cada um precisa depositar sua fé em Cristo, tornando-se, assim, filho de Deus. Não é possível ser justificado por Deus com base no legado familiar — por ter crescido em uma família cristã — se a pessoa rejeitar pessoalmente o evangelho. Tenho certeza de que pessoas de outras denominações não usariam a mesma linguagem. Não importa se dizemos que Deus tem netos ou não, nós necessitamos de avós dentro do corpo de

Cristo. Precisamos de mentores que atuem como "pais", isto é, que estejam envolvidos de perto, cuidando de nós nos períodos de dúvida e nos repreendendo nos períodos de pecado. Mas também necessitamos dos mais antigos na fé, que talvez não estejam tão pessoalmente envolvidos conosco, mas que nos amem e atuem como mentores e exemplos. Nossos "pais e mães" na fé costumam exercer o mesmo papel que nossos pais e mães naturais, reparando-nos para a vida em Cristo. Nossos "avôs e avós" na fé fazem, com frequência, o mesmo que nossos avós naturais, orientando-nos a parar de nos preocupar tanto, relaxar na alegria do Senhor e amadurecer sem amargura e sem arrependimentos. Necessitamos de ambos.

Além disso, a vocação dos avós é distinta e singular não só por causa do nível diferente de responsabilidade, mas também porque, em geral, a pessoa encontra sua identidade em relação ao pai ou à mãe e, em alguns casos, em contraste com eles. Anos atrás, ouvi um ex-político já idoso dizer em uma entrevista o que havia aprendido ao longo de sua carreira. Uma delas era jamais confiar em um político que se chama "Júnior", mas não usa o nome "Júnior" na campanha. Aquele homem idoso explicou que tal indivíduo tem um ego grande demais para servir, uma vez que, em essência, está pedindo ao mundo que esqueça que ele tem o mesmo nome do pai. Suponho que, às vezes, seja assim mesmo, mas é provável que nem sempre. A maioria das pessoas que não usa o "Júnior" — em qualquer profissão — está simplesmente tentando consolidar a própria identidade, ser ele mesmo. Na verdade, isso se aplica a todos nós, quer nos chamemos "Júnior", quer não. Os filhos chegam à maturidade em parte ao identificar onde eles começam e a identidade dos pais termina. Esse é um aspecto importante do processo de crescimento que, quando entra em curto-circuito, pode ter consequências sérias tanto sobre nosso sucesso quanto sobre nossa peregrinação espiritual.

Não raro, ouço casais jovens — em geral os maridos — reclamar sobre dificuldades com a família do cônjuge, ou mesmo com os próprios pais ou parentes. Talvez seja um casal cujos pais ou avós não aprovem seu estilo de criação dos filhos e querem lhes dizer tudo sobre como fazer melhor. Ou quem sabe sejam novos pais tentando discernir como ensinar prioridades espirituais para os filhos, uma vez que todo Natal na casa da tia Judite constitui um verdadeiro altar ao consumismo.

É claro que as tensões acontecem sempre que pessoas finitas e pecadoras entram em contato umas com as outras. Alguém pergunta: "Para quando é o bebê?" para uma mulher que não está grávida ou fala mal do personagem político preferido de alguém — os exemplos poderiam continuar sem parar. A vida com uma grande família pode ser caótica e confusa. Às vezes, quem se incomoda com as interferências indevidas de pais ou sogros mantém uma atitude incorreta do tipo "Ninguém pode me dizer o que fazer", recusando qualquer conselho, até os sábios. Afinal, um dos conselhos mais sábios que encontramos nas Escrituras não é de pai para filho, em Provérbios, mas sim de Jetro para o genro Moisés, dizendo que as responsabilidades de líder eram grandes demais para ele suportar sozinho e que ele deveria delegar parte de seu fardo para outros (Êx 18.1-27). A Bíblia nos conta: "Moisés aceitou o conselho do sogro e seguiu todas as suas recomendações", elogiando o profeta por receber de bom grado a sabedoria da família de sua esposa (Êx 18.24). É necessário discernimento para saber a diferença entre a indolência de se recusar a aceitar conselhos e a indolência de se recusar a liderar o próprio lar, terceirizando para qualquer um que parecer ter uma opinião mais forte sobre o assunto no momento.

Esse dilema, porém, ganha ênfase quando o limite entre a infância e a idade adulta é mal definido. Jovens adultos já me contaram que se sentem como crianças quando vão para sua cidade natal ver a família. Os parentes ou a família do cônjuge dão ordens de para onde devem ir e por quanto tempo. Sequestram as responsabilidades de criação dos filhos ("Ah, imagina! É claro que eles podem assistir a este filme de terror. Não seja tão rígido!"). Alguns deles apenas desistem e se ressentem, frustrados. Embora haja algumas batalhas legítimas a ser travadas ("Não, nosso pequeno Calebe não vai assistir ao filme de terror com você"), às vezes os parentes tratam o adulto como se fosse criança porque é assim que ele age durante o resto do ano. Às vezes, isso é atribuído à dependência contínua dos filhos (adultos) em relação ao restante da família, seja no aspecto emocional, seja no financeiro (bem mais frequente).

É por isso que a Bíblia nos instrui a deixar pai e mãe, a fim de nos apegarmos ao cônjuge (Gn 2.24). Às vezes, os parentes interferem em excesso na vida dos filhos adultos porque são controladores e intrometidos. Nesses casos, precisam ser repreendidos com gentileza. Em outros casos, porém, interferem porque não fizeram a transição entre enxergar o filho como criança e vê-lo como adulto. Com frequência, isso ocorre porque o filho e sua família continuam financeiramente dependentes dos pais, muito depois de já terem estabelecido o próprio lar. Há diversos motivos que podem levar a essa situação. O marido da filha pode ter abandonado a família ou o filho pode receber um diagnóstico súbito de câncer. Pode haver uma catástrofe e os sogros assumem o papel de principais provedores por um tempo. Por vezes, porém, o jovem casal simplesmente começa a receber ajuda financeira dos pais a fim de viver no mesmo padrão com o qual estão acostumados — ou seja, no nível que vivem os pais. Contudo, exceto no caso de herdeiros de riqueza, pouquíssimos pais de filhos adultos viviam tão bem quanto hoje quando começaram a vida. Não importa qual seja a renda e qualidade de vida atual, em geral eles levaram anos para alcançar esse padrão. Em vez de esperar isso de imediato, a jovem família não deve entender que o tempo de "vagas magras" juntos é uma privação, mas sim uma aventura.

É claro que não estou me referindo a situações em que existe risco real de não ter recursos para suprir as necessidades básicas de alimento, roupa, teto ou cuidados médicos. Na maioria das vezes, porém, os principais conflitos que vejo não dizem respeito a situações de grande privação. Quase que inevitavelmente, os filhos adultos subsidiados pelos pais ou sogros depararão com a mesma dinâmica que os ministérios patrocinados pelo estado. A princípio, o grupo da igreja pensará: "Imagine o que seríamos capazes de fazer em nosso ministério de superação do vício em drogas centrado no evangelho se conseguíssemos verba governamental!". Contudo, quando conseguem, o estado quase sempre exige que a igreja cumpra suas exigências: por exemplo, tirar o testemunho evangélico do programa de recuperação, acabando exatamente com algo que era crucial para o sucesso do ministério a princípio. Em geral, digo para essas igrejas: "Se vocês não querem intromissão de César, não aceitem o dinheiro de César".

Quase sempre, o mesmo se aplica aos familiares. Com grande frequência, quando a pessoa toma a decisão de prover para a própria casa e a cumpre, aos poucos a família estendida percebe que não precisa se preocupar constantemente em colocar a rede de segurança. Não se preocuparão mais se estará tudo bem com "nosso menininho" ou "nossa garotinha", pois perceberão que, na verdade, não se trata de um "menininho" ou uma "garotinha", mas de um homem ou uma mulher responsável, que cuida do próprio lar.

Essa dinâmica de "deixar e se apegar" é verdadeira não só na área financeira, mas também emocional. Muitos casamentos passam por dificuldades porque o marido ou a esposa procura primeiro a mãe ou o pai quando precisa de conselho. Na maioria dos casos, isso é bom e correto. Todos precisamos de orientação externa, e o pai e a mãe, mais velhos e mais sábios, costumam ser a fonte certa para encontrar isso. A exceção ocorre no caso de "desabafar" preocupações e temores em relação ao cônjuge. É raro haver uma mãe ou um pai capaz de se manter objetivo em sua forma de enxergar o genro ou a nora nesse caso. Pense no filho que diz para a mãe que sua esposa flerta com outros homens e não consegue lidar com essa atitude rumo a um caso extraconjugal. Então, ele conversa com a esposa, resolve o desentendimento e nunca mais pensa nisso, ao passo que sua mãe continua a se preocupar com o dia em que ficará sabendo que o filho foi trocado por outro homem. Ou pense na filha que diz para o pai que o marido nunca a ouve, é frio e desumano. É possível que ela e o marido briguem e depois se reconciliem, o marido se arrependa de sua insensibilidade e a esposa peça desculpas por sua raiva. Então a esposa se esquece de toda a discussão, mas seu pai, não. Deixar e se apegar significa definir certos limites, e os pais não podem ser (repito, exceto em circunstâncias extraordinárias) a fonte padrão de consolo e ajuda, em lugar do cônjuge.

No entanto, deixar e se apegar não significa o que costuma ser praticado na sociedade ocidental moderna, na qual a família nuclear permanece praticamente em um refúgio impermeável à família de origem. Isso se torna relevante sobretudo à medida que os membros da família mais ampla envelhecem e, como costuma acontecer, vacilam em direção à morte. Com o aumento da expectativa de vida graças à medicina moderna, surge a necessidade de que mais filhos cuidem dos pais e avós por mais tempo. Nas dez instruções nas quais Deus resume sua lei moral ao povo, as Escrituras nos ordenam: "Honre seu pai e sua mãe" (Êx 20.12). Conforme vimos, o apóstolo Paulo citou esse mandamento no contexto de filhos com os pais dentro de casa (Ef 6.1-2), mas o fez porque é na infância que aprendemos a honrar os pais, não porque a honra ao pai e a mãe termina quando entramos na idade adulta. Aliás, a maior parte das orientações bíblicas quanto à honra devida ao pai e à mãe não diz respeito a crianças pequenas, mas a adultos honrando os pais idosos. Além disso, a maioria não fala sobre uma expressão emocional de gratidão (embora isso também faça parte), mas àquilo que podemos chamar de cuidado sistêmico. O filho tem o dever de cuidar dos pais que cuidaram dele.

* * * *

Anos atrás, eu palestrei em um *campus* universitário em um evento dedicado ao tema da "santidade da vida humana". Dediquei meu tempo a falar sobre a proteção das crianças — as que ainda não nasceram, as órfãs e outros pequenos vulneráveis, com algumas referências parentéticas acerca da dignidade humana na oposição à eutanásia.

Depois de mim, porém, foi a palestra de uma imigrante do Oriente Médio, que passou a maior parte do tempo falando sobre a necessidade de não murmurar ao trocar as fraldas dos pais idosos e enfermos, lembrando-nos de que, no passado, foram eles que fizeram esse trabalho. Eu estava pensando corretamente acerca da santidade da vida humana em termos das proibições mais básicas de matar o outro. Já minha colega, criada em uma cultura muito mais próxima, nesse aspecto, à da Bíblia, também se concentrou na necessidade de uma geração cuidar econômica e fisicamente da próxima e de o fazer de forma prática, sem reclamar. Levei um choque de realidade com isso!

Se somos o povo da cruz, isso quer dizer que o evangelho aborda a transgressão da lei em todos os aspectos, inclusive o de honrar pai e mãe. Se Jesus morreu por todos, não podemos ver tais coisas como questões insignificantes, ou incômodos a ser resolvidos. Conforme mencionei anteriormente neste livro, Jesus teve a cautela de guardar essa lei em nosso favor até mesmo na cruz, quando se preocupou em confiar sua mãe aos cuidados de alguém (Jo 19.26-27). E Jesus acusou os líderes religiosos de transgredir o mandamento de Deus porque, no zelo de manter a demonstração exterior de religiosidade, eles ignoravam o cuidado aos pais idosos.

> Pois Deus ordenou: "Honre seu pai e sua mãe" e "Quem insultar seu pai ou sua mãe será executado". Em vez disso, vocês ensinam que, se alguém disser a seus pais: "Sinto muito, mas não posso ajudá-los; jurei entregar como oferta a Deus

aquilo que eu teria dado a vocês", não precisará mais honrar seus pais. Com isso, vocês anulam a palavra de Deus em favor de sua própria tradição.

Mateus 15.4-6

São palavras duras! Jesus acusou os escribas e fariseus de fazer praticamente o contrário do Sermão do Monte. Nesse sermão, Jesus citava um mandamento da lei, seguido por "eu, porém, lhes digo". Em seguida, intensificava cada mandamento, mostrando como o mandamento nos interrogava tanto interna quanto externamente. Já esses líderes religiosos diziam "eu, porém, lhes digo" para diminuir as exigências da lei de Deus e, ainda pior, fazê-lo sem autoridade e sob o pretexto de estar servindo ao Senhor. É difícil ignorar nossos idosos por meio de tamanho malabarismo bíblico, mas, não raro, presumimos que o mais importante é nossa carreira e família, às vezes em detrimento daqueles a quem devemos a própria vida.

As Escrituras ordenam não só que os filhos cuidem dos pais, mas também que a igreja cuide de seus membros idosos. Tiago escreveu: "A religião pura e verdadeira aos olhos de Deus, o Pai, é esta: cuidar dos órfãos e das viúvas em suas dificuldades e não se deixar corromper pelo mundo" (Tg 1.27). Tiago, irmão de nosso Senhor Jesus, havia visto bem de perto o cuidado pelos mais vulneráveis de seu tempo, os órfãos e as viúvas. Afinal de contas, José havia acolhido na família uma criança e uma mulher vulnerável: o refugiado Jesus, fugindo do decreto de Herodes para assassinar todos os meninos, e Maria, uma grávida fora do casamento (Mt 1.18—2.23). Os apóstolos do Novo Testamento, pouco depois da criação da jovem igreja, instruíram quanto à provisão não só para as viúvas em seu meio, mas também para as viúvas que eram gentias e, por isso, mais propensas a ser esquecidas em uma igreja formada majoritariamente por judeus (At 6.1-7).

De maneira semelhante, o apóstolo Paulo deu instruções detalhadas para Timóteo de que a igreja deveria prover para as viúvas em seu meio (1Tm 5.3-16). Disse ao jovem ministro que "aqueles que não cuidam dos seus, especialmente dos de sua própria família, negaram a fé e são piores que os descrentes" (1Tm 5.8). Já ouvi esse texto ser pregado em referência ao homem que abandona a esposa e os filhos, deixando-os ao léu. Sem dúvida, essa é uma aplicação possível, mas o significado vai muito além. O contexto imediato é o das viúvas. A família é responsável por seus parentes não só como uma questão de ordem social, mas também porque fazer o contrário é pior que apostasia, argumenta o apóstolo. Tampouco Paulo trata as viúvas como mera responsabilidade pessoal e familiar. Quem não tem família ou não tem uma família que assuma os cuidados não é esquecido, mas acolhido pela igreja. Isso é coerente com o Deus que, desde o princípio do cânone, fez provisões dentro da estrutura econômica de Israel para as viúvas e os idosos (Lv 19.9; 23.22; Rt 2.3,17).

Em nossa era, existem asilos e lares para idosos lotados de velhinhos cujos filhos se esqueceram deles, a não ser na hora de pagar a conta. A situação é ainda pior para os idosos pobres, por vezes destituídos e sem ninguém para se lembrar deles, quanto menos cuidar. O chamado bíblico para honrar pai e mãe não quer dizer que a família não pode encontrar cuidado institucional para um familiar idoso amado. Conheci um homem cuja mãe queria que ele prometesse duas coisas: que jamais a colocaria em um asilo e que nunca tamparia seu caixão. Ela não conseguia suportar a ideia de viver em um asilo e a tampa no caixão seria terrível porque "Querido, eu morreria sufocada!". O filho respondeu: "Mãe, se você estiver sufocando ali dentro, há algo terrivelmente errado na situação!". Ele se recusou a fazer essas promessas, e essa foi uma sábia decisão. Em muitos casos, aqueles que mantêm um parente ou amigo idoso em casa, sem condições de prover assistência médica adequada ou outros tipos de cuidado, estão prejudicando, não honrando o mais velho. O que o texto quer dizer, porém, é que não podemos terceirizar os cuidados de nossos velhinhos a outra pessoa. As necessidades humanas não são apenas médicas. O idoso necessita de afeto, conversa e incentivo espiritual — exatamente as mesmas coisas de que alguém precisa em qualquer outra etapa da vida. Permitir que o velhinho definhe sozinho em uma instituição ou deixá-lo isolado dentro de casa, sem qualquer conexão com os outros, com a Palavra de Deus e com a mesa do Senhor, é, além de cruel, um repúdio do próprio evangelho.

Em alguns aspectos, a natureza motivada pelo mercado da igreja em nossa era nos prepara para abandonar nossos idosos muito antes que eles se tornem inválidos. Cada vez mais, pela música e cultura, nossas igrejas são voltadas para uma ou outra geração. As congregações mais idosas sinalizam de diversas maneiras — pelos hinos escolhidos, pelas tradições seguidas e até mesmo pela identidade visual no *design* gráfico — que os jovens não são bem-vindos.

As congregações mais jovens fazem o mesmo, nos mesmos aspectos e também, por exemplo, com o volume da música no louvor. Às vezes, as tensões entre gerações são inevitáveis e relativamente inócuas, mas quando os mais velhos sinalizam para os jovens, ou vice-versa, que "não precisamos de vocês", estamos separando aquilo que Deus uniu. A grande crise da igreja na próxima era pode muito bem ser a seguinte: como partilhar um ministério em comum uns com os outros se não temos mais um hinário em comum? Muito antes de tirarmos os idosos de vista em apartamentos escuros ou quartos de hospital, nós os tiramos de vista nos cultos e viagens missionárias. Conforme já mencionei, algumas congregações são gerontocracias, nas quais as gerações mais velhas valorizam mais as reprises nostálgicas do passado que a presença da próxima geração. Tais congregações ou denominações morrerão. Mas não podemos cometer o erro oposto, de congregações que não podem ver pessoas idosas em posição de liderança, ou mesmo sentadas nos bancos, pois "não combina com a marca". Quando isso acontece, estamos a caminho de fazer exatamente o que Jesus nos advertiu ser errado: devorar a casa das viúvas enquanto fazemos longas orações (Mc 12.40; Lc 20.47).

* * * *

As mudanças no ciclo de vida se veem até em nossa forma de enxergar o futuro, a própria vida eterna. Por anos, eu dediquei tempo — junto com muitos outros — chamando as pessoas para longe da ideia de que o céu seja um olhar ocioso para a luz atemporal. Se formos honestos, posso afirmar que muitos de nós acham, em segredo, tediosa a ideia do céu — uma existência estática por tempos sem fim. Na realidade, porém, tenho argumentado que a Bíblia não descreve nosso futuro dessa maneira. Não temos uma "vida após a morte", como se a vida agora fosse "a" vida de verdade, e o que se segue é apenas "após". Na verdade, temos a esperança cristã da ressurreição do corpo. O que nos aguarda não é um céu etéreo, mas sim uma junção do céu à terra, uma nova criação. E com isso vem uma missão contínua. As "coroas" que receberemos no juízo não são ornamentais, mas sinais de autoridade para governar. Nossa vida eterna é ativa — nós reinaremos com Cristo, julgando os anjos (1Co 6; 2—3; Ap 20.6). "Descanso", segundo a definição bíblica, não significa o fim das atividades, mas o desaparecimento de inimigos e obstáculos (1Rs 5.3-4; Hb 4.1-13). Acredito em tudo isso agora muito mais do que nunca.

Com frequência, porém, penso no que aprendi com um teólogo mais experiente, que partilha da mesma visão de escatologia da nova criação. Ele não desconsidera mais o conceito de céu em termos de fim das atividades, de "descanso" no sentido clássico, centrado em uma visão beatífica de Deus. Esse teólogo explica que a ideia de uma eternidade ativa o revigorava quando jovem, mas, quanto mais velho fica, mais aguarda com expectativa a tranquilidade; menos anseia pela aventura do que virá depois e mais espera ansioso por descansar em paz. Aliás, a Bíblia se refere à vida por vir em termos de tranquilidade e atividade, continuidade e descontinuidade. Provavelmente o cristão idoso que está cansado da vida e quer apenas descansar age assim não por ignorância teológica, mas pelo mesmo anseio natural do viajante que, após uma longa jornada, anseia por se deitar e dormir. Após o sono, porém, o viajante se sente revigorado, pronto para a próxima missão do Senhor.

Pode ser que precisemos das duas ênfases. O cristão cansado e idoso necessita ser lembrado: "Seu trabalho não terminou. Há vida plena por vir, com tudo que isso acarreta!". E, ao mesmo tempo, o cristão jovem e ocupado precisa ser lembrado de que a atividade em si não significa vida e que o descanso sabático que nos espera deve nos fazer o seguinte convite: "Aquietem-se e saibam que eu sou Deus!" (Sl 46.10). Isso é verdade sobretudo porque, conforme observou o poeta David Whyte, muitas vezes enxergamos uns aos outros com a "visão borrada da velocidade", perdendo de vista qualquer um que esteja seguindo em um ritmo mais lento que o nosso. Isso quer dizer, ele afirma com precisão, que deixamos de enxergar os enfermos, os idosos, as crianças e até mesmo "as partes do próprio eu que mancam um pouco, as vulnerabilidades que, na verdade, nos dão cor e caráter".[2] A eternidade à nossa frente deve nos lembrar de que a vida do ser humano não consiste na lotação de sua agenda. Enquanto não entendermos isso, continuaremos a enxergar os idosos como meros fardos a carregar, não como quem são: futuros governantes do universo, co-herdeiros com Cristo, apenas inaugurando a maturidade.

Para ser justo, preciso admitir que cuidar de pais, avós ou mentores idosos pode ser cansativo e desafiador. Vi minha avó arrasada enquanto cuidava em casa de minha bisavó, que passou dos cem anos. Além de cuidar de minha bisavó o dia inteiro, ela era acordada de noite pela senhorinha, gritando forte: "Jesus, Maria e José, eu vos entrego meu coração e minha alma!" (era o lado católico da minha família). Minha avó lhe pedia com gentileza que falasse baixo, para que ela conseguisse dormir. Da vez seguinte que encontramos a bisavó, minha esposa disse:

— Estamos orando por você.

Ao que a idosa olhou para a filha e disse:

— Ainda bem que *alguém* ainda acredita em oração nessa família!

Minha avó deu de ombros e não levou para o lado pessoal, assim como o adulto não leva para o pessoal o choro frustrado de um bebê.

Às vezes, conseguimos entender essa necessidade de paciência com os muito idosos — por exemplo, aqueles que estão começando a ficar esclerosados — com muito mais facilidade do que enxergar quanto isso pode ser essencial bem antes. Muitas vezes, o filho de meia-idade percebe que está começando a precisar ajudar os pais a tomar decisões como, por exemplo, onde guardar suas coisas. Muitas vezes, o filho adulto dirá: "Nós invertemos os papéis!". Já vi situações em que filhos adultos precisam lidar com o tumulto da vida amorosa dos pais em vilas para aposentados e cada conversa acaba sendo sobre quem gosta de quem e quem terminou com quem. "É o ensino médio de novo!", contou certa mulher. "Mas a adolescente é minha mãe!" Isso não só é verdade, como pode se manifestar de diversas maneiras. Afinal, é só lembrar como foram cruéis e assustadores aqueles anos de transição entre a infância e a adolescência. Certo observador notou o desequilíbrio que é possível sentir após passar a vida e a carreira em busca de *status* social e material para encontrar, na anonimidade da vida de aposentado, todas as panelinhas e rivalidades do ensino médio; descobrir "que há uma 'mesa dos populares' no refeitório do lar para idosos e você não foi convidado para sentar nela".[3]

Aliás, a comparação é totalmente precisa. Se vivermos o suficiente, regrediremos e recapitularemos aqueles anos estranhos com certo grau de dependência e meninice. Parte disso começa com as humilhações — o general três estrelas que cai dentro da banheira e percebe que os auxiliares de enfermagem o estão ajudando e conversando com ele no tom e cadência inconfundíveis que se usa para falar com uma criança pequena. Muitas vezes, essa degeneração assusta quem a vivencia e quem ama o idoso. Em alguns aspectos, ameaça confundir a história, e deixamos de ter certeza do que agora constitui nossa identidade pessoal. O homem gentil, sempre próximo à família e que agora sofre de demência, xinga a esposa e ameaça atirar nela por pisotear seu jardim de rosas quando ela passa à sua frente na sala de estar. A mulher cristã fiel que liderava as iniciativas missionárias em sua igreja, agora em um estado mental confuso, volta à vida que conhecia antes de aceitar a fé, zombando dos "contos de fada" da religião, parecendo negar até mesmo o próprio Cristo. Isso pode desorientar familiares e amigos, chegando a causar desespero. Todavia, tais momentos também podem nos lembrar de que somos mais que nossa cognição e que, em algum lugar da névoa de confusão, existe uma pessoa profundamente amada por Jesus, alguém que o Bom Pastor procura em meio à floresta.

É por isso que muitos temem inconscientemente os idosos. É por isso que queremos negar o próprio envelhecimento, cobrindo rápido os cabelos brancos que teimam em nascer. É pela mesma razão que tantas vezes tememos as crianças. Desprezamos a fraqueza, pois não sabemos quem somos. O historiador Will Durant brincou que a velhice precede a morte da maneira que o faz a fim de gentilmente nos levar a desapegar de tudo aquilo a que nos agarramos. "Assim como a criança era protegida pela insensibilidade ao chegar ao mundo, a velhice é apagada pela apatia das sensações e da vontade. A natureza administra, aos poucos, uma anestesia geral antes de permitir que a foice do tempo conclua a maior das operações."[4]

Contudo, se julgarmos o valor de nossa vida por nossa "utilidade" e "independência", desprezaremos a revelação contida naqueles que pareciam fortes e independentes no passado, de que a verdade é o contrário. Isso se revela em como falamos sobre nossa velhice, quando o fazemos. Às vezes, na exasperação de lidar com um parente idoso, alguém pode dizer: "Espero que eu não viva o bastante para me tornar um fardo para meus filhos!". Admito que já falei isso comigo mesmo e o fiz diversas vezes, até ler um artigo escrito por um especialista em ética a quem admiro explicando por que ele deseja viver até se tornar um fardo para os filhos. Ao contar como havia permanecido dentro do chuveiro quente com um filho com crise de bronquite e corrido ao lado da bicicleta cambaleante dos filhos, esse homem concluiu que carregar fardos é o que define uma família, em contraste com um grupo de agentes independentes fazendo contratos entre si.[5]

Corei ao reconhecer em minhas palavras o que estava subjacente a elas: orgulho. Percebo isso ainda hoje, quando desejo ministrar aos outros dentro da igreja, mas me sinto humilhado quando tenho necessidade de dizer as palavras: "Eu preciso de você". Hesitei em aceitar — quanto menos pedir — ajuda financeira de amigos quando, jovens e pobres, Maria e eu deparamos com as taxas caras de adoção de nossos filhos. Senti-me humilhado quando, em um momento sombrio do ministério, precisei dizer a um grupo de amigos: "Temo estar prestes a desabar e cair. Vocês podem, por favor, me ajudar?". Tenho até medo de digitar isso e você descobrir quão vergonhosamente recente isso foi. De novo, sou tentado a me enxergar com base no desempenho, quando Deus me deu uma igreja para me mostrar o contrário, uma comunidade que, por definição, é o lugar onde não só podemos levar as cargas uns dos outros, mas também, pela providência divina, somos forçados a uma situação na qual precisamos pedir que nossos fardos sejam carregados pelos outros, a fim de evitar que caiamos sob tamanho peso. Isso também é graça. Dependência não é fraqueza. Fraqueza não é fracasso. O fracasso não é fatal.

Nosso cuidado aos idosos deve nos lembrar do que vimos primeiro na cruz. Os livros de 1 e 2Samuel estão cheios das aventuras de Davi. Em seu heroísmo (ao matar Golias), em seu pecado (seu comportamento abusivo com Bate-Seba) e até mesmo em sua tristeza (a morte do filho Absalão), Davi era sempre um concentrado de atividade. Saul derrotou milhares, mas Davi, dezenas de milhares. Moisés escreveu um cântico aqui e outro ali, mas Davi, os salmos. Ainda assim, 1Reis começa com um quadro bem diferente: Davi, "muito idoso", trêmulo debaixo das cobertas, incapaz de se aquecer, mesmo com uma mulher jovem a seu lado na cama (1Rs 1.1-4). O poderoso guerreiro foi humilhado em sua fragilidade, no colapso de seu reino. Contudo, o último ato do rei-guerreiro de Israel foi apontar, de sua cama, para outro: seu filho que deveria sucedê-lo no trono. Davi aceitou a mortalidade como uma dádiva. Quando os servos de Davi lhe disseram: "Que o seu Deus torne a fama de Salomão ainda maior que a sua, e que o reinado de Salomão seja ainda maior que o seu!" (1Rs 1.47), Davi não se remordeu de inveja, como Saul fizera uma geração antes. Em vez disso, prostrou-se na cama e agradeceu: "Louvado seja o Senhor, o Deus de Israel, que hoje escolheu um sucessor para sentar-se em meu trono enquanto ainda estou vivo para ver isso acontecer" (1Rs 1.48). Desse modo, Davi olhou além de seu filho imediato, para o descendente que conseguia enxergar ao longe. Séculos antes, foi exemplo do que fez João Batista ao dizer que precisava diminuir para o Filho de Davi crescer (Jo 3.30), ao apontar para longe de si, na direção do Cordeiro de Deus que tira o pecado do mundo (Jo 1.29). Isso não é humilhação, mas glória — a glória da cruz.

Cuide dos idosos de sua família e igreja não reclamando, mas por amor, sentindo-se privilegiado. Você trilhará os passos que hoje eles dão. Simão Pedro valorizava sua força e independência. Queria ser o protetor valentão de Jesus, presumindo que salvaria seu Mestre da cruz (Mt 26.47-56). Mas essa bravata não prevaleceria. Após ressuscitar dos mortos, Jesus encontrou Pedro, agora humilhado por sua exposição ao negar Jesus. Pedir a Pedro que apascentasse as ovelhas foi um ato de graça. O ex-covarde proclamaria a mensagem apostólica. Mas essa não é uma história de retorno. "Eu lhe digo a verdade: quando você era jovem, podia agir como bem entendia; vestia-se e ia aonde queria. Mas, quando for velho, estenderá as mãos e outros o vestirão e o levarão aonde você não quer ir" (Jo 21.18). A vida de Pedro não terminaria em aplausos a um grande homem experiente, mas na humilhação de alguém carregado para a crucificação. Depois de tudo isso, Jesus repetiu para ele as palavras que dissera no princípio: "Siga-me" (Jo 21.19). Não sabemos quando nem como, mas se seguimos a Jesus nós também logo trilharemos o caminho da cruz. Ou melhor, seremos carregados até lá. O ciclo da vida começa e termina em impotência. Isso deve nos levar de volta para onde nossa vida começou, terminará e começará de novo — a cruz.

* * * *

Ao dar uma pausa na escrita deste capítulo, parei no corredor para observar meu filho Samuel passar por mim. Agora com 12 anos, ele parece mais um homem do que o menininho que mencionei antes. Não posso deixar de me perguntar quais serão os fardos que o aguardam ao lidar comigo no fim de minha história. Insistirei em não me desfazer de nenhum livro, mesmo estando frágil demais para subir as escadas até a biblioteca? Ele precisará me dizer que não dá para ter uma biblioteca no pequeno apartamento do centro de cuidado de idosos? Pior ainda: terá de secar a baba do meu queixo, enquanto permaneço deitado no leito de hospital em algum lugar? As últimas memórias que terá de mim serão esvaziando o penico ou trocando minha bolsa de colostomia? Não quero que ele se lembre de mim assim. Quero que se lembre do pai que sentava no chão e fazia de conta que era um dinossauro, quando ele era pequeno, ou como o homem ativo que pregava, ensinava e debatia temas importantes na televisão. Não gosto dessas ideias da velhice, pois revelam meu orgulho e egoísmo. Mas pode ser que, nesses momentos em que for difícil tomar fôlego, meu filho enxergue melhor quem realmente sou do que em qualquer outra ocasião. Ele verá ali alguém que, a exemplo do ladrão crucificado, só pode olhar para o homem aparentemente desvalido a meu lado e dizer, enquanto cuspo sangue da garganta: "Jesus, lembre-se de mim quando vier no seu reino".

Talvez ele se lembre de ver a vida se esvair de mim enquanto tento lhe ensinar sobre a vida futura. E talvez ele me veja aprender sobre isso bem à sua frente. Pode ser que, assim como muitos que já vi morrer, eu passe esses últimos momentos revivendo a infância, vendo o rosto daqueles que me amaram. Talvez no caleidoscópio de imagens de minha profunda dependência na infância eu veja como Deus agiu de maneiras que eu jamais reconheci o suficiente para ser grato. Talvez eu reconheça que a bondade de Deus para comigo — aqueles pequenos momentos de conforto e *flashes* da graça — foram suas maneiras de me preparar para um reino que não é o fim de uma história, mas a continuação de um velho jeito de ser, de uma nova maneira. Talvez Samuel veja seu pai finalmente abrir mão do impulso incessante de desempenhar e ser aprovado, ao entender que fui amado o tempo inteiro, exatamente como sou. Talvez naquele momento meu filho me imagine não como me vê então, definhando impotente debaixo dos lençóis, mas jovem de novo, feliz de novo, andando rumo à luz inédita do futuro que Deus preparou para mim. Talvez ali, ao ouvir o monitoramento cardíaco perder os picos, enxergue aquele pai rejuvenescido, virando-se com um sorriso no rosto e talvez, só talvez, com uma corujinha de pelúcia na mão.

14
Liberdade para ser família

Temos a tendência de nos lembrar mais das tempestades que ameaçaram nossa vida do que das chuvas que a salvaram. De igual modo, tendemos a nos lembrar das grandes crises e dos pontos de virada em nossa vida mais do que das graças rotineiras e comuns que nos sustentaram ao longo do caminho.

Sendo pregador, não gosto de me lembrar de como são poucos os sermões dos quais recordo ao longo da vida. Digo a mim mesmo que pregar não diz respeito a epifanias memoráveis, mas à formação lenta e esforçada da mente em volta do contato constante com a Palavra de Deus. Quer me lembre, quer não, a mensagem ainda está ali, em algum lugar dentro de mim. Mas há um sermão especial. Eu o ouvi há mais de vinte anos, um pastor galês pregando sobre o texto bíblico do ladrão junto à cruz, e as palavras dele me assombram até hoje. Citando o relato de Lucas do ladrão arrependido, crucificado ao lado de Jesus, o pregador disse: "Se aquele ladrão na cruz tivesse algum membro da família temente a Deus, provavelmente esperava que ele fosse para o inferno". Afinal, o pior lugar que alguém podia terminar a vida era em uma cruz romana. E aquela cruz provavelmente era o ponto final de uma longa e dura vida de rebeldia. "Se houvesse tais pessoas fiéis na família, provavelmente ficaram chocadas, ao acordar na presença divina e descobrir a última pessoa que esperavam andando à luz da graça eterna de Deus." Não sei ao certo por que essas poucas frases me marcaram tanto. Suponho que é porque nunca havia pensado que o ladrão na cruz tinha família e também por me lembrar de quantas vezes eu chego perto de desistir de pessoas que, por algum motivo, eu imagino terem ido longe demais da misericórdia de Deus.

Esse sermão me acompanhou ao longo dos anos. Aqueles funerais que eu citei ainda me incomodam, aquele jeito de fazer de conta que qualquer falecido era um cristão fiel, independentemente das evidências contrárias. Todavia, meu cinismo é confrontado por ecos desse antigo sermão. Em toda situação, existe a possibilidade de que, assim como no caso do ladrão da cruz, a pessoa tenha aceitado, quem sabe nos últimos segundos de fôlego, as boas-novas que ouviu em algum momento de uma classe da escola dominical, ou em um encontro de reavivamento, ou ainda nas páginas da Bíblia ao tentar pegar no sono dentro de um quarto de hotel. Jamais poderemos saber deste lado do juízo. Mas há como ter a certeza de que Deus com frequência nos surpreende e aparece nos momentos que parecem mais desesperadamente desprovidos de esperança. "Jesus, lembre-se de mim quando vier no seu reino", o ladrão moribundo suspirou (Lc 23.42). Ele abriu mão da ilusão de que, de algum modo, poderia conseguir sozinho. Confessou que sua sentença era justa, mas, mesmo assim, almejava a possibilidade de misericórdia. E a encontrou. "Eu lhe asseguro que hoje você estará comigo no paraíso", foi a resposta que ouviu do galileu ensanguentado (Lc 23.43).

Nenhum local poderia parecer mais distante do paraíso que o Lugar da Caveira. Mas Jesus conseguia vê-lo dali. Em meio à fragilidade e aos horrores da cruz, esse ladrão encontrou a glória de um Deus cheio de graça. A fim de encontrá-la, porém, aquele homem precisou deitar fora todas as estratégias que usava para se proteger. Afinal, o outro ladrão manteve a pose, defendendo a própria justiça, exigindo sarcasticamente que Jesus se salvasse. Mas o ladrão alquebrado enxergou algo que o ladrão desafiador não conseguiu. O paraíso não seria encontrado por demonstrações de poder. O paraíso só poderia ser encontrado ao se afastar o rosto da multidão e do eu, a fim de voltá-lo para aquele que poderia ser o Cristo de Deus. Após passar a vida buscando sabe-se lá o que, ele encontrou paz e liberdade ao chamar a Deus sabe quem. Essa também é nossa história.

* * * *

Alguns estão lendo este livro porque foram magoados pela família. Talvez você seja um filho traumatizado, um pai fracassado, um cônjuge infiel, um irmão amargo. Você investiu sua identidade e, quem sabe, seu senso de valor em quem você é como parte da família e saiu decepcionado. Alguns estão lendo este livro porque a família é o ponto alto de sua vida. Você não foi magoado, desiludido, nem desapontado. Mas um dia você será. Não é preciso temer. É impossível qualquer um de nós enxergar o espectro inteiro da vida, mas, às vezes, ao olhar para trás, podemos ver pequenas maneiras nas quais Deus se tornou conhecido para nós, sempre em seu ocultamento misterioso, que, na época, pareceu mera coincidência, acaso ou destino. Boa parte dessas coisas tem a ver com família. Talvez você seja quem é porque alguém em sua família de origem ou na família da igreja investiu em você, amou você, acreditou em você. Talvez você seja quem é porque superou aqueles — em sua família de origem ou na família da igreja — que fizeram exatamente o contrário. Seja como for, você está aqui.

Em tempos de antagonismos, a família costuma ser alvo de debates inflamados. Falamos sobre aqueles que "valorizam" a família ou os que "desconstroem" a família. No entanto, por mais importantes que sejam todas essas conversas, a realidade básica é que todos nós, em algum nível, tememos a família. Sabemos que a família pode trazer amor, mas também risco de nos ferir. Quem tem uma família forte e unida teme que algo possa acontecer e perder essas pessoas. Quem não veio de uma família ajustada teme nunca ter um grupo de pessoas a quem pertencer. E quem suportou uma família terrível teme não conseguir escapar dos danos causados, ou, pior ainda, repetir os erros. Encontramos maneiras de nos proteger, seja segurando demais a família, seja encontrando formas de fugir dos deveres de ser família uns para os outros. Erguemos muros de proteção ao nos vermos como a soma de nossos relacionamentos e responsabilidades familiares, ou ao tentarmos abandonar essas coisas. De todo modo, somos chamados ao lugar para o qual não queremos olhar — a cruz.

C. S. Lewis, ao relembrar sua vida, a resumiu inteira em ser "surpreendido pela alegria". Se entendermos "alegria" somente na acepção que a palavra é usada com maior frequência ao nosso redor, podemos subentender que, ao falar em alegria, Lewis estava se referindo a "felicidade" ou "contentamento". Para ele, porém, a alegria era uma sensação agridoce de anseio, de saber o que é o lar, sem jamais encontrá-lo. Foi o despertamento da alegria que o levou, por um longo caminho, ao Deus e Pai do Senhor Jesus Cristo. Nesse aspecto, Lewis percebeu a presença de indicadores além dos que ele conseguia enxergar. "Quando estamos perdidos na floresta, encontrar uma placa é algo maravilhoso", escreveu. "Quem a vê primeiro grita: 'Vejam!'. Então o grupo inteiro se reúne em volta e a encara. Mas quando encontramos a estrada e passamos por placas regulares a poucos quilômetros de distância umas das outras, não paramos e ficamos encarando."[1] A Bíblia nos diz que uma dessas "placas" do reino é a família. Não só "Família" no sentido abstrato e amplo, mas, de maneira particular, na história da sua vida. Se ignorarmos essa placa, será fácil nos perdermos nas florestas do universo ao nosso redor, fingindo, de alguma maneira, que não precisamos de Pai, nem de lar. Em contrapartida, podemos transformar a placa em um altar, enxergando a família não apenas como uma bênção para nós, mas como um deus. Em qualquer um desses casos, acabaremos desiludidos.

Essa desilusão não é um juízo de Deus, mas sua misericórdia. Todos somos adoradores. Certo filósofo explicou: "Ídolo é um objeto no qual você investe atenção, com esperança de transcendência. Ídolo é um objeto que se transforma em espelho".[2] Em algum momento, acabaremos desencantados com as promessas falsas do ídolo. "No momento em que parece que sua religião falhou. Isso é revelação."[3] O desapontamento é uma epifania. Não é só quem valoriza demais a família que a idolatra, mas também quem a considera pequena demais. Aliás, o segundo costuma fazê-lo ainda mais que o primeiro, pois passa a vida inteira focado na família a fim de provar que não precisa de uma ou que não precisam dele. Quando chegarmos ao fim de tudo isso, onde quer que estivermos, então poderemos encontrar liberdade definitiva.

A família não é o evangelho. Se você acha que a família é fonte de significado supremo em sua vida, então espera que a família o torne feliz e atenda às suas expectativas. Com isso você passará a achar que a origem familiar problemática, ou o cônjuge que deixou você, ou ainda o filho que partiu para a terra distante da rebelião arruinaram sua vida. E quando você falhar com sua família, conforme fará inevitavelmente, passará toda sua existência buscando expiação por seus pecados, sem jamais encontrar a paz que procura. Mas, se você se apegar à família com delicadeza, poderá encontrar a liberdade para vê-la florescer. Quando você não sente a necessidade de ser o Messias da família ou que ela seja o seu, então pode se dedicar àqueles que Deus colocou ao seu redor. A fim de encontrar liberdade e alegria, você precisa enxergar a família como algo mais importante do que imagina ser — tão importante que consiste em um ponto de batalha espiritual, uma batalha que, às vezes, nos deixa gemendo, com suspiros profundos demais para ser expressos em palavras. Não importa o tamanho da fragilidade, ainda pode haver alegria. Contudo, isso requer aquilo que Martinho Lutero denominou a teologia da cruz, não da glória. "O 'teólogo da glória' chama o mal de bem e o bem de mal", confessou ele. "O 'teólogo da cruz' diz o que realmente é."[4] Enxergamos essa teologia da glória naqueles que afirmam que "a família" é, em si, uma construção social, que podemos ignorar ou reconstruir. Contudo, também a identificamos naqueles que, ao defender a família, a idealizam a ponto de negar como pode ser difícil viver em família.

A vida moldada pela cruz, por sua vez, nos liberta para nem idealizar, nem demonizar a família. Não nos ressentimos da família como um fardo para nós porque reconhecemos que, na cruz, fardo é bênção. Não esperamos que nossa família atenda a cada uma de nossas necessidades ou anseios porque temos uma eternidade de glória à nossa frente. No entanto, isso só pode acontecer no tipo de universo no qual nos encontramos: o tipo de universo em que Deus se uniu a nós em humanidade, ofereceu o próprio Filho em um sacrifício de justiça e misericórdia perfeitas. Se a família não for a fonte suprema de significado, nem a fonte suprema de mágoa, se minha vida for mais que a família, então terei a liberdade de não me agarrar a ela, nem a afastar de mim. Ao seguir Jesus no caminho da cruz, posso enxergar cada dia como uma oportunidade de perder a vida — às vezes no ritmo corriqueiro de abraçar a avó, trocar fraldas, passear no parque ou cantar no coral. Sabendo que minha vida já terminou, crucificada na cruz, e que minha vida espera por entrar em ação, elevada à direita de Deus, estou pronto para perder alegremente a vida por minha família, ciente de que não preciso me proteger do amor. Posso ser livre para servir, livre para amar.

* * * *

Comecei este livro observando que a cruz é uma crise familiar. Nela vemos a presença oculta de um Pai fiel, a presença visível de uma mãe humana, o contexto de uma vida sem primeira infância, meninice e cidade natal. Ali vemos um noivo lutando por sua noiva. Até onde sabemos, porém, o ladrão na cruz estava totalmente sozinho. Não se esperaria que os membros da família, mesmo que ele fizesse parte de uma, apareceriam para apoiar alguém tão vil. Afinal, é bem provável que sentissem vergonha dele. Não gostariam de admitir que sua família estava associada a alguém executado pelo império e amaldiçoado por Deus. Todavia, ele não estava sem família. "Hoje você estará comigo no paraíso" não é apenas a promessa da reunião solitária entre esses dois homens. Não, o paraíso não é solitário; é vibrante e vivo, cheio de pessoas. Jesus disse aos discípulos: "Na casa de meu Pai há muitas moradas" (Jo 14.2).

Com uma frase, Jesus prometeu àquele criminoso miserável que uma dessas moradas seria dele. Em suma, não importava o que aquele ladrão tivesse ouvido da família ou o que tivesse dito para a família, as palavras de Jesus para ele eram as mesmas que o próprio Jesus havia aprendido às margens do rio muito tempo antes: "Você é meu Filho amado, que me dá grande alegria" (Mc 1.11).

A família é crucial, uma placa que aponta para longe de nós, rumo ao sentido do universo. Sua família, seja ela qual for, o abençoará de tantas formas que talvez você nem se dê conta em meio à confusão e correria do momento. Aprecie e note essas bênçãos. Ouça o que Deus está lhe dizendo por meio dos membros de sua família. Exatamente por ter uma importância tão crucial, a família pode nos assustar. Talvez você sinta medo. É possível que tema falhar com sua família. Quem sabe tema perder sua família. Isso também é graça. Enquanto estava em um leito de hospital, à beira da morte, John Updike recebeu uma ligação telefônica de seu pastor e escreveu: "Um religioso — aqueles comunicadores cômicos do que só faz sentido para os amedrontados".[5] As coisas mais importantes só fazem sentido para os amedrontados. Mas também só fazem sentido do outro lado desse temor. Aprendemos que, no Lugar da Caveira, é possível contemplar tanto o horror do pecado perante um Deus santo quanto o amor exuberante com o qual ele nos procura, na cruz e além. Sua família pode lhe causar sofrimento. E daí? Amar é sofrer. Você aprendeu que o sofrimento não é sinal da ausência de Deus, mas sim de sua presença. E aprendeu isso no Lugar da Caveira. Aprendeu a não ter medo ao ouvir as palavras de alguém em uma antiga praia da Galileia lhe chamando: "Tome sua cruz e siga-me". Sua família o levará para onde você nunca esperou ir. Mas não há razão para temer. O caminho à sua frente é o caminho da cruz.

O caminho da cruz leva para casa. A luz ainda brilha na escuridão, mesmo que as trevas tentem vencê-la. Não importam as tempestades que você enfrenta agora, você pode sobreviver. Se escutar com cuidado, mesmo durante os momentos mais assustadores e sombrios, conseguirá ouvir a voz do galileu dizendo: "Silêncio! Aquiete-se!". Se você der atenção a mais que o vento e as ondas, verá as mãos estendidas para o ajudar. Aliás, pode perceber que essas mãos já o estão segurando acima das águas revoltas embaixo. Você não está tão jogado de um lado para o outro como imaginava. Se parar para reconhecer essa realidade, pode observar também que as mãos que o seguram têm buracos de cravos. Não tenha medo. As cicatrizes permanecem, mas a tormenta passou.

Agradecimentos

Escrever um livro sobre família seria impossível, não fosse pela minha. Como sempre, Maria, minha esposa, fortaleceu este livro com seu exemplo de amor e sacrifício, bem como ao ler e criticar partes da obra, às vezes com as palavras: "Não acho que eu diria isso". Pode acreditar, todas essas seções foram eliminadas, então o que você lê aqui passou pelo filtro de uma mulher sábia a quem confio minha vida.

Meus pais, Gary e Renee Moore, nos deram amor e estabilidade que nós recebíamos como se nunca nos fosse faltar, assim como eu gostaria que todas as crianças recebessem. O mesmo se aplica a meus avós, Ken e Betty Summy, e Agnes Moore. Dois deles já se foram, um enquanto eu escrevia esta obra.

Meus filhos Ben, Timothy, Samuel, Jonah e Taylor contribuíram com este livro pelo puro motivo de me fazer ter vontade de estar com eles, a todo momento em que me encontrava em algum lugar solitário digitando estas palavras. A personalidade de cada um é diferente, transbordando vida e alegria que eu jamais teria imaginado possíveis antes de viver na presença deles. Sei que todos levarão cicatrizes por algum motivo nesta vida, a exemplo de todos nós, mas oro para que, com essas marcas, eles saibam que Jesus os ama e deseja estar ao lado deles o tempo inteiro. E eu também.

No entanto, conforme argumentei neste livro, para quem segue a Cristo a "família" jamais se limita ao sangue. Eu não poderia ter escrito tudo isso, nem feito nada nos últimos anos, se não fosse por minha família na Comissão de Ética e Liberdade Religiosa e, antes disso, no Seminário Teológico Batista do Sul. Durante o processo de escrita deste livro, agradeço em especial a Joshua Wester, que se debruçou comigo nas versões iniciais, fazendo comentários e dando conselhos essenciais. E nada disso teria sido feito não fossem por meus colegas Phillip Bethancourt e Daniel Patterson, que muito tempo atrás começaram comigo como estagiários, revisando manuscritos de *Adopted for Life*, e agora são, respectivamente, meu vice-presidente executivo e chefe de equipe. Sua engenhosidade, seu conhecimento e sua confiabilidade são sem precedentes, e sei disso! Também tenho uma dívida de gratidão para com meu pastor Scott Patty, e também para com Ray Ortlund, David Prince, Andrew Peterson e Ken Barbic, sem os quais eu teria parado de escrever ano passado, sobre qualquer assunto.

Também agradeço a meu agente literário Andrew Wolgemuth por pastorear este livro desde o princípio, e também ao brilhantismo inacreditável da equipe editorial da B&H Publishers. Agradeço em especial os incentivos e *insights* de Jennifer Lyell e o trabalho afiadíssimo de Devin Maddox, editor de livros da LifeWay Christian Resources (que também, por incrível que pareça, começou como estagiário meu, revisando projetos de livros anos atrás). Hoje ele é meu editor, e não há ninguém mais habilidoso e criativo que eu conheça no universo das publicações.

Muito obrigado!

Notas

Capítulo 2
[1] Martin Luther, *Luther's Commentary on the First Twenty-Two Psalms*, trad. John Nicholas Lenker (Sunbury, PA: Lutherans in All Lands Co., 1903), p. 124.

Capítulo 3
[1] Christopher J. H. Wright, *Old Testament Ethics for the People of God* (Downers Grove, IL: InterVarsity, 2004), p. 208.

Capítulo 4
[1] C. S. Lewis, *Reflections on the Psalms* (Nova York: Harvest, 1964), p. 132. [Disponível em português sob o título *Lendo os salmos*. Viçosa, MG: Ultimato, 2015.]
[2] Walker Percy, *Lost in the Cosmos: The Last Self-Help Book* (Nova York: Farrar, Straus & Giroux, 1983), p. 78-79.

Capítulo 5
[1] Jane Jacobs, *Dark Age Ahead* (Nova York: Vintage, 2005), p. 5.

Capítulo 6
[1] Gerard Jones, *Men of Tomorrow: Geeks, Gangsters, and the Birth of the Comic Book* (Nova York: Basic, 2004), p. 207. [Disponível em português sob título *Homens do amanhã: Geeks, gângsters e o nascimento dos gibis*. São Paulo: Conrad, 2006.]
[2] Les Daniels, *DC Comics: Sixty Years of the World's Favorite Comic Book* (Boston: Little Brown, 1995), p. 58.
[3] Christopher Matthews, "Parenthood", *The New Republic*, 20 de maio de 1991, p. 15-16.
[4] Wendell Berry, "The Body and the Earth", em *The Art of the Commonplace: The Agrarian Essays of Wendell Berry*, ed. Norman Wirzba (Washington, D.C.: Counterpoint, 2002), p. 110.
[5] Idem.

[6] Rudyard Griffiths, ed., *Are Men Obsolete? The Munk Debate on Gender* (Toronto: Anansi, 2014), p. 9.
[7] W. Robert Godfrey, "Headship and the Bible", em *Does Christianity Teach Male Headship? The Equal-Regard Marriage and Its Critics*, eds. David Blankenhorn, Don Browning e Mary Stewart Van Leeuwen (Grand Rapids, MI: Eerdmans, 2004), p. 88.
[8] Jonathan Sacks, *Radical Then, Radical Now: On Being Jewish* (Londres: Bloomsbury, 2000), p. 84.
[9] Rodney Stark, *The Rise of Christianity: How the Obscure, Marginal Jesus Movement Became the Dominant Religious Force in the Western World in a Few Centuries* (Nova York: HarperCollins, 1996), p. 95. [Disponível em português sob o título *O crescimento do cristianismo: Um sociólogo reconsidera a história*. São Paulo: Paulinas, 2006.]
[10] John Shelton Reed, *Minding the South* (Columbia: University of Missouri Press, 2003), p. 170.

Capítulo 7

[1] Confira, por exemplo, Stephanie Coontz, *Marriage, A History: How Love Conquered Marriage* (Nova York: Penguin, 2005).
[2] Pascal Bruckner, *Has Marriage for Love Failed?* (Cambridge: Polity, 2010). [Disponível em português sob o título *Fracassou o casamento por amor?* Rio de Janeiro: Bertrand Brasil, 2003.]
[3] Charles Murray, *The Curmudgeon's Guide to Getting Ahead: Dos and Don'ts of Right Behavior, Tough Thinking, Clear Writing, and Living a Good Life* (Nova York: Crown, 2014).
[4] Andrew J. Cherlin, *Labor's Love Lost: The Rise and Fall of the Working Class Family in America* (Nova York: Russell Sage Foundation, 2014), p. 138-139.
[5] Leon R. Kass, *The Beginning of Wisdom: Reading Genesis* (Chicago: University of Chicago Press, 2003), p. 106-107.

Capítulo 8

[1] Frederica Mathewes-Green, *At the Corner of East and Now: A Modern Life in Ancient Christian Orthodoxy* (Nova York: Putnam, 1999), p. 92.
[2] William Loader, *Making Sense of Sex: Attitudes Toward Sexuality in Early Jewish and Christian Literature* (Grand Rapids, MI: Eerdmans, 2013), p. 56-57.
[3] Idem, p. 13.
[4] O melhor estudo sobre esse tema no Antigo e no Novo Testamento se encontra em Raymond C. Ortlund Jr., *God's Unfaithful Wife: A Biblical Theology of Spiritual Adultery* (Downers Grove, IL: InterVarsity, 2002). O título original desse livro, *Whoredom* [Prostituição], aborda a questão com clareza bem maior já na própria capa, mas seria muito mais embaraçoso de ler em um aeroporto ou estação de metrô.

[5] Thomas Merton, *Conjectures of a Guilty Bystander* (Nova York: Doubleday, 1965), p. 142. [Disponível em português sob o título *Reflexões de um espectador culpado*. Petrópolis: Vozes, 1970.]
[6] Christine J. Gardner, *Making Chastity Sexy: The Rhetoric of Evangelical Abstinence Campaigns* (Berkeley, CA: University of California Press, 2011).
[7] Mark Regnerus, *Forbidden Fruit: Sex and Religion in the Lives of American Teenagers* (Nova York: Oxford University Press, 2007).
[8] Idem.
[9] Mark Regnerus e Jeremy Uecker, *Premarital Sex in America: How Young Americans Meet, Mate, and Think About Marrying* (Nova York: Oxford University Press, 2011), p. 35.
[10] Tom Shachtman, *Rumspringa: To Be or Not to Be Amish* (Nova York: North Point, 2006).
[11] Esther Perel, *The State of Affairs: Rethinking Infidelity* (Nova York: Harper, 2017). [Disponível em português sob o título *Casos e casos: Repensando a infidelidade*. São Paulo: Objetiva, 2018.]
[12] Esther Perel, "Why Happy People Cheat", *The Atlantic*, outubro de 2017, p. 46.
[13] Confira, por exemplo, a descrição absolutamente precisa em Elizabeth Landers e Vicky Mainzer, *The Script: The 100 Percent Absolutely Predictable Things Men Do When They Cheat* (Nova York: Hyperion, 2005). [Disponível em português sob o título *As coisas absolutamente previsíveis que todo homem faz quando trai: O script*. São Paulo: Martins Fontes, 2006.]
[14] Deborah Solomon, "The Professional Provocateur: Questions for Noam Chomsky", *New York Times Magazine*, 2 de novembro de 2003, p. 13.

Capítulo 9
[1] Alan Wolfe, "The Culture War That Never Came", em *Is There a Culture War? A Dialogue on Values and American Public Life*, eds. James Davidson Hunter e Alan Wolfe (Washington, D.C.: Brookings Institute Press, 2006), p. 41-73.
[2] Jennifer Glass e Philip Levchak, "Red States, Blue States, and Divorce: Understanding the Impact of Conservative Protestantism on Regional Variation in Divorce Rates", *American Journal of Sociology* 119.4 (janeiro de 2014), p. 1002-1046.
[3] Confira um contraste de perspectivas evangélicas sobre esse tema em Mark Strauss, ed., *Remarriage After Divorce in Today's Church: Three Views* (Grand Rapids, MI: Zondervan, 2006).
[4] W. Bradford Wilcox, "Conservative Protestants and the Family: Resisting, Engaging, or Accommodating Modernity", em *A Public Faith: Evangelicals and Civic Engagement*, ed. Michael Cromartie (Lanham, MD: Rowman and Littlefield, 2003), p. 58.

⁵ Andrzej Franaszek, *Milosz: A Biography* (Cambridge: Belknap, 2017), p. 456.
⁶ Neil Postman, *The Disappearance of Childhood* (Nova York: Vintage, 1994), p. 148. [Disponível em português sob o título *O desaparecimento da infância*. Rio de Janeiro: Graphia, 1999.]
⁷ Essa frase é atribuída a Kate Michelman, ex-membro da Liga de Ação Nacional dos Direitos de Aborto. Elizabeth Achtmeier a citou em uma fala a uma reunião dos Presbiterianos Pró-Vida na Assembleia Geral da Igreja Presbiteriana (EUA), 3 de junho de 1993.
⁸ Will D. Campbell, *Forty Acres and a Goat: A Memoir* (Oxford, MS: Jefferson Press, 2002), p. 136.
⁹ Eli J. Finkel, *The All-or-Nothing Marriage: How the Best Marriages Work* (Nova York: Dutton, 2017), p. 97.

Capítulo 10
¹ Russell Moore, *Adopted for Life: The Priority of Adoption for Christian Families and Churches* (Wheaton, IL: Crossway, 2009).
² Flannery O'Connor, "Introduction to a Memoir of Mary Ann", em *Flannery O'Connor: Collected Works*, ed. Sally Fitzgerald (Nova York: Library of America, 1988), p. 822.
³ Conforme destaca um teólogo especialista em Antigo Testamento, o relacionamento entre mãe, pai e filho continuava a ser fundamental no contexto da família estendida. Em Israel, a família ampliada não era "um dormitório cheio de beliches". Christopher J. H. Wright, *Old Testament Ethics for the People of God* (Downers Grove, IL: InterVarsity, 2004), p. 355.
⁴ Conforme argumentou o pesquisador de ética Paul Ramsey anos atrás, o próprio modo de reprodução nos mostra que é o amor, não o poder e a força, que está no cerne de quem somos. Nós nos reproduzimos no êxtase entre um homem e uma mulher, não, para usar as palavras de Ramsey, por meio de "um ato frio e deliberado da vontade racional humana". Paul Ramsey, *Fabricated Man: The Ethics of Genetic Control* (New Haven, CT: Yale University Press, 1970), p. 37.
⁵ Certo especialista em bioética observou: "Depois que produzimos a próxima geração ou passamos da idade de fazê-lo, a natureza não parece se esforçar muito para nos manter vivos. Tudo indica que podemos dar o máximo para garantir o próprio futuro ou nos comprometer com nossos filhos e outros da geração seguinte". Gilbert Meilaender, *Should We Live Forever? The Ethical Ambiguities of Aging* (Grand Rapids, MI: Eerdmans, 2013), p. 58.
⁶ Um escritor judeu observou corretamente: "O paganismo com frequência (sempre?) envolveu a prontidão em sacrificar o próprio filho pelo próprio bem". Norman

Podhoretz, *The Prophets: Who They Were, What They Are* (Nova York: The Free Press, 2002), p. 353.
[7] Anthony Hoekema, *The Bible and the Future* (Grand Rapids, MI: Eerdmans, 1979), p. 267. [Disponível em português sob o título *A Bíblia e o futuro*. São Paulo: Cultura Cristã, 2013.]
[8] Jennifer Senior, *All Joy and No Fun: The Paradox of Modern Parenthood* (Nova York: Ecco, 2015). [Disponível em português sob o título *Muita alegria, pouca diversão: O paradoxo da vida com filhos*. Rio de Janeiro: Bicicleta amarela, 2015.]
[9] Frederick Buechner, *Now and Then* (Nova York: HarperCollins, 1983), p. 55-56.
[10] Eugene Peterson, *As Kingfishers Catch Fire: A Conversation on the Ways of God Formed by the Words of God* (Nova York: Waterbrook, 2017), p. 240.

Capítulo 11
[1] Neil Postman, *The Disappearance of Childhood* (Nova York: Vintage, 1994), p. 129. [Disponível em português sob o título *O desaparecimento da infância*. Rio de Janeiro: Graphia, 1999.]
[2] Robert Bly, *The Sibling Society* (Nova York: Vintage, 1977, 1996), p. 230. [Disponível em português sob o título *A sociedade de irmãos*. Lisboa: Sinais de fogo, 1999.]

Capítulo 12
[1] E. Randolph Richards e Brandon J. O'Brien, *Misreading Scripture with Western Eyes: Removing Cultural Blinders to Better Understand the Bible* (Downers Grove, IL: InterVarsity, 2012), p. 14–15. Esse experimento é citado com base em Mark Alan Powell, "The Forgotten Famine: Personal Responsibility in Luke's Parable of 'the Prodigal Son'", em *Literary Encounters with the Reign of God*, eds. Sharon H. Ringe e H. C. Paul Kim (Nova York: T&T Clark, 2004).
[2] C. S. Lewis, *The Lion, the Witch, and the Wardrobe* (Nova York: HarperCollins, 1950), p. 139. [Disponível em português sob o título *As Crônicas de Nárnia: O Leão, a Feiticeira e o Guarda-roupa*. São Paulo: Martins Fontes, 2009.]
[3] John R. W. Stott, *The Cross of Christ* (Downer's Grove, IL: InterVarsity, 1986), p. 335--336. [Disponível em português sob o título *A cruz de Cristo*, São Paulo: Vida, 2006.]
[4] Frederick Buechner, *Wishful Thinking: A Seeker's ABC* (Nova York: HarperCollins, 1993), p. 120.
[5] Christian Wiman, "Lord Is Not a Word", em *Hammer Is the Prayer: Selected Poems* (Nova York: Farrar, Straus and Giroux, 2016), p. 124.
[6] Humphrey Carpenter, ed., *The Letters of J. R. R. Tolkien* (Nova York: Houghton Mifflin, 2000), p. 393. [Disponível em português sob o título *As cartas de J. R. R. Tolkien*. Curitiba: Arte e Letra, 2010.]

[7] Fleming Rutledge, *The Crucifixion: Understanding the Death of Jesus Christ* (Grand Rapids, MI: Eerdmans, 2015), p. 174-175.

Capítulo 13
[1] Christopher J. H. Wright, *Old Testament Ethics for the People of God* (Downers Grove, IL: InterVarsity, 2004), p. 355.
[2] David Whyte, *Crossing the Unknown Sea: Work as a Pilgrimage of Identity* (Nova York: Riverhead, 2001), p. 118. [Disponível em português sob título *Cruzando o desconhecido: O verdadeiro sentido do trabalho e da vida*. São Paulo: Martins Fontes, 2002.]
[3] William B. Irvine, *A Guide to the Good Life: The Ancient Art of Stoic Joy* (Nova York: Oxford University Press, 2009), p. 191.
[4] Will Durant, *Fallen Leaves: Last Words on Life, Love, War, and God* (Nova York: Simon & Schuster, 2014), p. 28.
[5] Gilbert Meilaender, "I Want to Burden My Loved Ones", *First Things*, outubro de 1991, p. 12-14.

Capítulo 14
[1] C. S. Lewis, *Surprised by Joy: The Shape of My Early Life* (Nova York: Harcourt, Brace, 1955), p. 238. [Disponível em português sob o título *Surpreendido pela alegria*. Viçosa, MG: Ultimato, 2015.]
[2] Adam S. Miller, *The Gospel According to David Foster Wallace: Boredom and Addiction in an Age of Distraction* (Londres: Bloomsbury, 2016), p. xii.
[3] Idem.
[4] Martin Luther, "Theses for the Heidelberg Disputation", em *Martin Luther: Selections from His Writings*, ed. John Dillenberger (Nova York: Anchor, 1962), p. 503.
[5] John Updike, *Endpoint and Other Poems* (Nova York: Knopf, 2009), p. 24.

Compartilhe suas impressões de leitura,
mencionando o título da obra, pelo e-mail
opiniao-do-leitor@mundocristao.com.br
ou por nossas redes sociais

Esta obra foi composta com tipografia Janson Text
e impressa em papel Pólen Natural 70 g/m² na gráfica Assahi